크기는 작게, 재미는 더 크게,
요술마녀와 함께 우리 옷과 소품을 짓다.

한복이 좋아서
인형이 예뻐서

Doll Specialist
파올라레이나는 스페인 인형 전문가 그룹이 수십 년 동안 심혈을 기울여 완성시켜온 핸드메이드 프리미엄 인형입니다.
일관성 있는 품질로 삶의 철학과 공약을 보여주며 모든 제조 과정에 직접적인 책임을 지고 있습니다.

Origin Mark
파올라레이나의 Origin 마크는 스페인 Onil 지역에서 100% 전통 생산을 기반으로 제조된 제품을 구별하여
제품의 신뢰성, 안전성 및 최적의 품질의 제품임을 보증하는 인증마크입니다.
파올라레이나의 원료에서부터 원단, 머리카락, 눈, 부드러운 바닐라 향 등 인형에서 사용되는 모든 재료를
스페인 Onil 지역에서 공수하여 사용하였으며, 프탈레이트가 함유된 화학 물질을 사용하지 않고 안전하게 제조하였습니다.

Safety Certification
CE(유럽 안전 인증마크)를 획득한 파올라레이나는
소비자의 안전과 건강, 위생, 환경보호와 관련된 엄격한 유럽의 규격 조건을 준수합니다.

이 책은 파올라레이나의 소유자인 MUÑECAS PAOLA, S.L.와 계약을 통해
파올라레이나 인형의 한국 내 독점 판매 권한을 가지고 있는 (주)원앤원의 허락을 받아 출판합니다.
파올라레이나의 상표 및 이미지를 무단으로 사용할 시 법의 처벌을 받을 수 있습니다.

www.paolareina.co.kr

요술다녀의 파올라레이나 사계절 한복

한복이 좋아서 인형이 예뻐서

조영남 지음

BM (주)도서출판 성안당

들어가는 말

어릴 적 기억을 떠올리면 제 머리맡에서 바느질하시는 엄마의 모습을 자주 뵀던 것 같아요. 할아버지가 한복을 입고 생활하셔서 엄마의 손끝에 바늘이 머무는 날이 많았어요. 저고리 동정을 다는 엄마의 무릎을 베고 잠들거나, 잠결에 들리는 사각사각 가위질 소리에 안도하며 잠들기도 했지요. 그런 엄마 옆에서 옷감을 만지작거리기를 놀이 삼아 자라면서 옷감과 바늘이 자연스레 즐거운 놀잇감이 되었습니다.
1996년 여름, 한복 디자이너이자 연구가이신 박술녀 선생님의 기사를 우연히 접했습니다. 뭔가에 홀린 듯 선생님 의상실로 찾아가 한복을 배우고 싶다고 떼를 썼고, 그날 이후 감사하게도 저는 선생님 작업실에서 귀한 가르침을 받게 되었습니다. 2005년에는 작고하신 무형문화재 침선장 박광훈 선생님께 전통복식을 배우기도 했죠. 한복을 알아갈수록 목마름은 더해져 각 분야의 명인들을 찾아다녔고, 그러면서 익힌 소중한 경험과 시간이 밑바탕 되어 지금까지 이 길을 걸을 수 있었던 것 같습니다.

작아서 더 특별한 파올라레이나에게 우리의 고운 한복을 지어주세요.

인형이 입는 한복이라고 해서 단순히 축소해 쉽고 간단하게 만들 수 없어요. 입는 대상이 다를 뿐 사람의 한복을 짓는 마음으로 정성을 다해 지어야 합니다. 이 책을 작업하며 어떻게 하면 최대한 전통 바느질 기법을 지키되, 더 쉽고 편하게 그리고 더 예쁘게 우리 옷, 한복을 만들어 입힐 수 있을지 고민했습니다. 또한 전통 소재와 요즘 소재를 함께 사용해 전통과 현대적인 미를 동시에 담아 한복의 멋과 아름다움을 좀 더 보여드리고 싶었습니다. 손바느질과 재봉틀로 기본 한복부터 특별한 한복까지 사계절을 담아 누구나 내 손으로 직접 우리 옷을 만들어 입힐 수 있도록 했습니다.

마지막으로 작은 바람이 있다면 우리 옷에 좀 더 관심을 갖고 한복의 멋과 특별한 매력에 빠지는 분들이 많아졌으면 합니다. 무엇보다 이 책과 함께하는 모든 이들이 파올라레이나를 위한 옷을 지으며 위로와 평안 그리고 행복의 시간을 만끽하시길 진심으로 소망합니다.

요술마녀 조영남

추천사

인형 옷 작가 요술마녀님과는 〈한국전통인형옷만들기〉 강좌를 시작으로 처음 인연을 맺었습니다. 늘 열심히 한복을 공부하고 연구하는 요술마녀님의 모습을 존경해왔는데, 이번에 출간되는 요술마녀님의 도서에 추천사를 쓰게 되어 매우 기쁘고 영광스럽게 생각합니다.

근래 문화관광산업의 발달과 함께 우리 전통공예에 관한 관심이 날로 커지고 있습니다. 전통복식과 전통공예품을 문화관광 상품화하는 사업이 정부와 지자체에서 적극적으로 추진되고 있으며, 한복 인형은 그중 가장 주목받는 품목 중 하나입니다. 따라서 인형 한복으로 많은 사람과 소통한다는 것은 한국 전통문화 및 문화산업 발전에서 중요한 의미가 있습니다.

'인형 한복'에는 특별함이 있습니다. 우리 전통의상을 인형 옷으로 표현하면서 대중과 쉽게 소통할 수 있기 때문입니다. 그런 의미에서 《한복이 좋아서 인형이 예뻐서》는 인형과 한복, 특히 인형 한복에 관심 있는 대중들에게 꼭 필요한 책입니다.

이 책은 전통한복부터 최근에 유행하는 신한복까지 다양하게 만들어볼 기회를 제공하고 있습니다. 머리부터 발끝까지 한복에 필요한 일습이 다채롭게 수록되어 있으며, 한국의 사계절을 테마로 해서 다양한 소재를 사용한 여러 종류의 한복을 볼 수 있습니다. 특히 가을의 '웨딩한복' 테마에서 조선시대 여성의 전통예복인 당의와 원삼을 다뤘는데, 원삼 소재로 레이스 원단을 사용한 점이 인상적이었습니다. 또한 조선시대 남자 겉옷의 대표 브랜드인 중치막을 답호와 함께 한 벌로 만들어볼 수 있게 한 점도 좋았습니다.

이 책은 요술마녀님이 오랜 세월 한복과 함께 살아오고 연구해온 결과물입니다. 앞으로도 인형 한복 연구를 계속할 요술마녀님을 응원하며, 사랑하고 존경하는 지인으로 늘 곁에서 함께하겠습니다.

단국대학교 평생교육원 한국전통인형옷만들기 지도교수
김 규 영

차 례

들어가는 말 · 004
추천사 · 005

하나, 한복 만들기의 기초
도구와 재료 · 026
사용한 옷감의 종류 · 028
기본·장식 바느질 기법 · 030
- 기초 바느질 익히기
- 솔기하기
- 시접 꺾기
- 매듭단추(연봉매듭) 만들기
- 박쥐 장식 만들기

한복의 맵시를 살리는 법 · 037
- 치마 입히기
- 저고리 옷고름 매기
- 바지 대님 매기

둘, 사계절 한복 짓기

봄바람 색동한복

색동저고리_여 · 045
통치마 · 055
허리 속치마 · 060
버선 · 062
배씨댕기 · 065
꼬까신 · 068

색동저고리_남 · 073
사폭바지 · 080
조끼 · 086
귀주머니 · 090

여름향기 생활한복

철릭원피스 · 097
레이스 속바지 · 103

적삼 · 107
배기바지 · 111

셋, 실물 옷본 · 195

가을연가 웨딩한복

당의 · 119
풀치마 · 125
무지기 치마 · 131
개량 속바지 · 134
아얌 · 137

민저고리_여 · 142
원삼 · 148

중치막 · 155
답호 · 160

겨울빛 나들이한복

장저고리 · 169
허리치마 · 173
볼끼 · 176

저고리_남 · 181
털배자 · 187
남바위 · 191

봄바람 색동한복 • 45~93쪽

색동저고리_여 | 통치마 | 허리 속치마 | 버선 | 배씨댕기 | 꼬까신
색동저고리_남 | 사폭바지 | 조끼 | 귀주머니

여름향기 생활한복 · 97~115쪽

철릭원피스 ㅣ 레이스 속바지
적삼 ㅣ 배기바지

가을연가 웨딩한복 · 119~165쪽

당의 l 풀치마 l 무지기 치마 l 개량 속바지 l 아얌 l 민저고리_여 l 원삼
중치막 l 답호

겨울빛 나들이한복 · 169~193쪽

장저고리 | 허리치마 | 볼끼
저고리_남 | 털배자 | 남바위

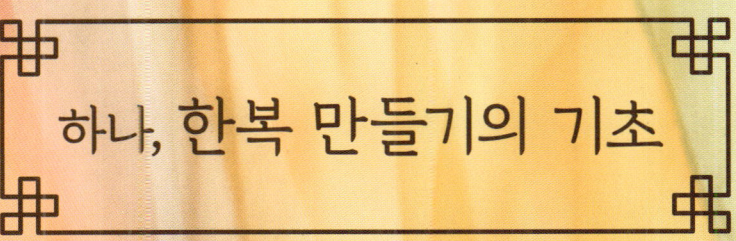

하나, 한복 만들기의 기초

도구와 재료

인형 한복을 예쁘게 짓기 위해 바느질하는 동안 함께할 기본 도구와 재료를 소개합니다. 작업의 능률을 위해 꼭 필요한 바느질 도구 및 재료입니다.

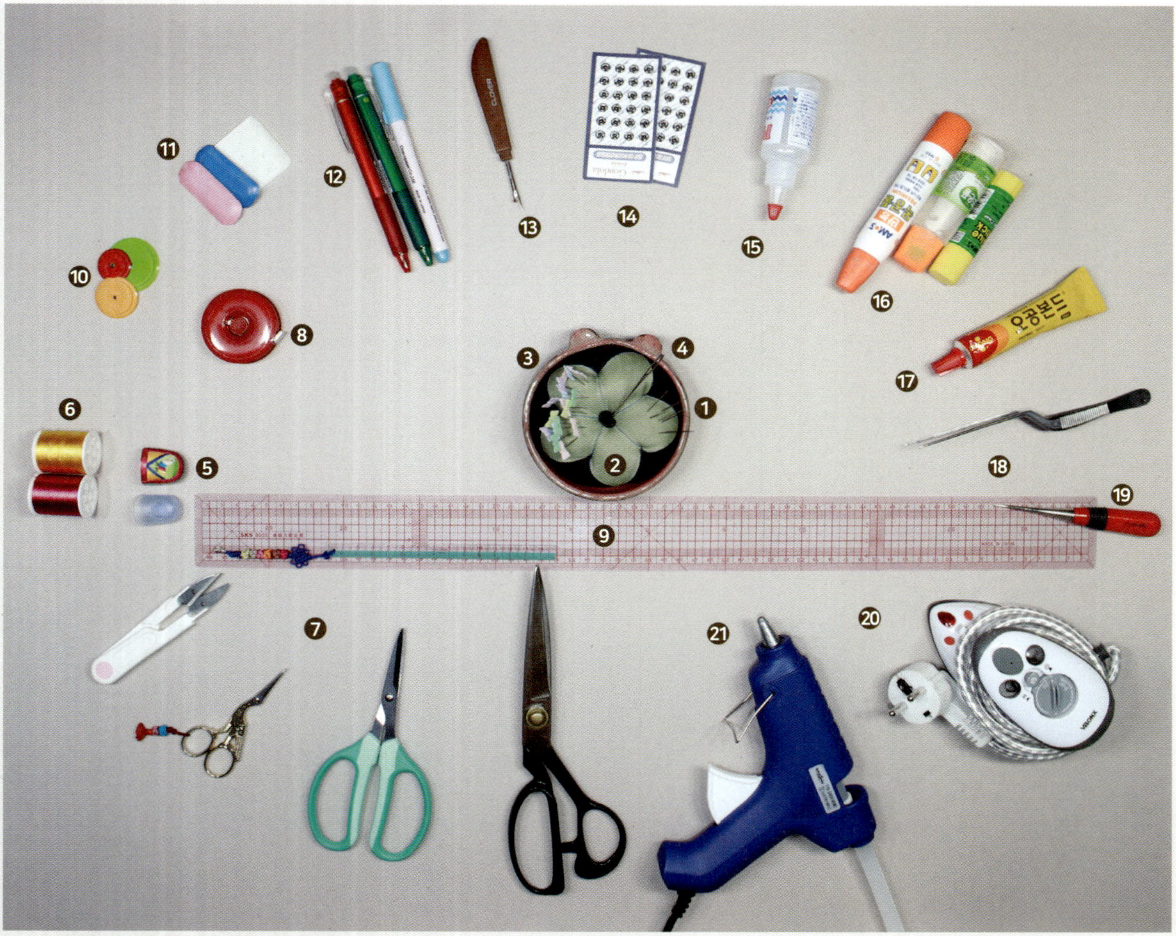

❶ **바늘** 재봉틀 사용 시 9~11호, 손바느질은 9호 정도의 굵기가 좋습니다.

❷ **바늘방석** 바늘이나 시침핀 등 날카로운 물건을 꽂아서 사용합니다.

❸ **시침핀(실크핀)** 바느질하기 전에 원단이 움직이지 않도록 고정할 때 사용합니다.

❹ **고무줄 끼우개, 옷핀** 고무줄을 끼울 때 사용합니다.

❺ **골무** 손바느질할 때 검지나 중지에 끼워 손가락을 보호합니다. 용도에 따라 가죽 골무나 실리콘 골무를 사용합니다.

❻ **실** 옷감의 종류와 두께, 색에 맞춰 적절하게 사용하고 재봉틀은 60수 2합, 손바느질은 견사 또는 60수 2합의 면사를 사용합니다.

❼ **가위** 가볍게 실을 끊을 때도 사용하고 원단을 자르거나 패턴을 자를 때 사용합니다. 재단가위, 종이가위, 실가위 등 다양한 가위가 있으니 용도별로 구별해서 사용합니다.

❽ **줄자** 치수를 재거나 곡선을 잴 때 사용합니다.

❾ **자** 시접선이나 직선을 그릴 때 사용합니다. 사용 용도에 따라 60cm, 30cm, 15cm 크기의 자를 선택합니다.

❿ **시접라이너** 다양한 치수가 있으며 쉽고 일정하게 시접선을 그릴 때 사용합니다.

⓫ **초크** 마름질선을 표시할 때 사용합니다.

⓬ **열펜·수성펜** 옷감에 필요한 선을 긋거나 패턴을 그릴 때 사용합니다. 열펜은 다림질로 지워지고 수성펜은 물에 닿으면 지워집니다. 단, 옷감에 따라 자국이 남기도 하고, 열펜은 지워졌다가도 영하로 기온이 떨어지면 지워진 선이 올라오기도 하니 사용에 주의하세요.

⓭ **실뜯개** 잘못 바느질된 부분이나 바느질 솔기를 뜯을 때 사용합니다.

⓮ **스냅단추** 저고리 앞이 벌어지거나 풀리기 쉬운 고름을 잡아주는 보조 단추입니다.

⓯ **올 풀림 방지액** 면 옷감에 사용하며, 가장자리 올이 풀리는 것을 방지해줍니다.

⓰ **목공풀·물풀·딱풀** 한복 옷감의 올 풀림 방지와 강한 접착력이 필요한 곳에 사용합니다.

⓱ **본드** 신발을 만들 때 사용합니다.

⓲ **핀셋** 옷고름을 뒤집거나 작은 비즈를 만질 때 사용합니다.

⓳ **송곳** 자국을 위한 선을 긋거나 표시할 때, 또는 구멍을 낼 때 사용합니다.

⓴ **다리미** 원단의 구김을 펴거나 시접을 정리할 때, 또는 마감 시 옷의 형태를 잡을 때 사용합니다.

㉑ **글루건·글루건심** 열을 이용해 글루건심을 녹여 부자재를 고정하거나 장식할 때 사용합니다.

사용한 옷감의 종류

이 책에 실린 한복에 실제 사용한 옷감을 소개합니다. 100% 실크인 전통 옷감을 비롯하여 웨딩드레스를 만드는 망사레이스와 자수가 놓인 면 등으로 옷을 지었습니다. 옷감을 다림질할 때는 자투리 옷감 안쪽을 다림질해보고 온도를 확인한 다음 다림질하는 것이 좋습니다.

화문사
일종의 생고사로 누에고치에서 뽑아낸 명주를 그대로 써서 화문을 직조한 옷감입니다.

명주
날실과 씨실을 하나씩 서로 번갈아 얽어 제직한 옷감입니다. 정련한 명주는 촉감이 부드럽고 튼튼한 것이 특징입니다.

숙고사
삶아 익힌 견사로 생고사에 비해 질감이 부드러운 것이 특징입니다. 지금도 많이 사용되는 전통 옷감으로 주로 원형의 수(壽), 희(喜), 자(字)와 덩굴에 달린 호리병 무늬가 많은 옷감입니다.

모본단
양단보다 약간 얇고 광택이 납니다. 가을·겨울용 옷감에 많이 사용합니다.

금사단
겹으로 두껍게 제직한 고급 옷감입니다. 8매 또는 5매 주자직으로 짜며 은실이나 색실로 원형, 화초, 학, 문자 등을 수놓았습니다. 주로 겨울철 겉옷감으로 여자의 치마, 저고리, 두루마기, 남자의 마고자, 조끼, 이불감으로 사용합니다.

국사
봄·여름용 옷감으로 많이 사용하고, 합성섬유는 속옷에 주로 사용합니다.

노방
누에고치에서 뽑아내고 정련하지 않은 실을 평직으로 짠 옷감입니다. 촉감이 빳빳하며 두께가 얇아서 여름용 옷이나 안감으로 많이 사용합니다.

옥사
불규칙한 실 마디가 독특한 문양을 만드는 것이 특징인 옷감입니다.

자수가 놓인 면
60수 정도의 얇은 천에 꽃과 나비를 수놓은 옷감으로 쓰임새가 다양합니다.

망사레이스
고운 망사에 꽃무늬와 나뭇잎 등을 수놓은 옷감으로 웨딩드레스에 많이 사용합니다.

기본 · 장식 바느질 기법

우리 옷 한복은 보통 '짓는다'라고 표현합니다. 집을 짓듯이 한복도 '옷을 짓는다'라고 하던 것은 '기초가 바르고 튼튼해야 한다'는 의미입니다. 기초 바느질부터 탄탄하게 한 뒤, 매듭단추나 박쥐 장식 만드는 방법까지 알아두면 한복을 짓는 과정에서 두루두루 활용하기 좋아요. 그럼 한복 바느질에서 알아야 할 중요한 바느질 요소들을 살펴보겠습니다.

● 기초 바느질 익히기

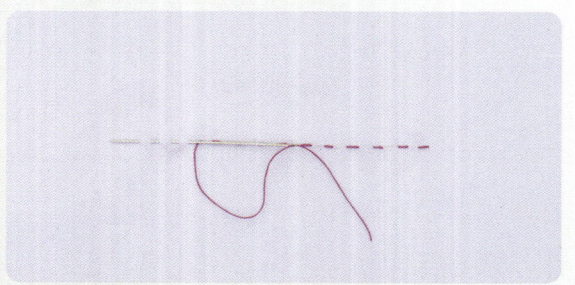

홈질
가장 기초가 되는 바느질 방법으로 바느질을 했을 때 겉과 안이 같은 모양이 됩니다. 모든 솔기에 사용하며 주름을 잡거나 깃머리 등을 오그리는 부분적인 바느질 방법입니다.

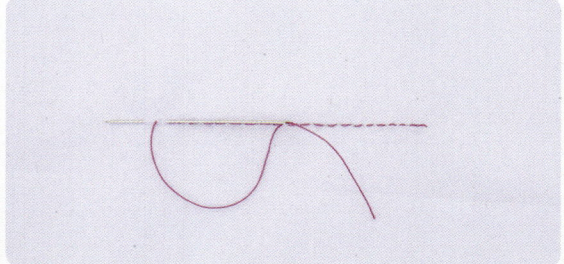

온박음질
바늘 1땀의 크기만큼을 그대로 뒤로 되돌아 뜨는 방법으로 옷감의 겉면에서 보면 재봉틀로 박은 것과 같이 나타나며, 손바느질 기법 중에서 가장 튼튼한 바느질 방법입니다.

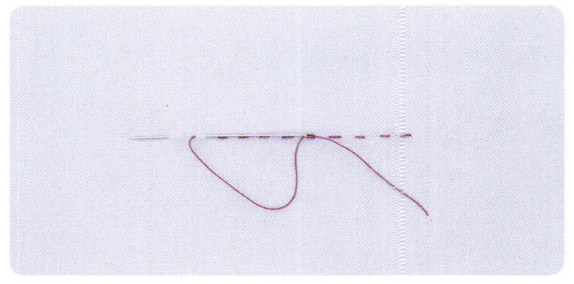

반박음질
1땀 크기의 반만큼을 뒤로 되돌아 뜨는 것으로 겉에서 보기에는 홈질과 같은 형태이나 홈질보다는 튼튼하고 온박음질보다는 약합니다.

어슷시침질
깃을 시침하거나 치맛단과 같이 단을 튼튼하고 신축성 있게 꿰맬 때 실이 비스듬히 사선으로 놓이도록 감침하는 바느질 방법입니다.

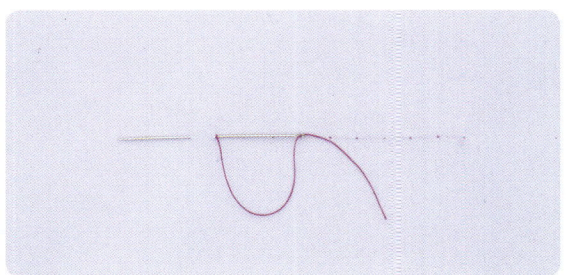

1땀 상침
바늘이 나온 자리로 다시 들어가서 바늘땀(0.1cm)이 거의 보이지 않게 하는 것으로 동정을 겉에서 바느질하거나 깃머리 부분에 쓰는 바느질 방법입니다.

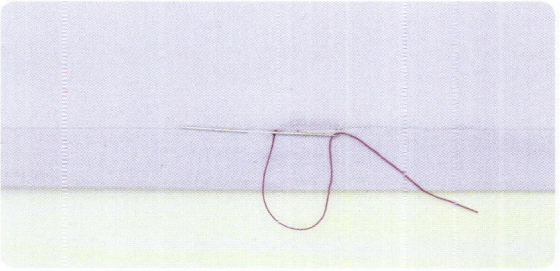

공그르기
홑옷의 단을 접어서 바늘땀이 보이지 않게 바느질하는 방법입니다. 바늘을 접은 솔기 사이에 넣어 뽑으면서 바닥의 올을 2~3개 뜨는 것을 반복합니다.

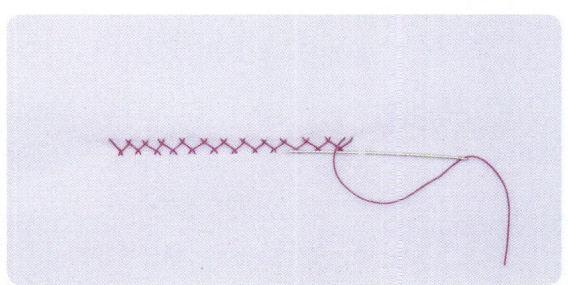

새발뜨기
왼쪽에서 오른쪽으로 바느질하고 보통 단이나 두꺼운 감의 끝단을 예쁘고 튼튼하게 하거나 풀리지 않게 하는 방법입니다. 치맛말기, 저고리 안깃을 바느질할 때 활용합니다

● 솔기하기

가름솔
홈질이나 반박음질을 촘촘히 한 뒤 솔기를 양쪽으로 갈라 눕히는 방법입니다. 저고리 진동이나 두꺼운 감의 솔기를 가름솔로 처리하면 투박하지 않아 좋습니다.

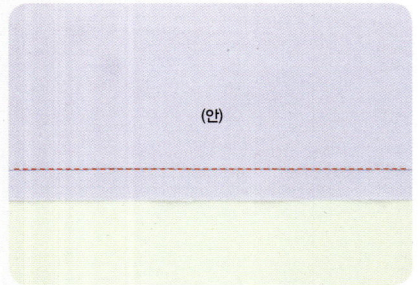

❶ 완성선을 바느질합니다.

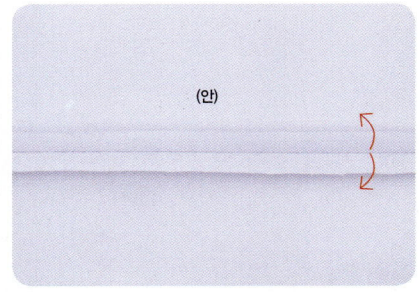

❷ 시접을 양쪽으로 갈라 다림질합니다.

홑솔(꺾음솔)
홈질이나 반박음질을 촘촘히 한 뒤 솔기를 한쪽으로 꺾어 눕히는 방법으로 한복에서 가장 많이 쓰는 바느질 방법입니다.

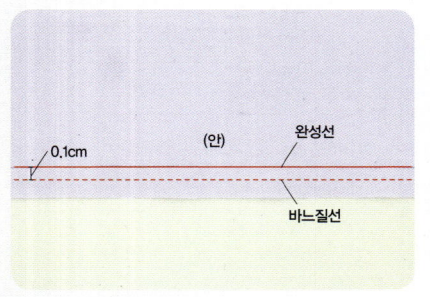

❶ 완성선보다 0.1cm 시접 쪽으로 나가서 바느질합니다.

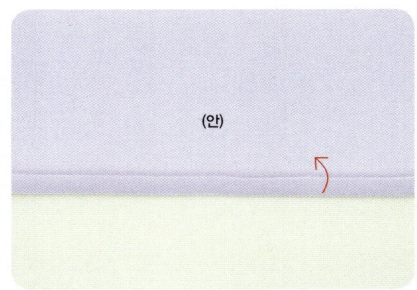

❷ 완성선을 꺾어 다림질합니다.

통솔
홑옷을 튼튼하게 바느질하거나 시접 처리할 때 쓰는 방법입니다. 겉에서 두 겹을 나란히 놓은 상태에서 시접이 1cm인 경우, 시접을 7:3의 비율로 나눈 뒤 시접 쪽으로 0.7cm 나가 바느질한 다음, 솔기를 꺾어 남은 0.3cm 시접이 싸이도록 완성선을 바느질합니다.

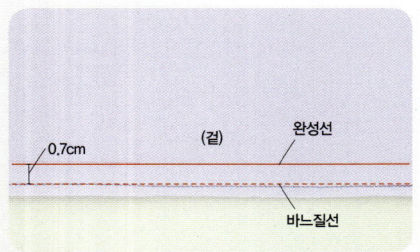

❶ 안끼리 맞대고 완성선에서 시접 쪽으로 0.7cm 나가서 바느질합니다.

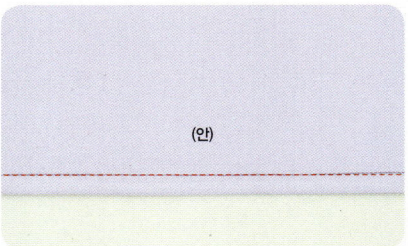

❷ 시접을 꺾어 다린 뒤 0.3cm 시접이 싸이도록 안쪽에서 완성선을 바느질합니다.

쌈솔

완성선을 바느질한 뒤 1장의 시접은 자르고 나머지 시접으로 감싸서 바느질하는 방법입니다. 겉에서 솔기를 눌러 바느질하기 때문에 튼튼하며 장식적인 효과도 있습니다.

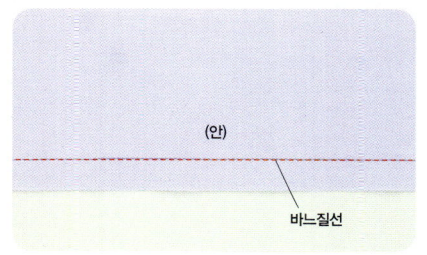

❶ 완성선을 촘촘하게 홈질이나 반박음질합니다.

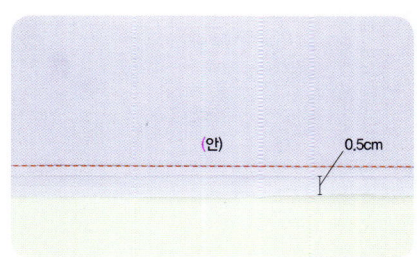

❷ 한쪽 시접을 0.5cm 잘라냅니다.

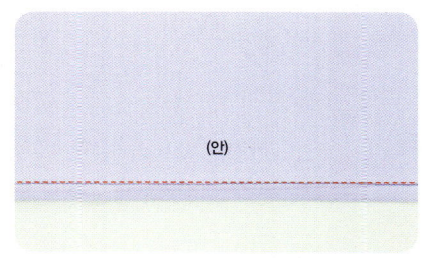

❸ 넓은 시접을 꺾어 다림질합니다.

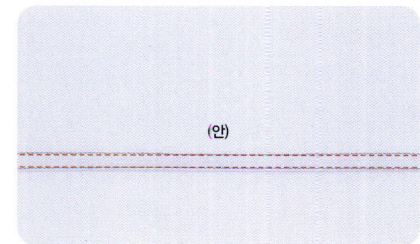

❹ 좁은 시접을 싸서 끝에서 0.1cm 들어와 홈질 또는 반박음질합니다.

시접 꺾기

- 앞길과 뒷길을 잇는 솔기는 시접을 뒤쪽으로 꺾습니다. 어깨솔기, 배래솔기 시접입니다.
- 어슨(사선)솔기와 곧은(직선)솔기를 이을 때 시접은 곧은솔기 쪽으로 꺾습니다. 길과 무의 바느질 시접, 바지 큰사폭과 작은사폭의 시접입니다.
- 아래위를 잇는 솔기는 시접을 위로 꺾습니다. 남자 바지허리, 치맛말기 시접입니다.
- 좌우를 잇는 솔기는 시접을 입었을 때 오른쪽 또는 큰 쪽으로 꺾습니다. 등솔, 마루폭과 사폭의 시접입니다.
- 겉감과 안감을 이을 때는 시접을 겉감 쪽으로 꺾습니다.

매듭단추(연봉매듭) 만들기

매듭단추를 달면 고름을 단 옷보다 입기와 활동하기가 편해 여름철 적삼, 속저고리 그리고 겉옷의 장식을 겸한 여밈 단추로 쓰입니다.
옷감을 가늘게 말아 감쳐서 사용하거나 바이어스를 홈질한 뒤 뒤집어 사용합니다.

❶ 매듭 만들 끈을 40cm 준비합니다. 검지에 매듭끈을 걸어줍니다.

❷ 연두색 끈을 엄지에 한 번 돌려 감아줍니다. 끈의 위치에 주의하세요.

❸ 엄지의 끈을 빼서 검지의 끈 위에 엎어 잡아줍니다.

❹ 끈의 위치에 주의하며 보라색 끈을 검지에 걸린 끈 아래로 통과합니다. 가운데가 마름모 모양이 되어야 합니다.

❺ 검지를 빼서 뒤쪽이 앞면이 되도록 돌려줍니다.

❻ 검지에 걸린 고리의 중앙을 잡고 매듭이 완성되기까지 놓치지 않게 합니다. 연두색 끈은 잡고 있는 중앙 고리를 시계 방향으로 감아 돌아서 마름모 모양 위에서 아래로 들어갑니다.

❼ 보라색 끈도 중앙 고리를 시계 방향으로 감아 돌아 마름모 모양 위에서 아래로 들어갑니다.

❽ 마름모 모양으로 두 가닥 끈이 반드시 나와야 합니다.

❾ 두 가닥 끈을 당겨서 조여줍니다.

❿ 송곳으로 돌아가며 고루 조여 매듭 모양을 동그랗게 만듭니다.

⓫ 매듭이 완성되었습니다.

박쥐 장식 만들기

❶ 4×4cm 정사각형 원단 1장을 준비합니다.

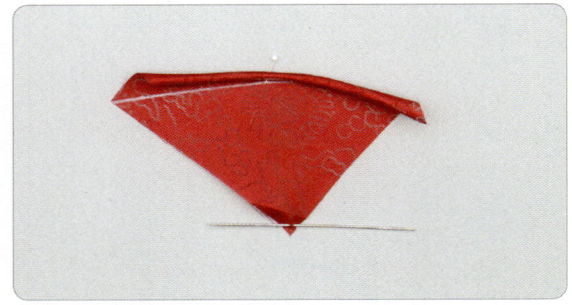

❷ 대각선의 한쪽 끝에 시침핀을 꽂고 단단하게 말아서 중심까지 옵니다.

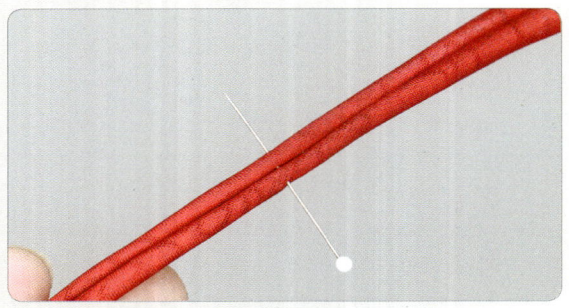

❸ 반대쪽 끝도 대칭이 되도록 말아서 중심까지 옵니다.

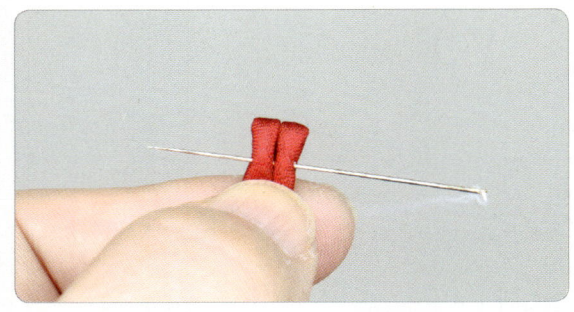

❹ 말아 온 것을 포물선이 되도록 반으로 접어 0.4~0.5cm 내려 온 부분에 한 번씩 바늘을 통과한 뒤, 튼튼하게 감아서 매듭을 지어줍니다.

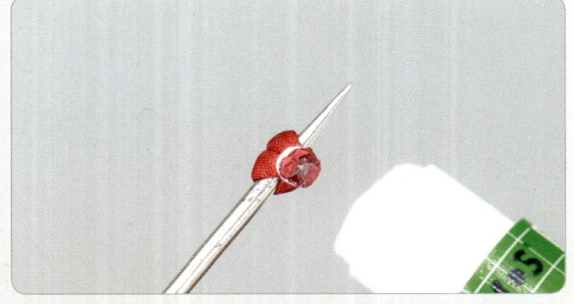

❺ 시접을 0.2cm 남기고 잘라냅니다. 올이 풀리지 않게 딱풀을 바릅니다.

❻ ∞자 모양으로 양쪽으로 벌려 다리미로 풀칠한 부분을 눌러줍니다.

한복의 맵시를 살리는 법

입는 방법은 물론, 입는 사람의 맵시와 차림새에 따라 한복은 다른 모습으로 보이기도 합니다. 소중한 나의 인형이 고운 한복의 우아함을 마음껏 뽐낼 수 있도록 옷매무새를 다듬어 멋스럽게 입혀보기로 해요.

❀ 치마 입히기

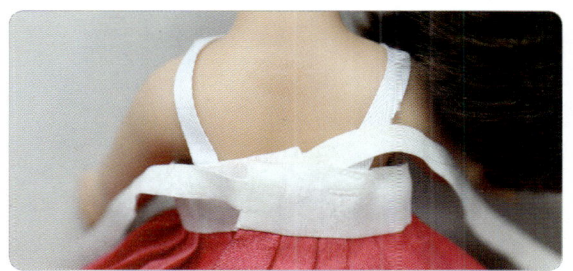

❶ 겉자락이 왼쪽으로 가도록 치마를 여며줍니다.

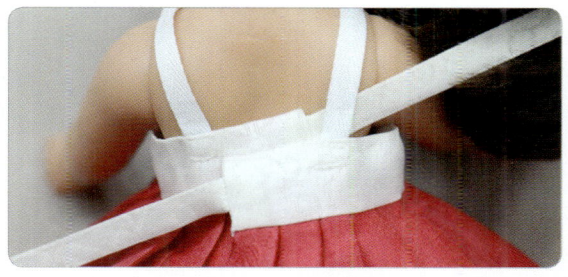

❷ 안자락 쪽 치마끈을 어깨끈 아래로 넣어서 앞으로 돌립니다.

❸ 왼쪽 가슴 아래에 양쪽 끈을 한 번 묶어 늘어뜨립니다.

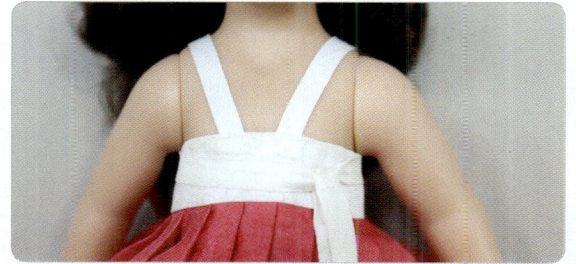

❹ 치마를 입힌 모습입니다.

저고리 옷고름 매기

❶ 양팔을 모아 뒤로 보내서 저고리를 입혀줍니다.

❷ 어깨 중심선을 앞쪽으로 당겨서 입히고 남는 여유분을 양옆 목점부터 진동점까지 八자 모양으로 접어 넣어줍니다.

❸ 짧은 고름이 위에 오도록 묶습니다.

❹ 긴 고름 솔기가 위로 향하도록 접어서 고를 만들어줍니다.

❺ 짧은 고름으로 긴 고름을 감아 돌아 묶어줍니다. 짧은 고름의 솔기도 위를 향합니다.

❻ 예쁘게 고 모양을 잡고 남는 부분은 자연스럽게 내려줍니다.

❀ 바지 대님 매기

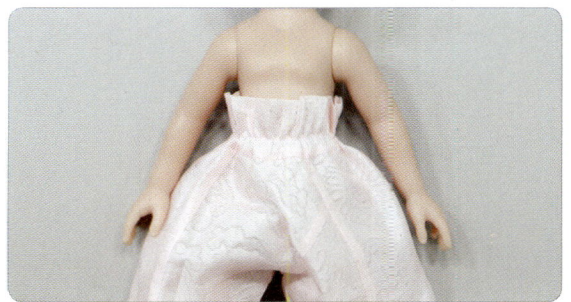
❶ 큰사폭이 오른쪽으로 가도록 입혀줍니다.

❷ 마루폭과 사폭이 만나는 솔기선을 안쪽 복사뼈에 둡니다.

❸ 바짓부리의 여유분을 발 뒤에서 당겨줍니다.

❹ 당긴 여유분을 발뒤꿈치로 돌려 발목 바깥쪽 복사뼈에 댑니다.

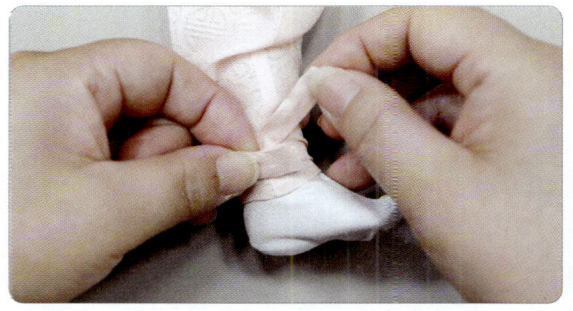
❺ 대님을 두 번 돌려 발목 안쪽 복사뼈에서 고를 내어 묶어줍니다.

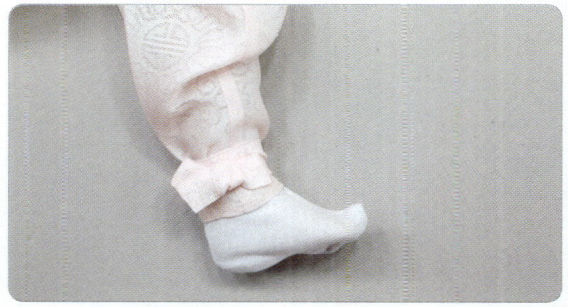
❻ 바지와 대님 모양을 정리합니다.

둘, 사계절 한복 짓기

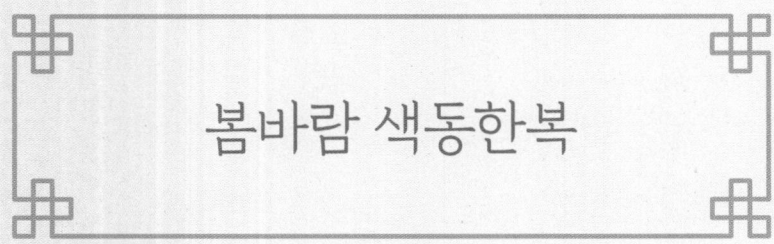

봄바람 색동한복

얼었던 땅이 숨을 쉬고 작은 몸짓으로 아지랑이가 피어오르면
살랑거리는 봄바람과 함께 개나리와 진달래가 말을 걸어옵니다.
봄꽃처럼 피어나는 고운 빛깔을 색동한복에 옮겨보았어요.

색동저고리_여 | 통치마 | 허리 속치마 | 버선 | 배씨댕기 | 꼬까신
색동저고리_남 | 사폭바지 | 조끼 | 귀주머니

색동저고리_여

실물 옷본 - 196쪽

한국의 전통 색상인 오방색 중에서 흑을 뺀 청, 적, 황, 백 4가지 색을 중심으로 연한 색상을 배색해 색동을 이어 색동저고리를 만들었어요.
개나리를 담은 저고리를 입고 나가면 꽃들이 말을 건네줄 것 같아요.

🏵 형태와 명칭

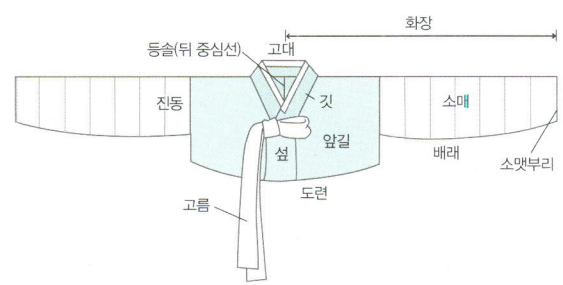

🏵 옷감과 부자재

- 옷감 치수는 모두 '폭×길이'로 표기되어 있습니다.
- 실제보다 약간 더 넉넉하게 재료를 준비할 수 있도록 표기했습니다.

- **겉감** 화문사 28×18cm
  색동감 - 화문사 7가지 색상 각 3×25cm
  잣감 - 화문사 2가지 색상 각 2×4cm
  고름감 - 화문사 6×12cm
- **안감** 노방 50×18cm
- **동정감** 숙고사 3×15cm
- **동정심감** 벨트심지 0.7×13cm
- **부자재** 스냅단추 0.5cm 1개

🦋 마름질하기

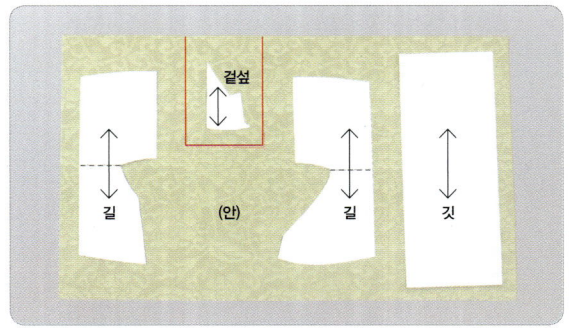

겉감으로 좌, 우 길 1장씩, 겉섶 5×8cm 1장, 깃 6×18cm 1장을 마름질합니다. 길의 어깨 중심선을 표시합니다.

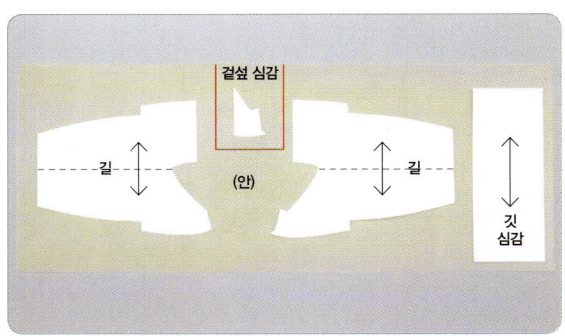

안감으로 좌, 우 길(소매, 섶 포함) 1장씩, 깃 심감 6×18cm 1장, 겉섶 심감 5×8cm 1장을 마름질합니다. 길의 어깨 중심선을 표시합니다.

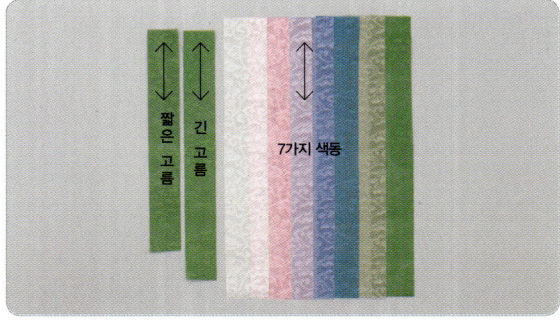

7가지 색상의 색동감을 3×25cm 1장씩, 긴 고름 2.5×11cm 1장, 짧은 고름 2.5×9.5cm 1장을 마름질합니다.

🦋 바느질하기

◈ 겉감 만들기

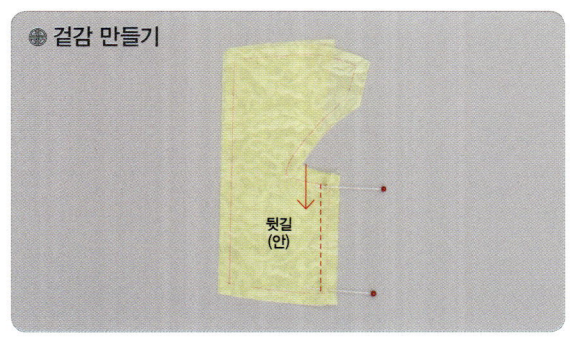

01 길을 겉끼리 맞대고 등솔(뒤 중심선)을 핀 시침한 뒤 홈질 또는 반박음질합니다.

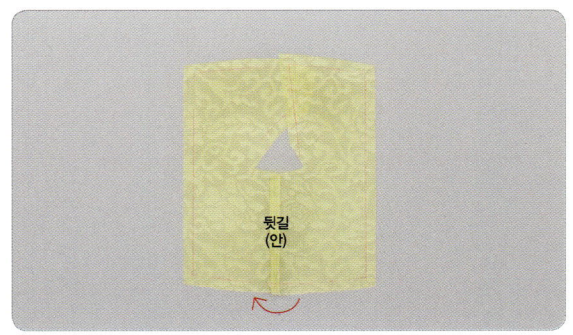

02 등솔 시접은 입었을 때 오른쪽으로 꺾어 다림질합니다.

03 겉섶 안쪽에 심감을 덧대고 입었을 때 왼쪽 앞길 겉섶선에 겉끼리 맞댄 다음, 겉섶이 길보다 1cm 길게 내려오도록 핀 시침한 뒤 겉섶(곧은올) 쪽에서 홈질합니다. 길은 어슨(사선)올, 겉섶은 곧은(직선)올과 닫나게 됩니다.

04 시접을 겉섶 쪽으로 꺾어 다림질합니다. 옷본을 이용해 앞선과 도련을 그려줍니다.

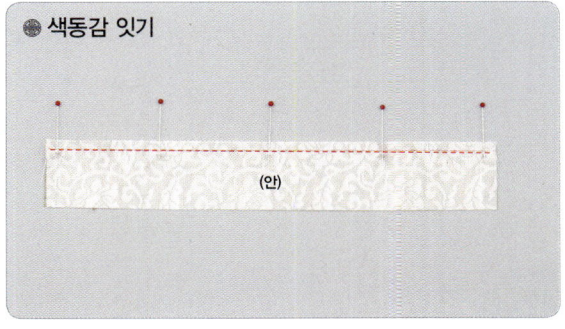

● 색동감 잇기

05 색동감 잇는 순서에 맞춰 2가지 색상을 겉끼리 맞대고 핀 시침한 뒤 홈질합니다.

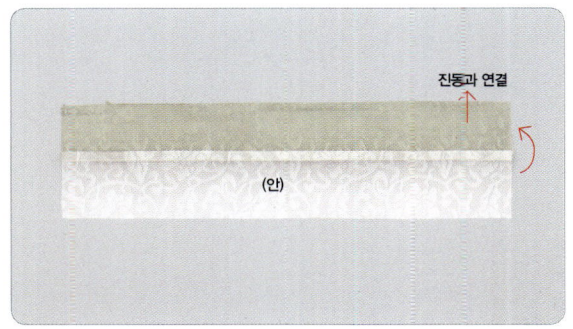

06 바느질 시접을 0.3cm로 정리하고 길 쪽으로 꺾어 다림질합니다.

07 완성한 색동 폭이 각각 1.3cm가 되도록 순서대로 겉끼리 맞대고 홈질합니다.

08 7가지 색상의 색동이 이어졌습니다.

09 이어진 색동을 2등분합니다.

10 색동 2개를 각각 겉끼리 맞대고 반으로 접어 어깨 중심선을 표시합니다. 길과 만나는 색동은 완성 폭에 맞게 진동선을 그려줍니다.

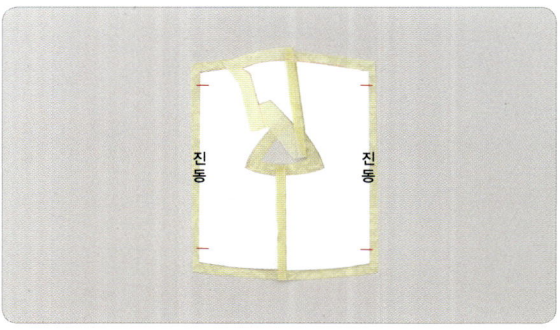

11 길 옷본을 이용해 진동점을 표시합니다.

12 길의 겉과 소매 색동의 겉을 맞대고 어깨 중심선을 맞춘 뒤 핀 시침합니다.

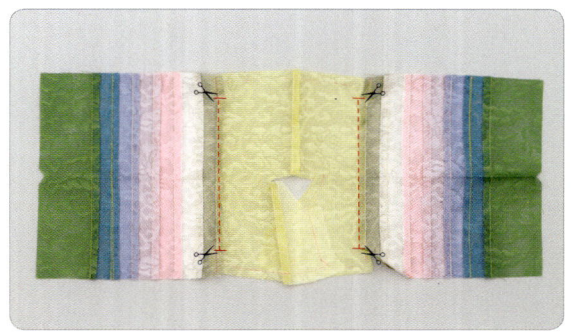

13 한쪽 진동점에서 다른 쪽 진동점까지만 홈질합니다. 길 진동점의 완성선까지만 가위집을 주고 시접은 길 쪽으로 꺾어 다림질합니다.

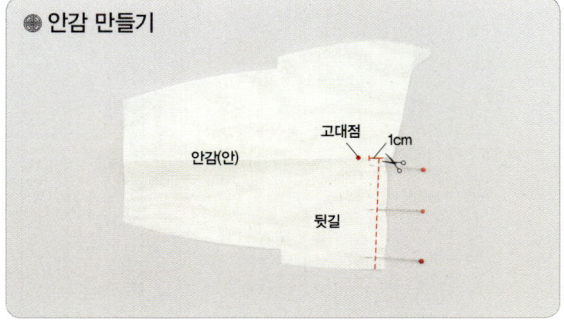

● **안감 만들기**

14 안감 등솔(뒤 중심선)을 홈질합니다. 바느질한 등솔선에서 고대점을 향해 1cm만 잘라줍니다.

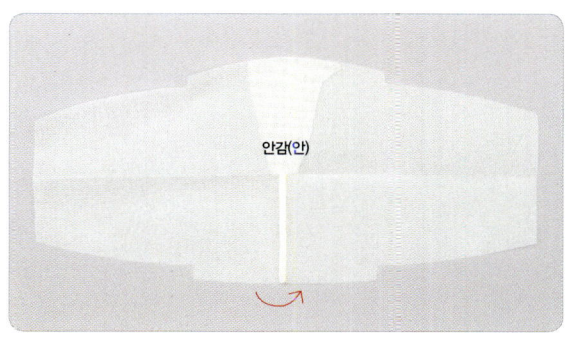

15 시접은 입었을 때 오른쪽으로 꺾어 다림질합니다.

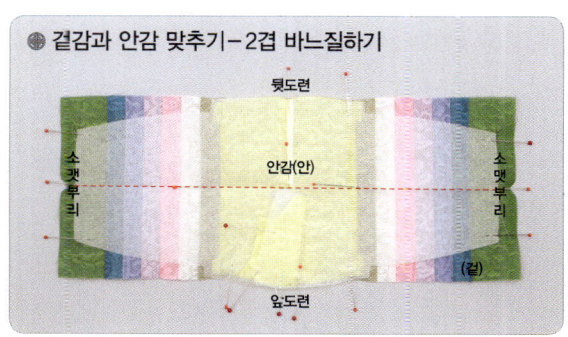

● 겉감과 안감 맞추기-2겹 바느질하기

16 겉감을 아래에 두고 겉끼리 맞댑니다. 등솔의 고대점을 닿추고 '등솔 → 어깨 중심선 → 소맷부리 → 뒷도련 → 앞도련'의 순으로 핀 시침합니다.

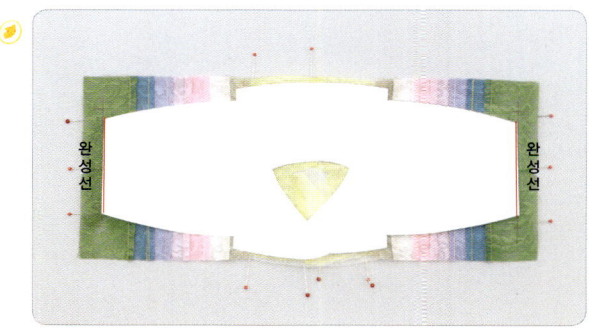

17 옷본을 이용해 소매 완성선을 표시합니다.

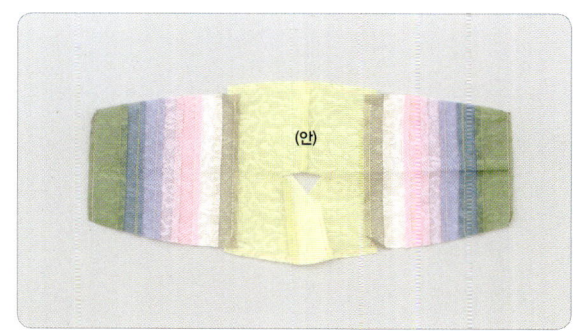

18 소맷부리, 앞, 뒤의 도련을 완성선까지단 홈질합니다. 시작점과 끝점은 튼튼하게 2~3땀 온박음질하고 시접을 정리합니다.

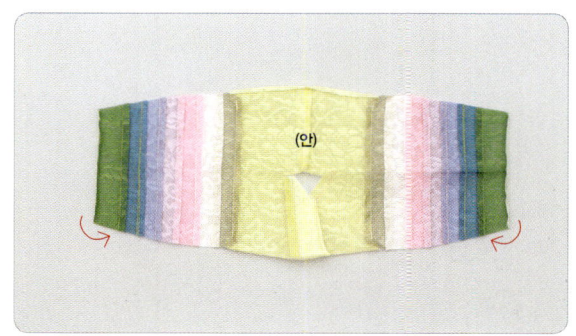

19 시접을 겉감 쪽으로 꺾어 다림질합니다

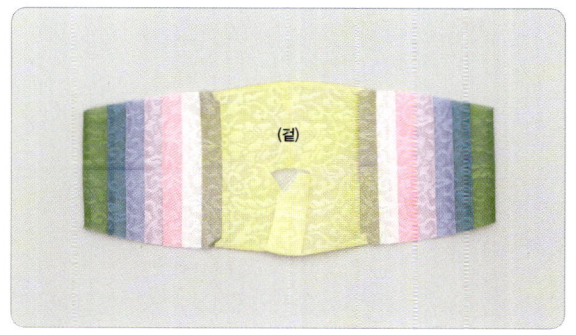

20 겉이 보이도록 뒤집습니다. 안감 쪽에서 시접을 정돈하고 다림질합니다.

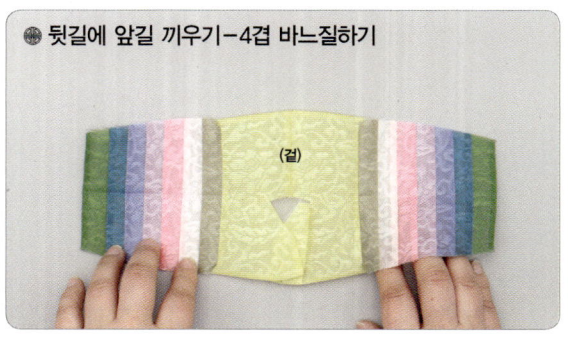

21 겉감과 안감 사이로 손을 넣어서 한쪽 소맷부리를 잡고 뒤집어줍니다.

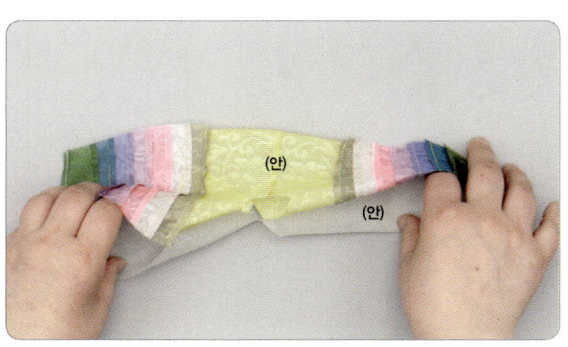

22 뒷길에 앞길을 끼워줍니다.

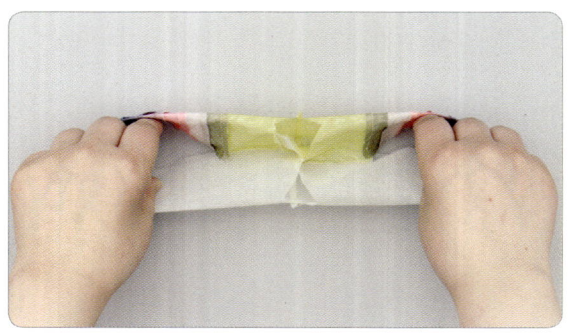

23 어깨 중심선을 기준으로 겉감과 안감이 각각 접히면서 골선이 됩니다. 겉감은 앞길과 뒷길이 겉끼리 맞닿게 되고, 안감도 앞길과 뒷길이 겉끼리 맞닿게 됩니다.

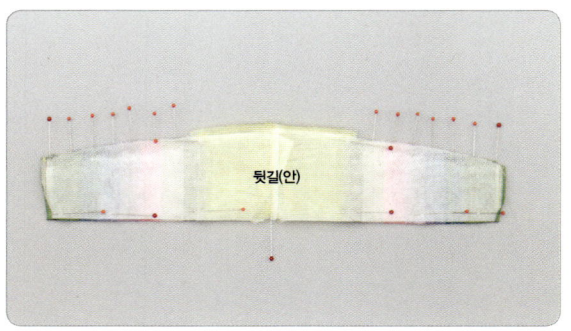

24 안감이 겉감보다 0.15cm 작도록 핀 시침합니다.

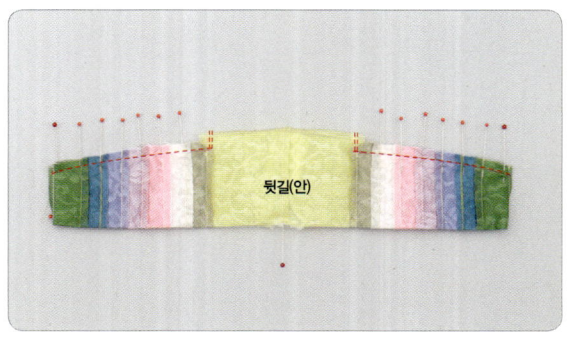

25 앞뒤 색동이 어긋나지 않게 잘 맞춰줍니다. 소맷부리와 동아래도 잘 맞춰 핀 시침한 뒤, 배래와 동아래(옆선)를 반박음질합니다.

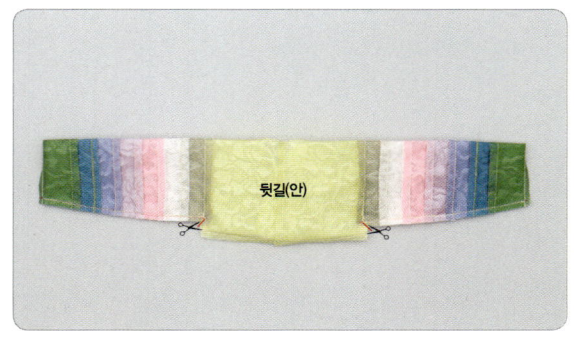

26 안감만 진동점을 향해 가위집을 줍니다. 시접은 겉감 쪽으로 꺾어줍니다.

27 고대 쪽으로 뒤집고 옷본을 이용해 깃선과 고대를 그려줍니다.

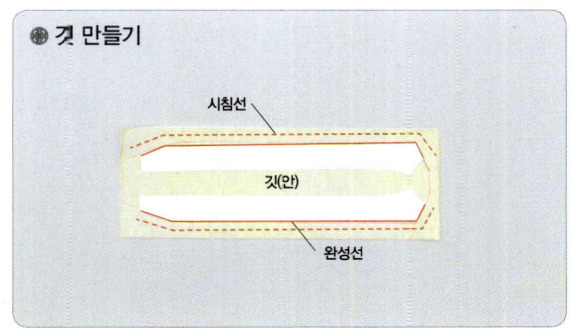

● 깃 만들기

28 깃의 안쪽에 심감을 대고 깃본을 이용해 완성선을 그려줍니다. 완성선에서 시접 쪽으로 0.2cm 나가서 시침합니다.

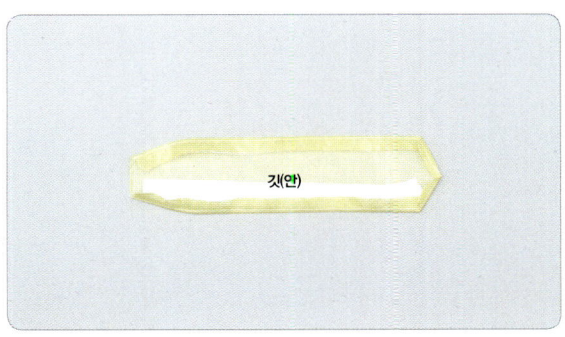

29 깃본을 이용해 겉깃과 안깃 완성선을 꺾어 다림질합니다. 시접을 0.5cm로 정리해줍니다.

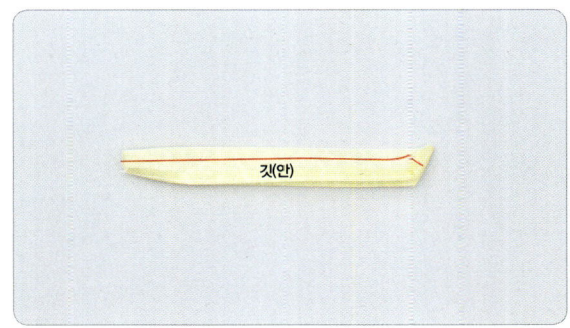

30 깃을 반으로 접어 깃본을 이용해 완성선을 그려줍니다.

31 완성선을 홈질하고 깃머리 곡선 부분은 0.15cm 땀으로 홈질한 뒤 시접을 정리합니다. 깃머리 부분의 곡선은 0.2cm 시접만 남기고 자른 뒤 겉깃 쪽으로 꺾어 다림질합니다. 중심 시접은 가름솔 합니다.

● 짓 만들기

32 2가지 색상의 잣감을 2×2cm 정사각형으로 각각 2장씩 다림질합니다.

33 안끼리 맞대어 반으로 접고 다시 한 번 접어 1×1cm의 정사각형으로 만듭니다.

34 2가지 색상의 잣을 하나씩 섞어 끼우고 딱풀로 고정해둡니다.

◉ 깃 달기

35 깃을 저고리 위에 올려놓고 깃선을 따라 '겉깃 → 고대 → 안깃'의 순으로 앉히며 만들어 놓은 잣을 끼워줍니다. 핀 시침한 뒤 어슷시침합니다.

36 깃을 길 쪽으로 넘겨 완성선을 홈질이나 반박음질합니다.

37 깃머리는 공그르기 또는 1땀 상침합니다.
✚ '1땀 상침'이란 바늘이 나온 자리로 다시 들어가서 바늘땀(0.01cm)이 거의 보이지 않게 하는 기법입니다.

38 시침실을 뽑고 깃을 겉끼리 맞대어 안깃 끝을 홈질합니다.

39 안깃 시접은 겉깃 바느질선을 따라 접고, 핀 시침한 뒤 공그르기 또는 새발뜨기합니다.

● 등정 만들기

40 깃본을 참고하여 동정심을 자릅니다. 동정감은 심지 길이에 시접 1.5cm를 더해줍니다. 동정감 안쪽에 풀이 묻은 부분을 맞대고 다림질로 부착합니다.

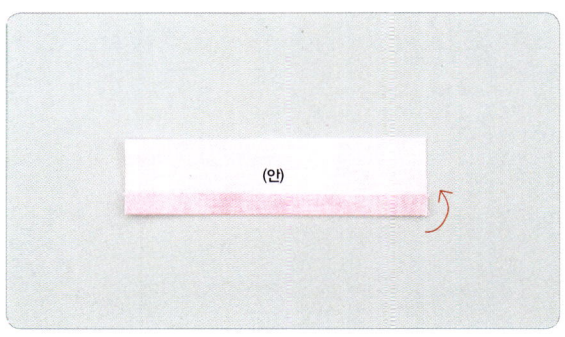

41 동정심 폭만큼 한 번 접은 다음 다림질합니다.

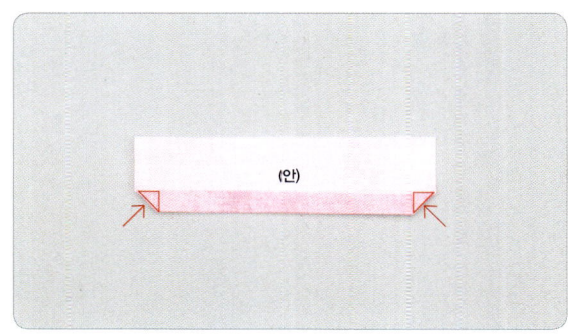

42 양옆의 시접을 사선으로 접어 서모 모양으로 만든 뒤 풀칠해서 다리미로 눌러줍니다.

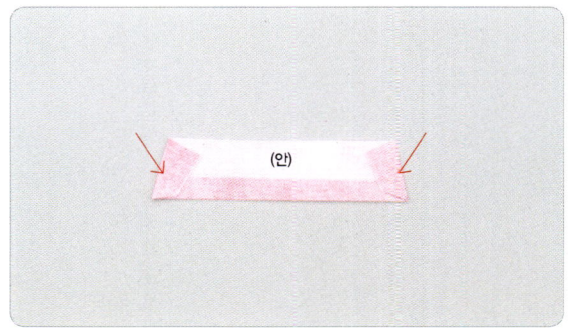

43 남은 시접을 한 번 더 접어서 풀칠하고 다리미로 눌러줍니다.

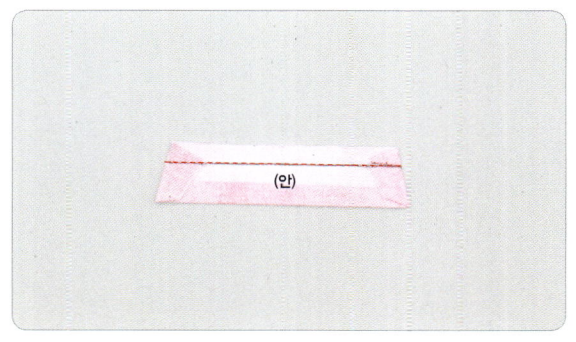

44 등정 시접의 1/2선을 표시합니다. 이때 동정 시접의 1/2선이 동정심지 폭보다 좁아야 합니다.

⊕ 동정 달기

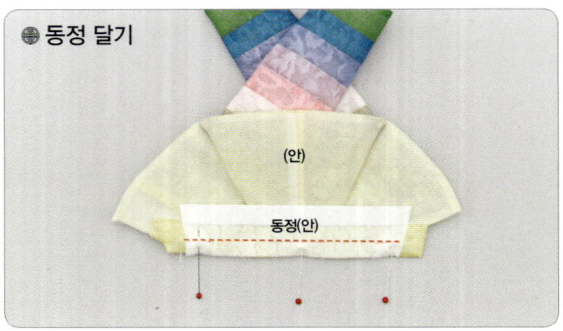 

45 깃본의 동정 위치에 맞춰 안깃과 동정의 겉을 맞댑니다. 동정을 핀 시침한 뒤 시접의 1/2선을 반박음질합니다.

46 동정을 겉깃 쪽으로 넘겨서 1땀 상침합니다. 동정 가장자리에 바늘이 나온 점으로 다시 바늘을 꽂아 안깃 쪽으로 들어갑니다.

⊕ 고름 만들어 달기 - 옷본 고름 위치 참고

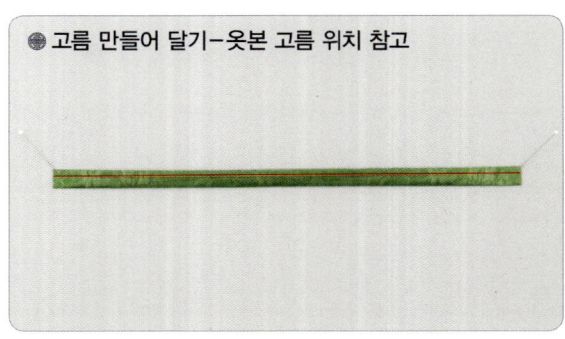 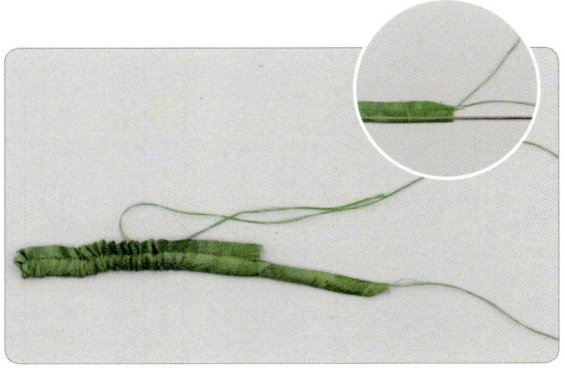

47 긴 고름과 짧은 고름을 각각 겉끼리 맞대고 반으로 접어 다림질한 다음 0.7cm 완성선을 그립니다. 완성 치수는 긴 고름이 0.7×10cm, 짧은 고름이 0.7×8.5cm입니다.

48 완성선을 따라 홈질하고 뒤집어줍니다. 실을 끊지 않은 채 꿰맨 부분을 바늘로 통과해 살살 당겨 뒤집고, 한쪽 끝을 공그르기합니다.

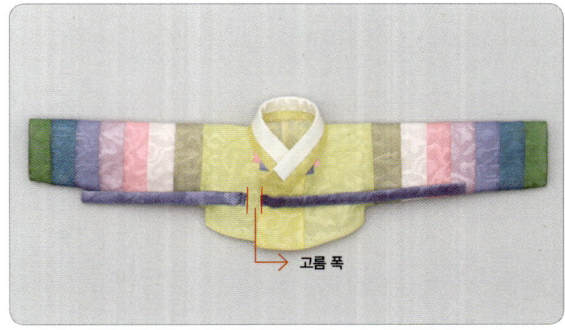 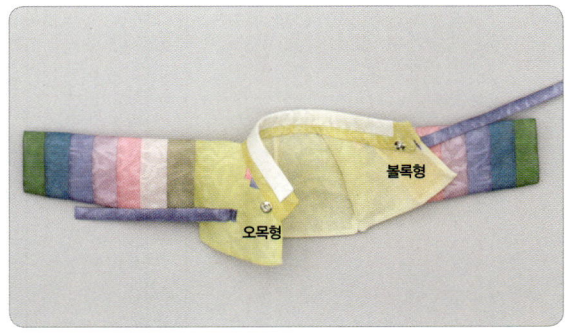

49 긴 고름은 고름 폭의 1/2 지점이 겉깃의 중심에, 짧은 고름은 고름 폭만큼 떨어져서 안깃 쪽에 긴 고름과 평행하도록 온박음질합니다. 고름의 솔기 방향은 위를 향합니다.

50 볼록 스냅단추를 겉깃 안쪽에 달고 자연스럽게 저고리를 놓은 상태에서 겉길이 안길보다 0.15cm 내려오게 놓습니다. 볼록 스냅단추를 눌러 자국 낸 뒤 오목 스냅단추를 안깃 쪽 겉에 달아주면 완성입니다.

통치마

실물 옷본 - 197쪽

자락치마를 간소화하여 통으로 지은 통치마는
입고 벗기 쉽고 활동하기도 편-하답니다.
색동저고리와 어울리는 예쁜 치마를 지어주세요.

형태와 명칭

옷감과 부자재

- 옷감 치수는 모두 '폭×길이'로 표기되어 있습니다.
- 실제보다 약간 더 넉넉하게 재료를 준비할 수 있도록 표기했습니다.

- **겉감** 화문사 55×17cm
- **간감** 노방 55×17cm
- **갈기감** 숙고사 20×20cm
- **갈기심감** 노방 20×10cm
- **부자재** 스냅단추 0.5cm 2개

마름질하기

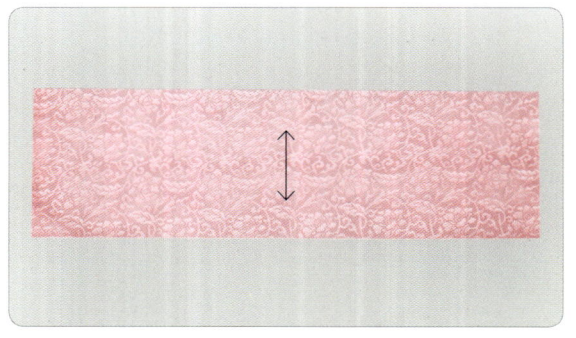

치마의 겉감, 안감은 별도의 옷본이 없습니다. 겉감을 식서 방향에 주의하여 시접 포함 52×15cm로 1장 마름질합니다.

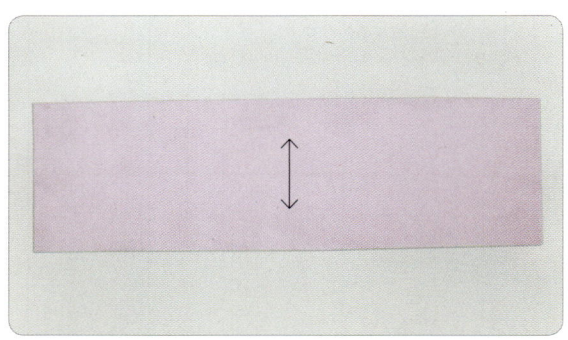

안감을 식서 방향에 주의하여 52×14.5cm로 1장 마름질합니다.

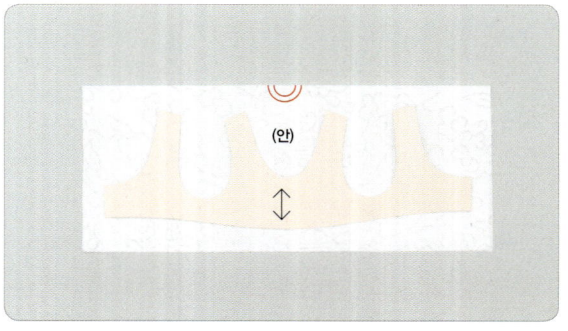

말기감을 식서 방향에 주의하여 겉끼리 맞대어 골로 접습니다.

심감을 20×10cm로 1장 준비합니다.

바느질하기

◉ 겉감·안감 만들기

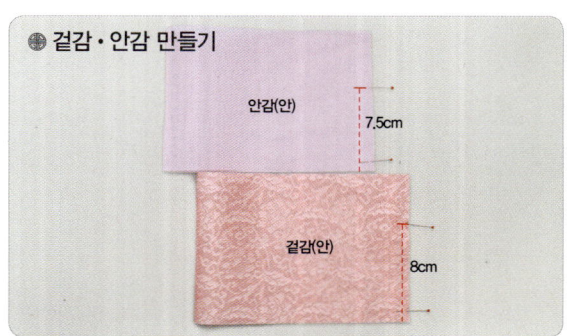

01 겉감과 안감을 각각 겉끼리 맞대고 핀 시침합니다. 시접을 1cm씩 주고, 겉감은 밑단에서 8cm, 안감은 7.5cm까지만 홈질합니다.

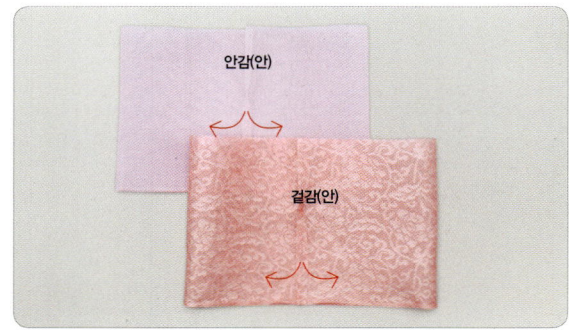

02 시접은 가름솔 합니다. 겉감과 안감 밑단 시접을 각각 0.4cm로 두 번 접어서 다림질합니다.

03 겉감과 안감의 밑단을 각각 홈질합니다.

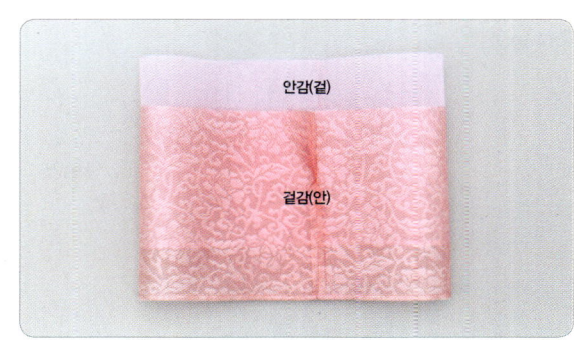

04 겉감과 안감의 겉을 맞대고, 안감을 겉감 속으로 넣어줍니다.

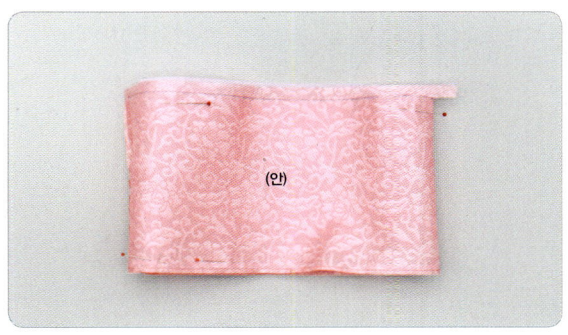

05 안감 밑단이 겉감보다 0.5cm 짧도록 핀 시침합니다.

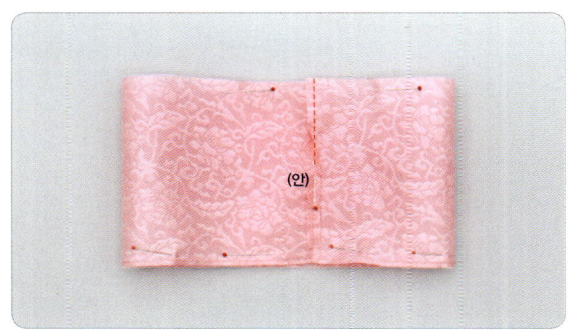

06 뒤 중심 바느질선과 만나도록 겉감과 안감을 합봉합니다.

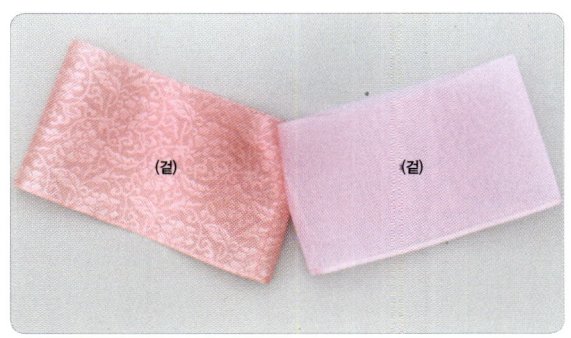

07 겉감의 겉과 안감의 겉이 나오도록 뒤집어줍니다.

08 겉감 안으로 안감을 넣어줍니다. 밑단은 밑단끼리, 허리는 허리끼리 만나도록 정리합니다.

● 치마 주름 잡기

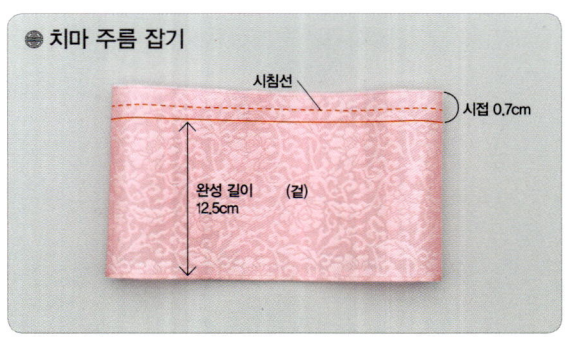

09 치마 완성 길이 12.5cm를 표시합니다. 완성선에서 시접 쪽으로 0.2cm 나가 겉감과 안감을 고정 시침합니다. 허리 시접을 0.7cm로 잘라줍니다.

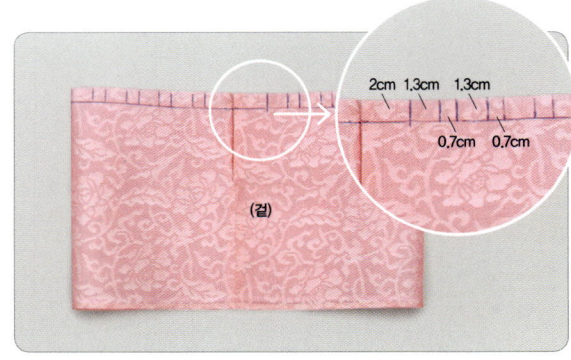

10 주름 시작점에서는 여밈분 2cm를 주고 주름을 표시합니다. 속주름 1.3cm, 겉주름 0.7cm를 반복해서 표시합니다. 끝점에서는 트임 안으로 0.7cm를 접어 넣도록 주름의 양을 조절합니다.

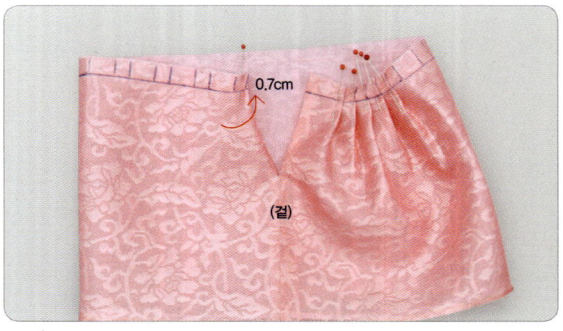

11 표시한 선에 맞춰 주름을 잡아가며 핀 시침합니다. 트임 끝은 0.7cm 안으로 접어 넣어줍니다.

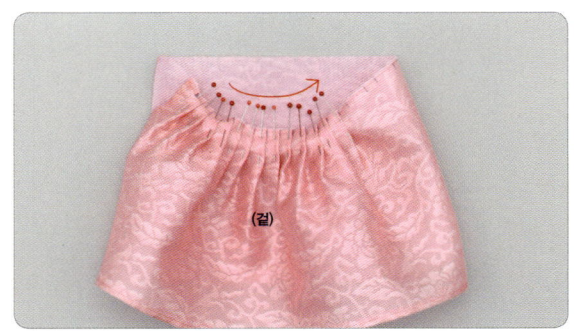

12 핀 시침한 주름을 고정 시침합니다.

● 조끼말기 만들기

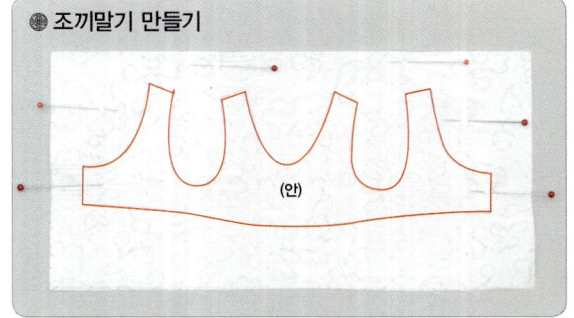

13 골로 접어둔 말기감 한쪽 면에 심감을 핀 시침한 뒤 옷본을 이용해 조끼말기를 그려줍니다. 심감을 올린 면이 옷을 완성했을 때 겉이 됩니다.

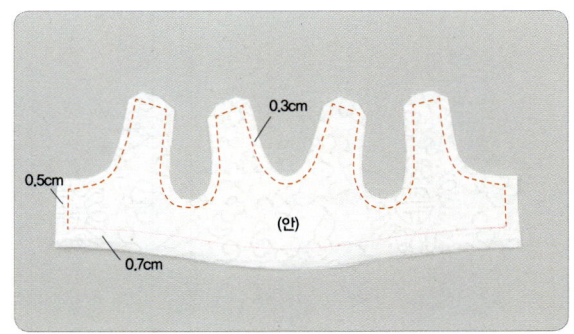

14 허리 부분을 남기고 완성선까지 홈질합니다. 시접을 정리한 뒤 겉감 쪽으로 시접을 꺾어 다림질합니다.

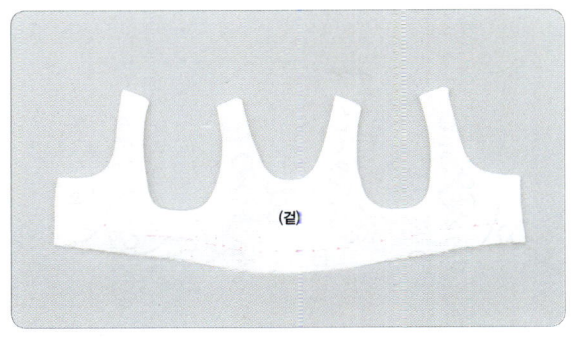

15 겉이 나오도록 뒤집어 안쪽에서 다림질합니다.

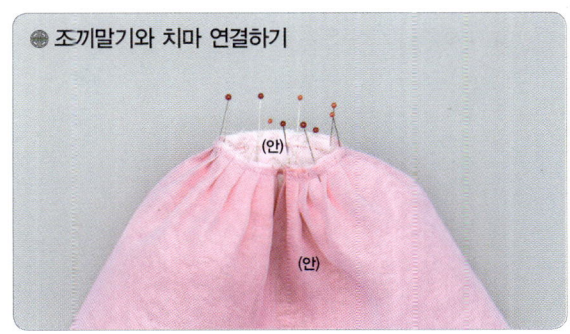

❀ **조끼말기와 치마 연결하기**

16 치마와 조끼말기를 겉끼리 맞대고 핀 시침한 뒤 반박음질합니다.

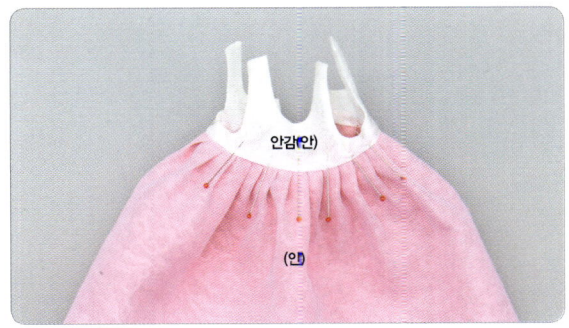

17 허리 완성선을 따라 안감의 시접을 졎어 넣고 공그르기 또는 새발뜨기합니다.

18 앞뒤 어깨를 겉감과 안감 쪽에서 한 번씩 공그르기로 연결합니다.

19 스냅단추를 조끼말기 트임 부분에 1개, 치마 트임 부분에 1개 달아줍니다. 입었을 때 왼쪽에 볼록 스냅단추를, 오른쪽에 오목 스냅단추를 달아줍니다.

20 통치마가 완성된 모습입니다.

허리 속치마

겉치마 속에 받쳐 입는 속치마는 치마를 예쁘게 부풀려 실루엣을 살려줍니다.
비교적 간단하게 만들 수 있으니 꼭 지어 입혀보세요.

옷감과 부자재

- 옷감 치수는 모두 '폭×길이'로 표기되어 있습니다.
- 실제보다 약간 더 넉넉하게 재료를 준비할 수 있도록 표기했습니다.

- **겉감** 국사 47×14cm
  밑단 - 레이스 1.5×100cm
- **부자재** 고무밴드 0.5×30cm
  장식단추 1개

🦋 마름질하기

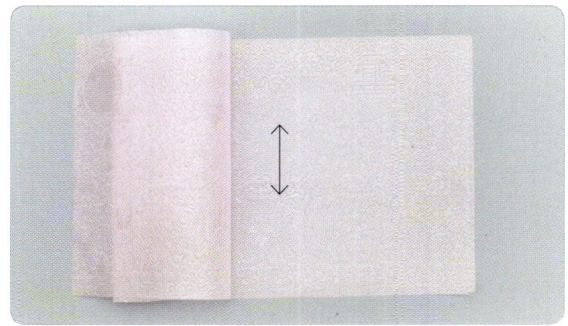

치마의 겉감은 별도의 옷본이 없습니다. 겉감(시접 포함)을 45×11.5cm로 1장 마름질합니다.

🦋 바느질하기

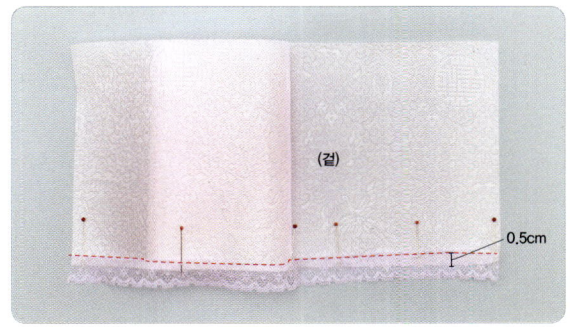

01 밑단에 레이스를 올려 핀 시침한 뒤 홈질합니다.

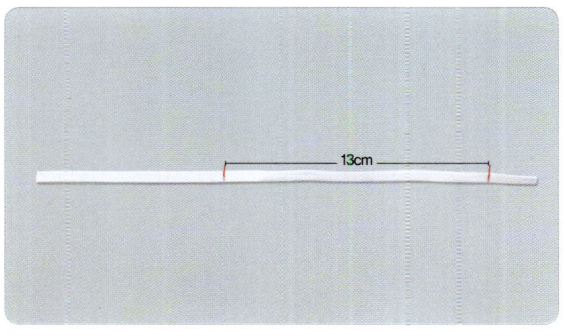

02 30cm 고무밴드에 허리 완성 치수인 13cm를 표시합니다.

03 허릿단 시접을 1.5cm 안쪽으로 접어줍니다. 고무밴드 한쪽 끝에 시침핀을 꽂고 고무밴드를 끼워가며 홈질합니다. 이때 고무밴드가 바늘땀에 물리지 않도록 주의하세요.

04 완성 치수만큼 고무밴드를 당겨줍니다. 뒤 중심선을 핀 시침한 뒤 홈질합니다. 시접은 가름솔 하고 장식단추를 앞 중심에 달아주면 완성입니다.

버선

발을 보호하고 한복의 전체 옷맵시를 살려주는 버선입니다.
사뿐사뿐 발길을 옮길 수 있는 귀엽고 깜찍한 버선을 만들어보세요.

실물 옷본 - 197쪽

형태와 명칭

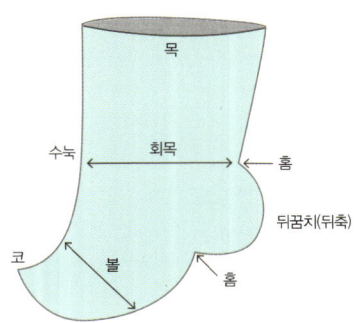

옷감과 부자재

- 옷감 치수는 모두 '폭×길이'로 표기되어 있습니다.
- 실제보다 약간 더 넉넉하게 재료를 준비할 수 있도록 표기했습니다.

- **겉감** 면 40수 18×32cm

🦋 마름질하기

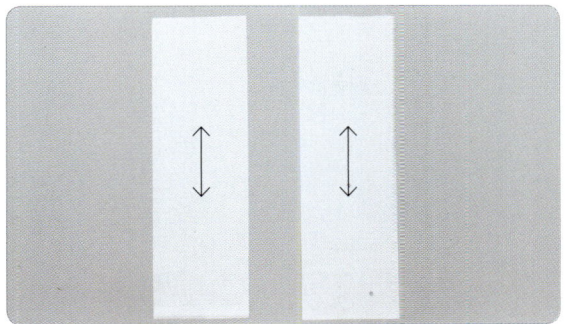

겉감(시접 포함)을 9×32cm로 2장 마름질합니다.

🦋 바느질하기

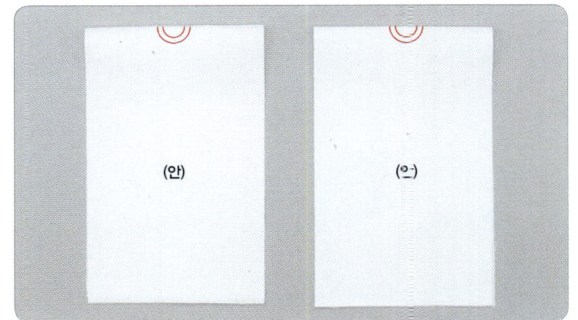

01 마름질한 겉감을 겉끼리 맞대고 반으로 접어줍니다.

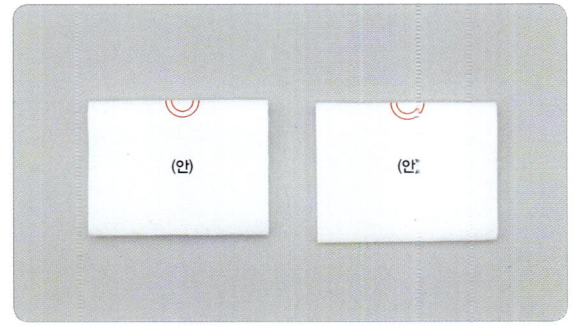

02 다시 한 번 더 접어줍니다(전체 4겹).

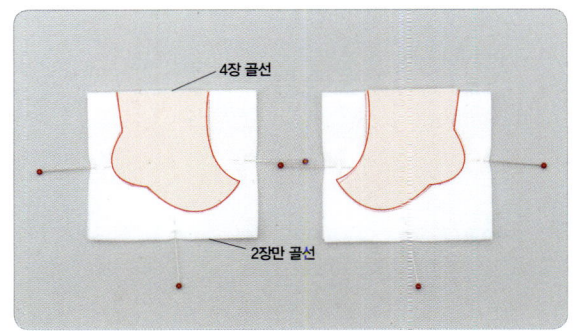

03 핀 시침하고 버선본을 이용해 완성선을 그립니다.

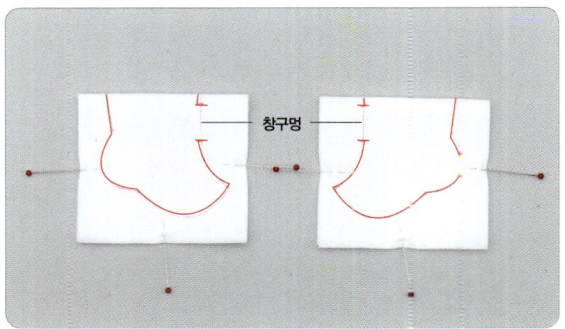

04 창구멍을 표시합니다.

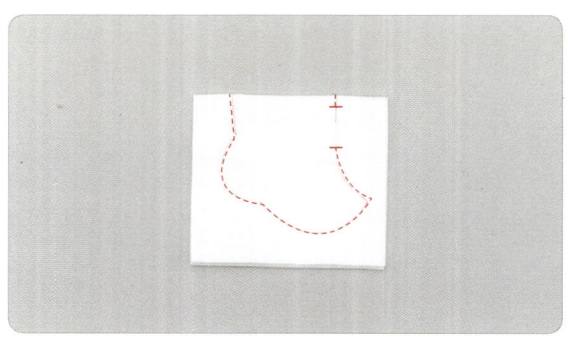

05 창구멍을 제외한 완성선을 온박음질로 바느질합니다(4겹 바느질).

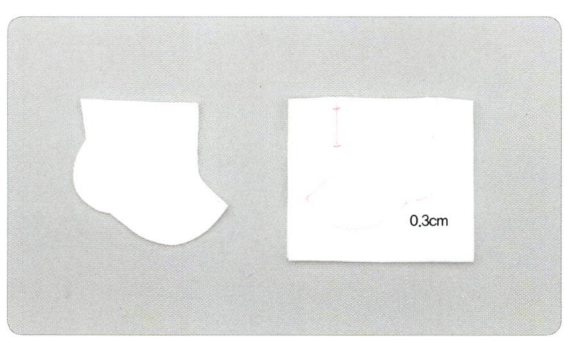

06 창구멍 시접은 0.5cm, 나머지 시접은 0.3cm로 정리합니다.

07 창구멍으로 남겨놓은 4겹 중에서 맨 위의 1겹을 제외한 나머지 3겹의 창구멍을 홈질합니다.

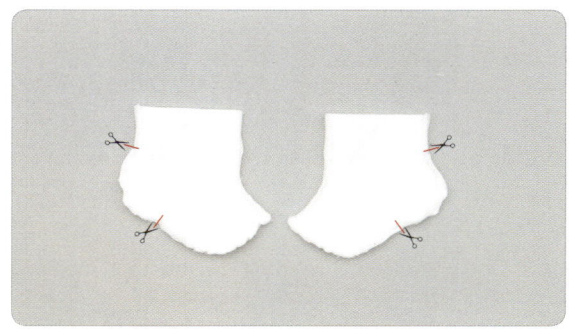

08 뒤꿈치 홈과 발바닥 홈 부분에 가위집을 주고, 시접이 대칭이 되도록 주의하여 꺾어서 다림질합니다.

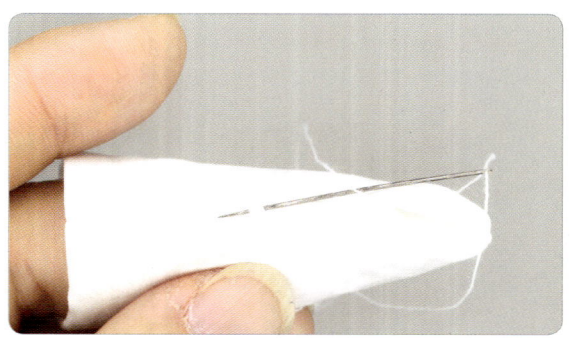

09 창구멍으로 1차 뒤집고 창구멍을 공그르기합니다. 다시 버선목으로 한 번 더 뒤집습니다.

10 바늘을 이용하여 버선코를 예쁘게 빼주고, 수눅(버선 솔기)이 울지 않게 주의하며 다림질합니다. 착용 시 시접 방향이 바깥쪽을 향하게 합니다.

배씨댕기

실물 옷본 - 197쪽

배씨댕기는 서너 살 된 여자아이의 가르마 중앙에 얹고
가느다란 끈을 머리카락과 함께 땋아 착용하는 머리꾸미개입니다.
봄바람에 날리는 머리를 예쁘게 묶어주고 싶어 만들었어요.

◉ 옷감과 부자재

- 옷감 치수는 모두 '폭×길이'로 표기되어 있습니다.
- 실제보다 약간 더 넉넉하게 재료를 준비할 수 있도록 표기했습니다.

- **겉감** 자수 놓인 양단 10×10cm
- **안감** 양단 10×10cm
- **부자재** 자수실 - DMC 25번사 1개
  퀼트솜 1.5온스 10×10cm
  두꺼운 종이 10×10cm

🦋 마름질하기

앞면 10×10cm 1장, 뒷면 10×10cm 1장을 준비합니다. 두꺼운 종이는 지름 4cm로 2장, 퀼트솜은 지름 4cm 1장과 3.5cm 1장을 준비합니다.

🦋 바느질하기

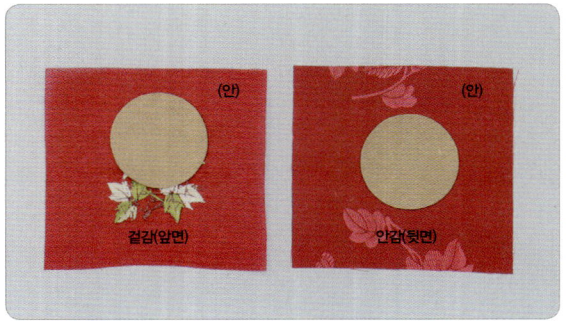

01 앞면과 뒷면의 안쪽에 두꺼운 종이를 각각 올리고 완성선을 그린 다음 시접을 1cm 남겨 정리합니다.

02 시접 끝에서 0.3cm 들어와 홈질합니다. 실을 끊지 않고 남겨둡니다.

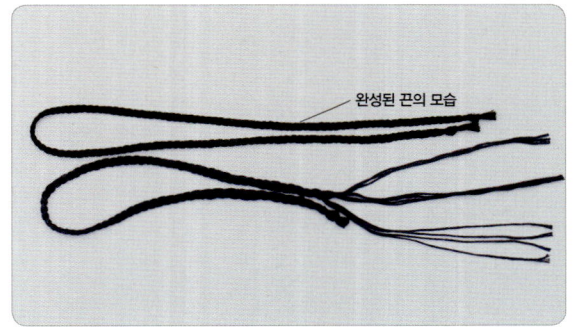

03 자수실을 60cm 길이로 12줄을 잘라서 각 4줄씩, 3갈래 땋기로 땋아줍니다. 완성 길이 45cm가 되면 양쪽을 묶어서 마무리합니다.

04 앞면의 안쪽에 '퀼트솜 3.5cm → 퀼트솜 4cm → 두꺼운 종이'의 순으로 올리고, 뒷면에는 두꺼운 종이만 올려줍니다.

05 홈질한 실을 당겨 매듭을 지어줍니다

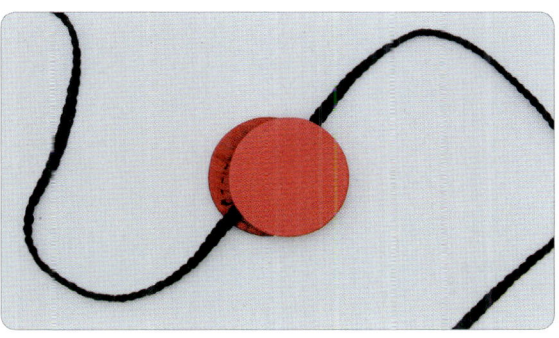

06 앞면 안쪽에 달아놓은 끈을 고정하고 뒷면을 올려줍니다.

07 앞면과 뒷면을 마주 잡고 가장자리를 공그르기합니다.

08 배씨댕기가 완성된 모습입니다.

꼬까신

버선까지 신었는데 뭔가 허전해서 보니 신발이 없네요.
꽃놀이 갈 수 있게 알록달록 고운 꼬까신을 만들었어요.

실물 옷본 - 197쪽

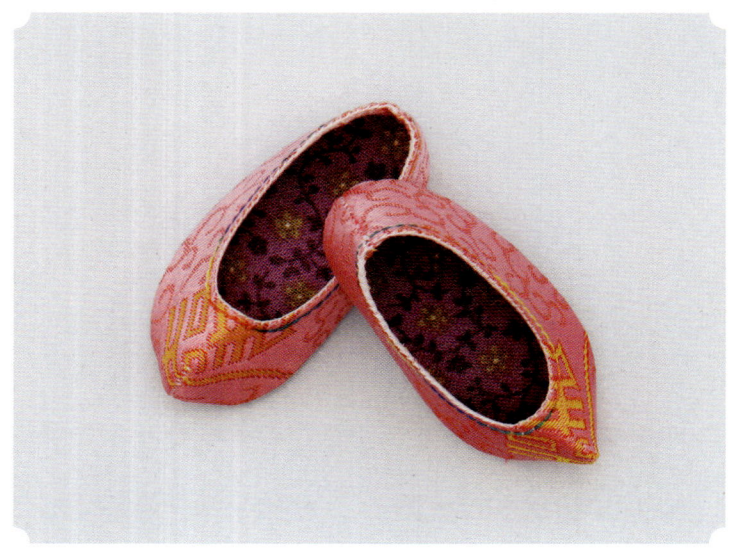

옷감과 부자재

- 옷감 치수는 모두 '폭×길이'로 표기되어 있습니다.
- 실제보다 약간 더 넉넉하게 재료를 준비할 수 있도록 표기했습니다.

- **겉감** 당초문자단 20×10cm
- **안감** 접착심지 20×10cm
- **부자재** 심감 - 아사 접착심지 20×10cm
  신발 밑창 - 고무 8×8cm
  안쪽 깔창 - 면 30수 8×8cm
  두꺼운 종이 8×8cm

마름질하기

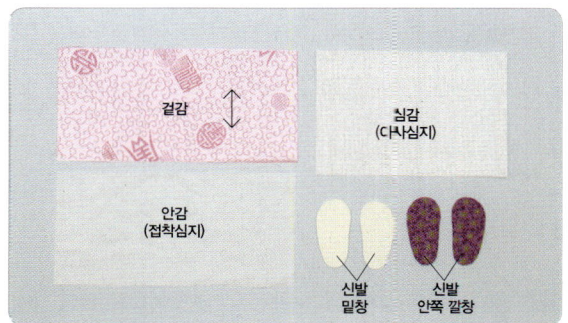

심감과 신발 밑창은 신발본을 이용해 각각 완성선을 그리고 2장씩 마름질합니다. 안쪽 깔창은 두꺼운 종이에 면 옷감을 부착하고 신발본을 이용해 2장을 마름질합니다

바느질하기

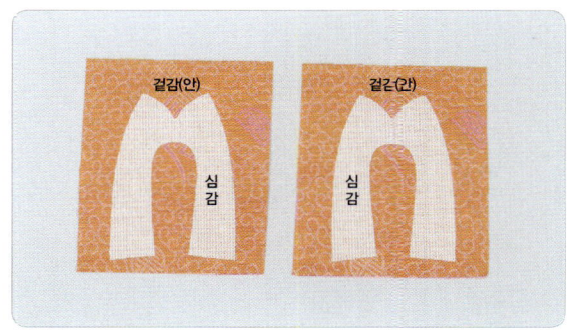

01 겉감 안쪽에 마름질한 심감을 부착합니다.

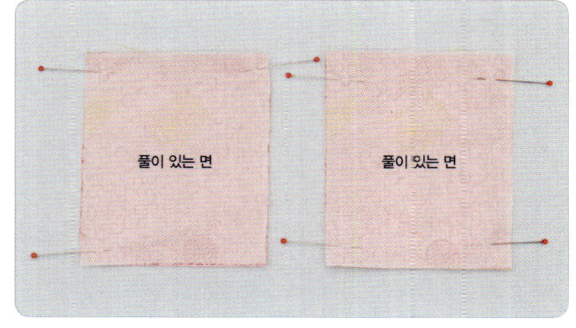

02 겉감의 겉과 안감 접착심지의 부드러운 겉면을 맞대고 된 시침합니다.

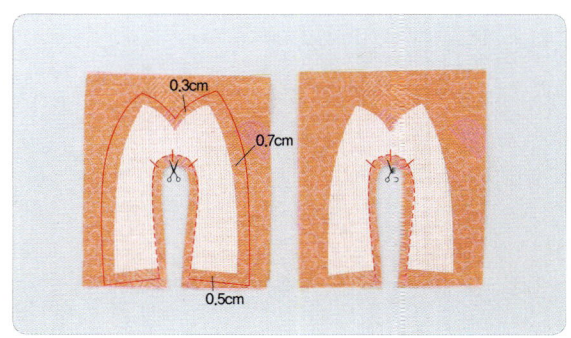

03 심감의 완성선을 따라 신발 입구를 바느질하고 시접을 정리합니다. 앞코 시접은 0.3cm, 뒤꿈치 시접은 0.5cm, 밑바닥 시접은 0.7cm입니다. 곡선 부둔 시접에 가위집을 줍니다.

04 겉감 안쪽으로 안감을 넘기고 다리미르 다려서 부착한 뒤 입구를 상침합니다.

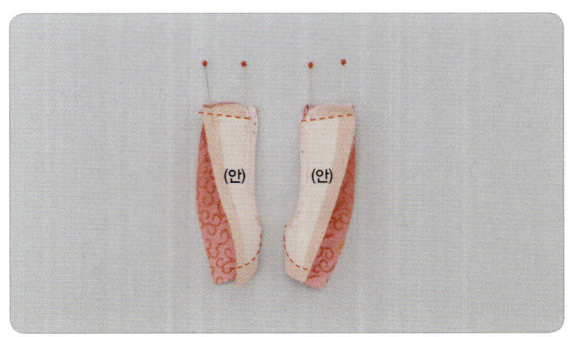

05 앞코와 뒤꿈치를 겉끼리 맞대고 핀 시침한 뒤 반박음질 합니다.

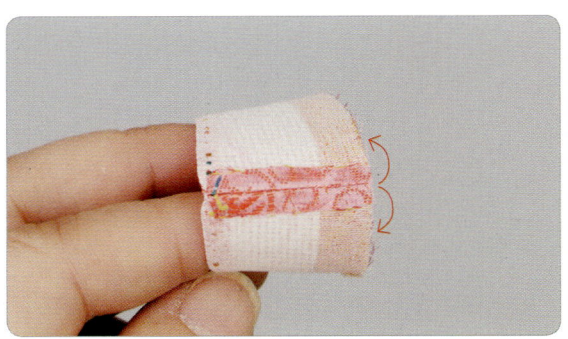

06 시접은 가름솔 합니다. 시접 안쪽에 목공풀을 발라 붙여 줍니다.

07 밑바닥 둘레 시접을 홈질합니다.

08 안쪽 깔창 뒷면에 목공풀을 발라 앞코의 중심과 뒤꿈치 중심선을 각각 잘 맞춥니다. 실을 당겨 오므려 붙여줍니다.

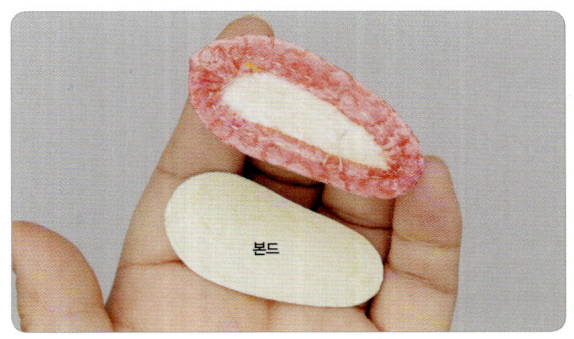

09 신발의 밑창 양면에 각각 본드를 발라 살짝 말리고 두 면을 서로 붙여줍니다.

10 꼬까신이 완성되었습니다.

색동저고리_남

실물 옷본 - 198~199쪽

알록달록 색동으로 소매를 대서 곱게 지은 색동저고리는
주로 돌이나 명절에 어린아이어 게 입혀요.
화사하게 피어나는 벚꽃을 옮겨 담고 싶은 마음으로 저고리를 지었습니다.

❀ 형태와 명칭

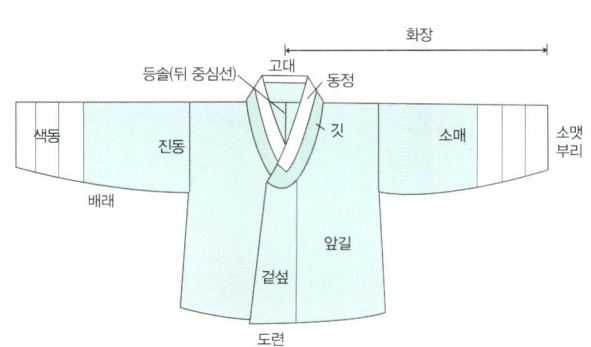

❀ 옷감과 부자재

- 옷감 치수는 모두 '폭×길이'로 표기되어 있습니다.
- 실제보다 약간 더 넉넉하게 재료를 준비할 수 있도록 표기했습니다.

- **겉감** 화문사 40×26cm
  색동감 - 화문사 3가지 색상 각 3×25cm
- **안감** 노방 45×26cm
- **동정감** 숙고사 3×17cm
- **동정심감** 벨트심지 0.7×15cm
- **부자재** 스냅단추 0.5cm 1개

🦋 마름질하기

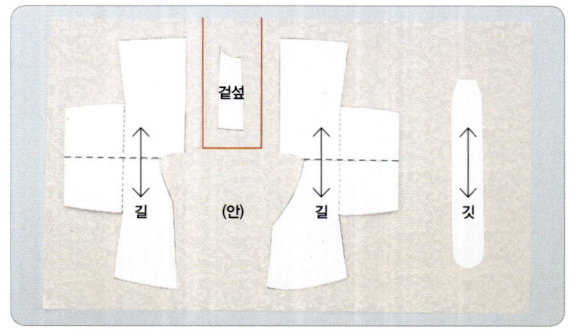

겉감(소매 포함)으로 좌, 우 길 1장씩, 깃 5×20cm 1장, 겉섶 5×11cm 1장을 마름질합니다. 길의 어깨 중심선을 표시합니다.

색동감 3가지 색상을 3×25cm로 각각 1장씩 마름질합니다.

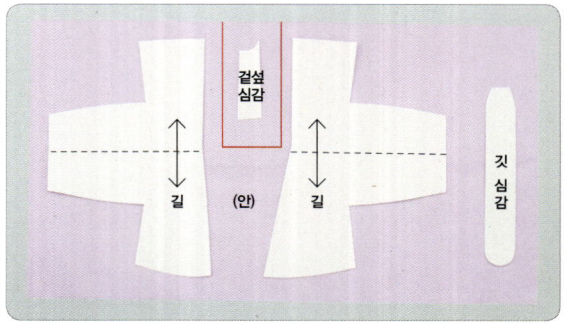

안감(소매, 섶 포함)으로 좌, 우 길 1장씩, 깃 심감 5×20cm 1장, 겉섶 심감 5×11cm 1장을 마름질합니다. 길의 어깨 중심선을 표시합니다.

🦋 바느질하기

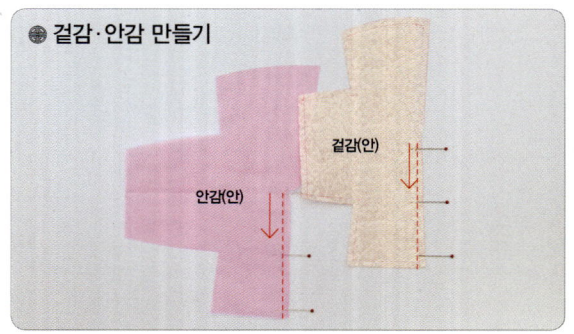

01 길의 겉감과 안감을 겉끼리 맞대고 각각 등솔(뒤 중심선)을 핀 시침한 뒤 홈질합니다.

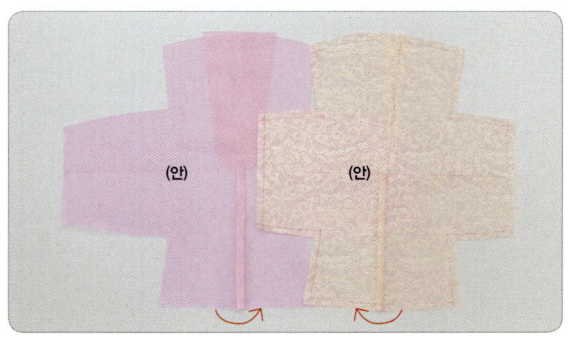

02 시접은 입었을 때 오른쪽으로 꺾어 다림질합니다.

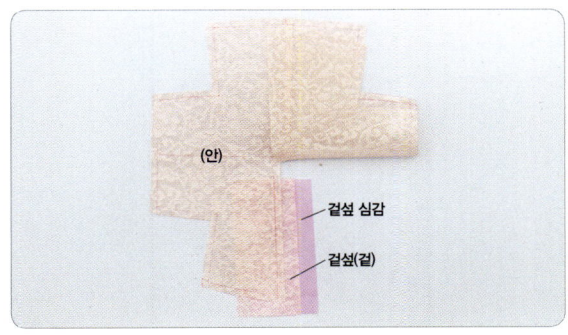

03 겉섶감에 심감 1겹을 대줍니다.

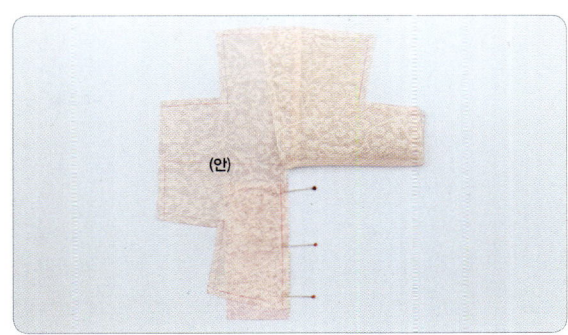

04 입었을 때 왼쪽 앞길 겉섶선에 길보다 겉섶이 1cm 길게 너려오도록 겉섶의 겉과 앞길의 겉을 댄 시침하고, 겉섶 (굳은올) 쪽에서 바느질합니다.

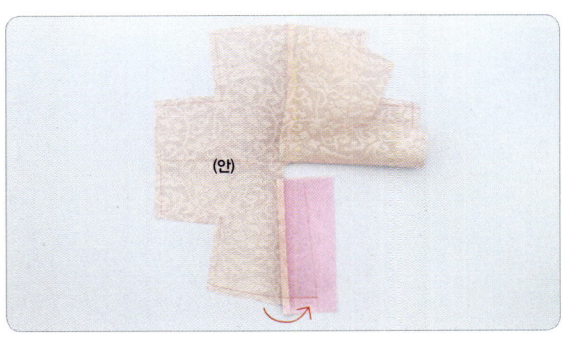

05 시접은 섶 쪽으로 꺾어 다림질합니다.

06 색동을 순서에 맞게 연결합니다. 색동 1개의 완성 폭은 1.3cm입니다.

07 연결된 색동감을 2등분하여 각각 겉끼리 맞대고 반으로 접어줍니다.

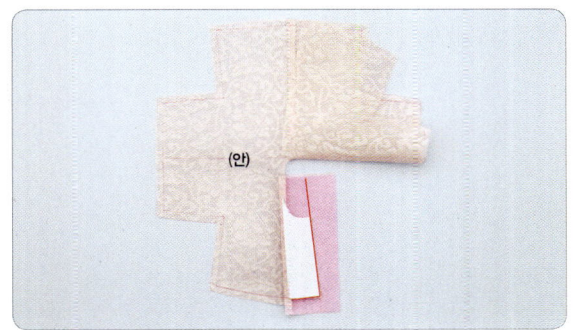

08 옷본을 이용해 앞선과 도련을 그려줍니다.

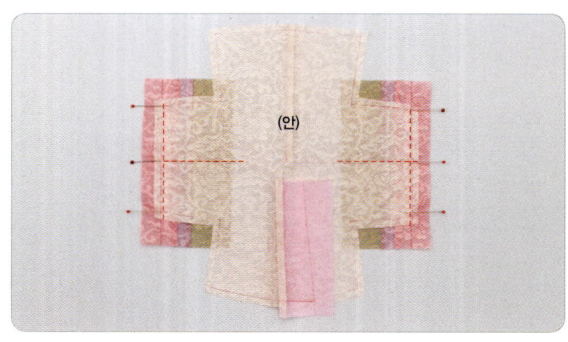

09 길 소매와 색동감 소매를 겉끼리 맞대어 어깨 중심선을 맞추고 핀 시침한 뒤 홈질합니다.

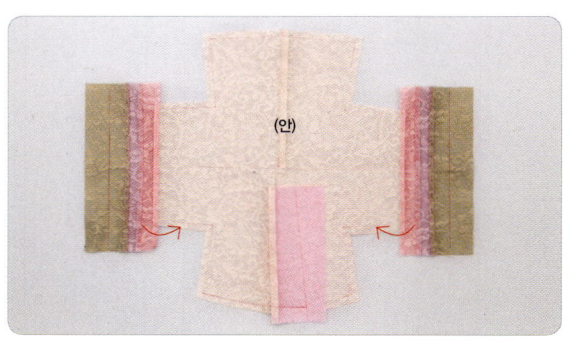

10 시접을 0.4cm로 정리하고 길 쪽으로 꺾어줍니다.

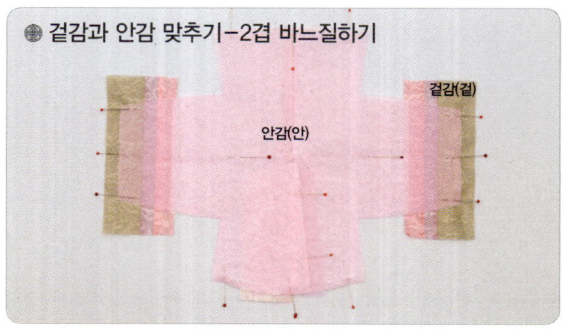

11 겉감을 아래에 두고 겉감과 안감을 겉끼리 맞댑니다. 등솔의 고대점을 맞추고 '등솔 → 어깨 중심선 → 소맷부리 → 뒷도련 → 앞도련'의 순으로 핀 시침을 해줍니다.

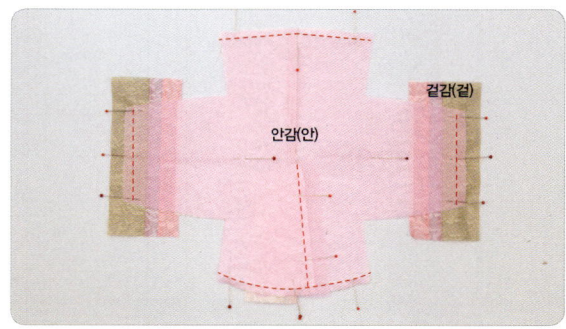

12 소맷부리, 앞, 뒤의 도련을 완성선까지만 바느질합니다. 시작점과 끝점은 튼튼하게 2~3땀 온박음질합니다.

13 시접을 겉감 쪽으로 꺾고 겉이 보이도록 뒤집어줍니다. 시접 정돈 후 안감 쪽에서 다림질합니다.

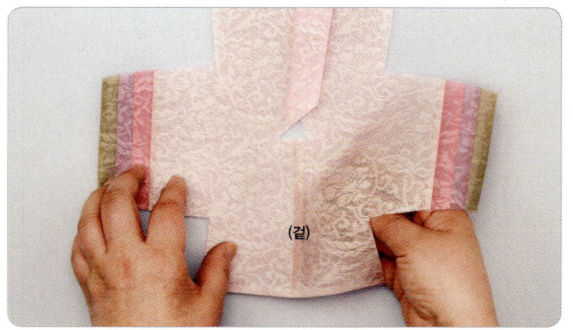

14 겉감과 안감 사이로 손을 넣어서 한쪽 소맷부리를 잡고 뒤집어줍니다.

◉ 뒷길에 앞길 끼우기 - 4겹 바느질하기

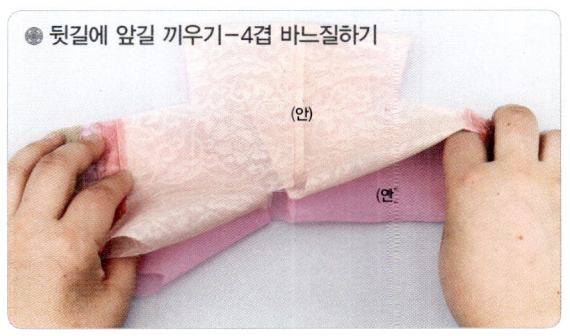

15 뒷길에 앞길을 끼워줍니다.

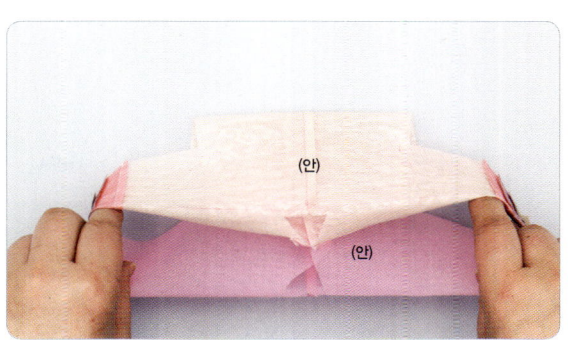

16 어깨 중심선을 기준으로 겉감과 안감이 각각 접히면서 골선이 됩니다. 겉감과 안감 모두 앞길과 뒷길이 겉끼리 마주 보게 됩니다.

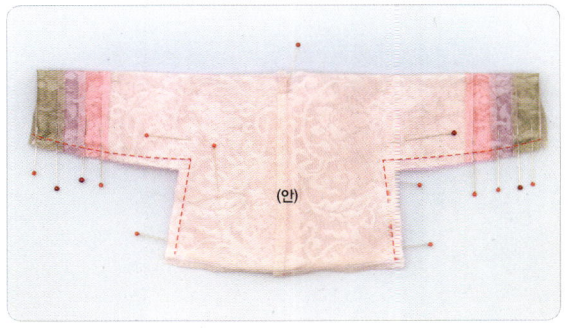

17 어깨 중심선의 안감이 겉감보다 0.15cm 작도록 핀 시침하고, 앞뒤 색동이 어긋나지 않게 잘 맞춰줍니다. 소맷부리와 도련도 잘 맞춰 핀 시침한 뒤, 배래와 동아래(옆선)를 반박음질합니다.

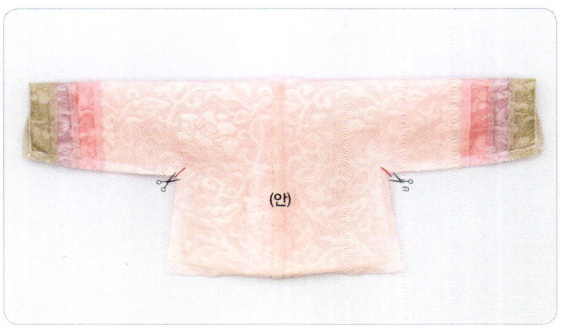

18 진동점을 향해 가위집을 줍니다. 시접은 겉감 쪽으로 꺾어줍니다.

19 고대 쪽으로 뒤집은 뒤 옷본을 이용해 깃선과 고대를 그려줍니다.

◉ 깃 만들기

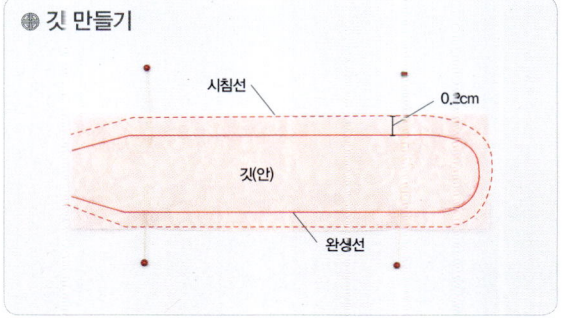

20 깃의 심감에 완성선을 그려주고, 완성선에서 시접 방향으로 0.2cm 나가 겉감과 심감을 시침합니다.

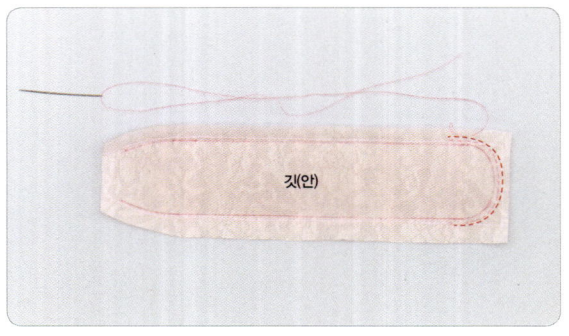

21 깃머리 곡선 부분을 홈질합니다.

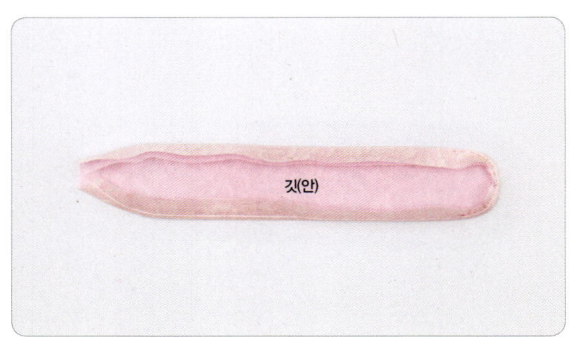

22 홈질한 실을 당겨서 오므리고 깃본을 이용해 다림질로 깃머리 형태를 잡아줍니다.

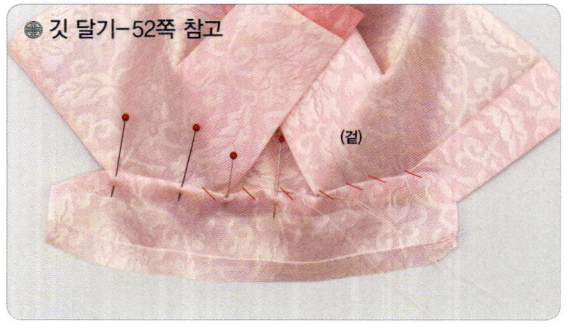

23 깃을 저고리 위에 놓고 깃선을 따라 '겉깃 → 고대 → 안깃'의 순으로 앉히며 핀 시침합니다. 깃을 어슷시침하고, 길 쪽으로 넘겨 완성선을 홈질 또는 반박음질합니다.

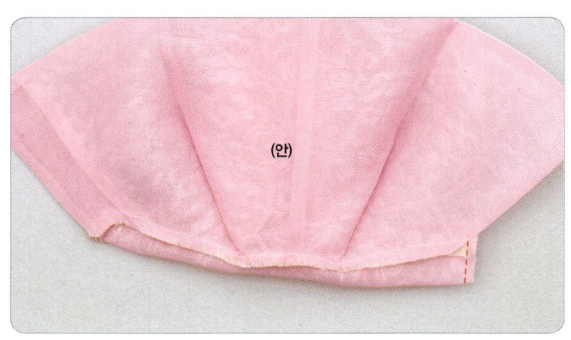

24 깃머리는 공그르기 또는 1땀 상침합니다. 시침을 뽑고 깃을 접어서 안깃 끝을 홈질합니다.

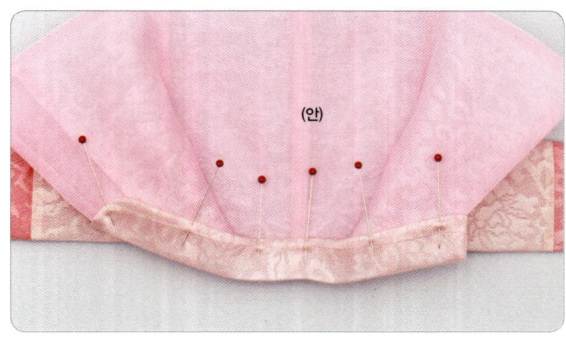

25 겉깃 바느질선이 가려지도록 안깃 시접을 접어주고 핀 시침한 뒤 공그르기합니다.

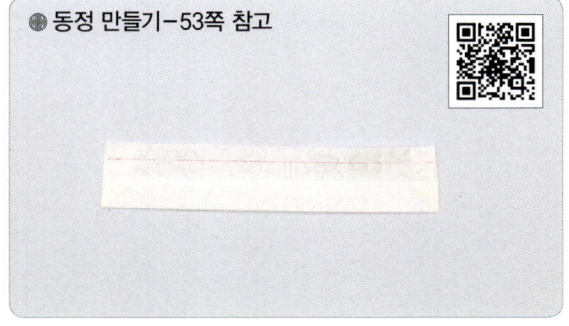

26 동정을 만들어줍니다.

27 옷본의 동정 위치에 맞춰 안깃과 동정의 겉을 맞댑니다. 동정을 핀 시침한 뒤 시접의 1/2선을 반박음질합니다.

28 동정을 겉깃 쪽으로 넘겨서 동정 가장자리에 1땀 상침합니다.

29 볼록 스냅단추를 겉깃 안쪽에 달고 자연스럽게 저고리를 놓은 상태에서 겉길이 안길보다 0.15cm 내려오게 놓습니다. 볼록 스냅단추를 눌러 자국 낸 뒤 오목 스냅단추를 안깃 겉쪽에 달아줍니다.

30 봄소년 색동저고리가 완성된 모습입니다.
　✤ 작은 인형 옷이나 옷맵시를 위해 옷고름은 생략합니다.

사폭바지

실물 옷본 - 200~201쪽

사폭바지는 앞과 뒤의 모양이 같아요.
허리띠와 대님을 매야 하는 불편함이 있지만, 사폭바지에서 대님의 매력을
포기할 수 없어 대님을 입고 벗기 편하게 만들었습니다.

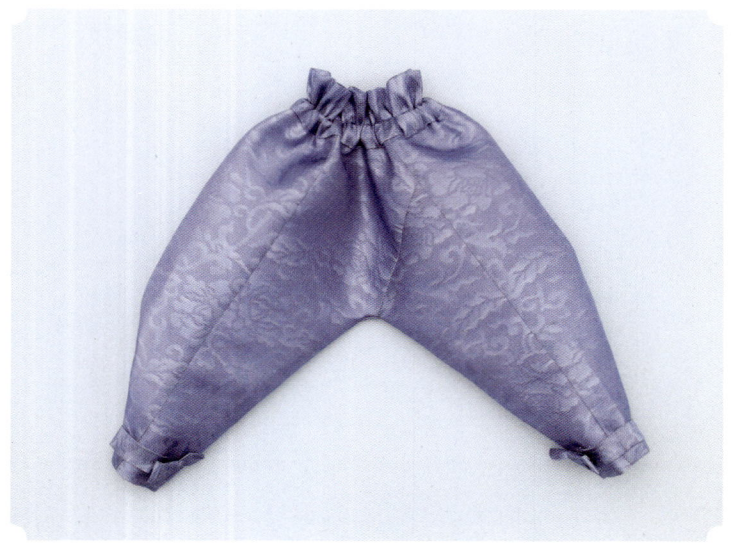

❂ 형태와 명칭

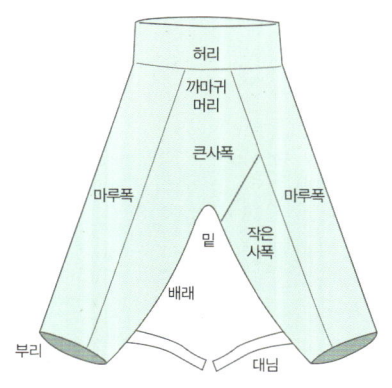

❂ 옷감과 부자재

- 옷감 치수는 모두 '폭×길이'로 표기되어 있습니다.
- 실제보다 약간 더 넉넉하게 재료를 준비할 수 있도록 표기했습니다.

- **겉감** 화문사 55×30cm
- **안감** 노방 50×25cm
- **부자재** 고무밴드 0.5×30cm
  스냅단추 0.5cm 2개

🦋 마름질하기

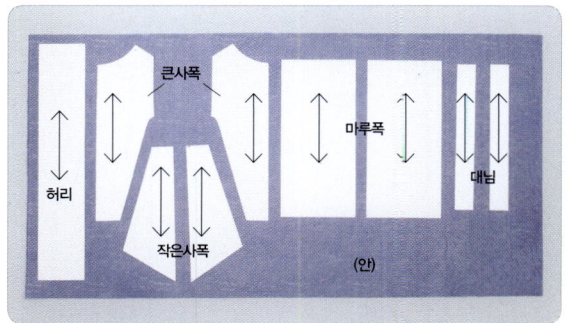

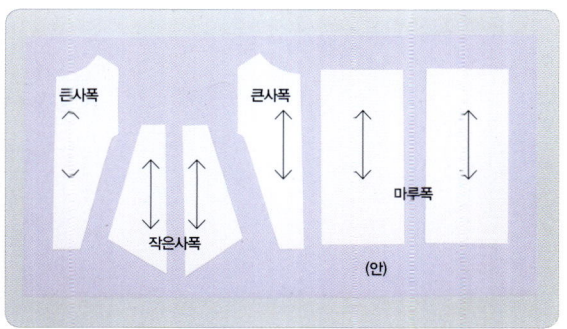

옷본을 활용하여 겉감으로 마루폭 2장, 큰사폭 2장, 작은사폭 2장, 허리 1장, 대님 2장을 마름질합니다.

옷본을 활용하여 안감으로 마루폭 2장, 큰사폭 2장, 작은사폭 2장을 마름질합니다.

🦋 바느질하기

◉ 겉감 만들기

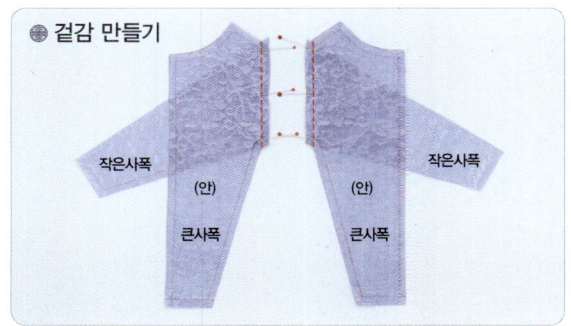

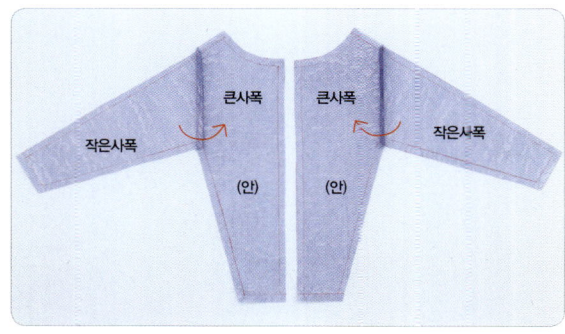

01 큰사폭과 작은사폭을 겉끼리 맞대고 큰사폭 쪽에서 홈질합니다.

02 ㅅ 접은 큰사폭 쪽으로 꺾어줍니다.

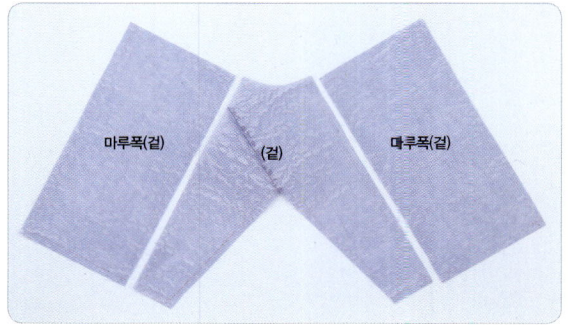

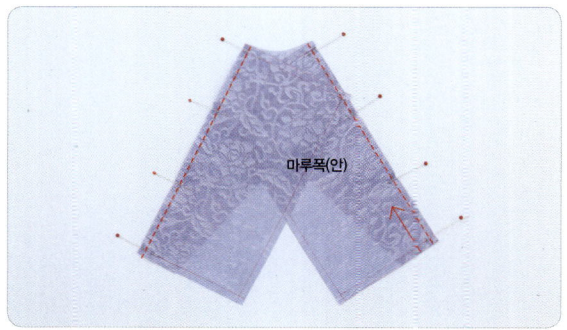

03 큰사폭과 작은사폭이 연결된 1장의 사폭 양쪽에 마루폭을 놓아줍니다.

04 겉끼리 맞대고 핀 시침한 뒤, 부리에서 허리 쪽으로 홈질합니다.

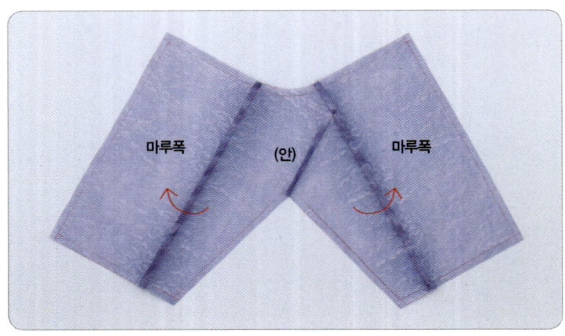

05 시접을 마루폭 쪽으로 꺾어줍니다.

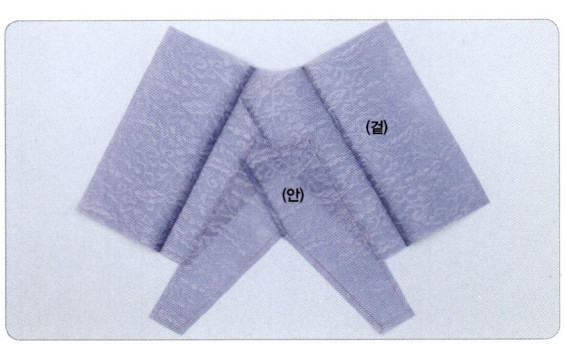

06 사폭을 겉끼리 맞대고 올려줍니다.

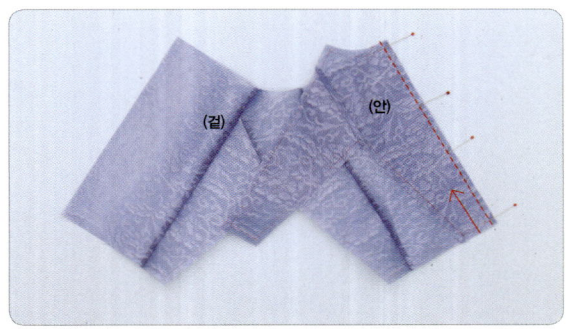

07 마루폭과 사폭을 핀 시침하고 부리에서 허리 쪽으로 바느질합니다. 시접은 마루폭 쪽으로 꺾어줍니다.

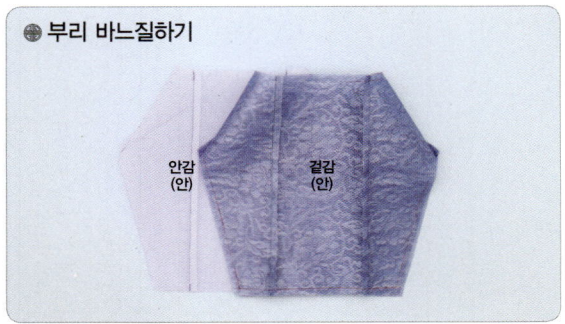

● **부리 바느질하기**

08 안감도 겉감과 같은 방법으로 바느질합니다.

09 겉감과 안감의 사폭 위치가 같은 방향이 되도록 해서 겉감 속으로 안감을 넣습니다. 겉끼리 맞대고 넣어줍니다.

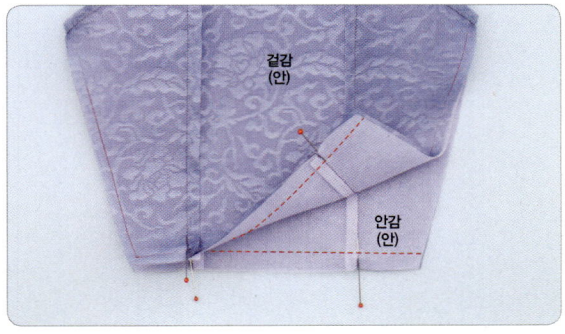

10 겉감과 안감의 시접을 잘 맞춰 핀 시침하고 홈질합니다.

11 시접을 겉감 쪽으로 꺾어줍니다.

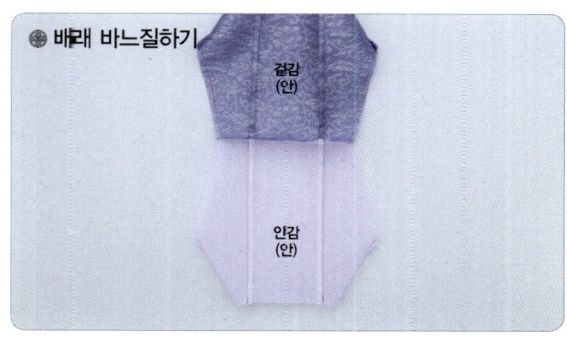

12 안감을 당겨 꺼내줍니다.

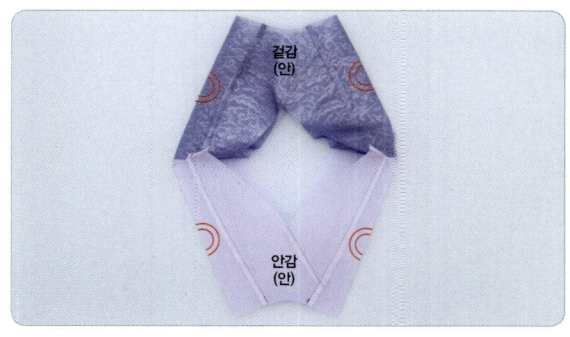

13 부리 쪽에서 겉감과 안감의 마루폭을 각각 반으로 접어 골이 되도록 합니다.

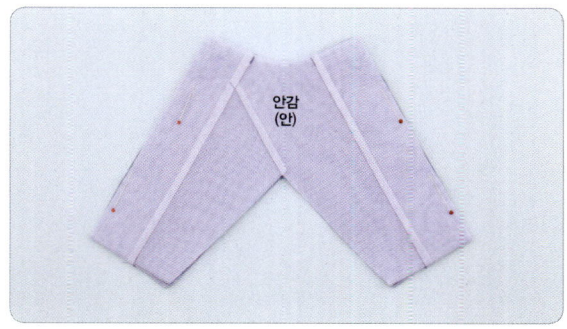

14 겉감은 아래, 안감은 위에 오도록 부리를 중심으로 안감을 겉감 쪽으로 접어 올립니다.

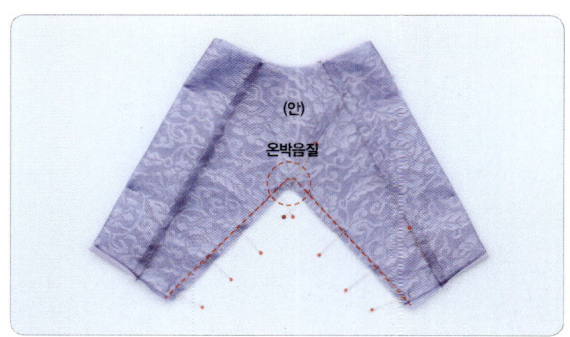

15 4겹이 된 바지 배래를 핀 시침하고 반박음질합니다. 밑부분은 튼튼하게 작은 땀으로 온박음질합니다.

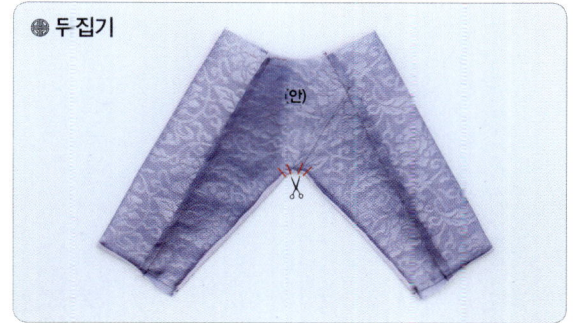

16 시접을 겉감 쪽으로 꺾어 다림질한 뒤, 곡선 부분에 가위집을 줍니다. 겉이 보이도록 허리 쪽으로 뒤집습니다.

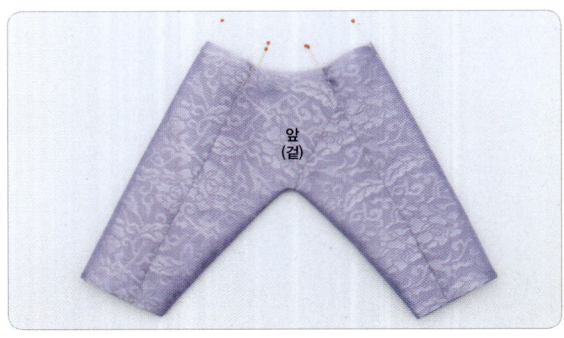

17 겉감과 안감의 바느질 솔기를 잘 맞춰 핀 시침하고 시침질합니다. 완성선보다 0.2cm 시접 쪽으로 바느질합니다.

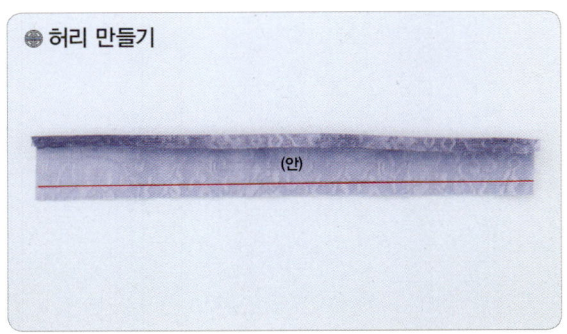

● 허리 만들기

18 완성선을 양쪽으로 그리고 허리감을 골로 반 접은 뒤, 안감 쪽 시접을 꺾어줍니다. 허리 완성 폭은 2.5cm입니다.

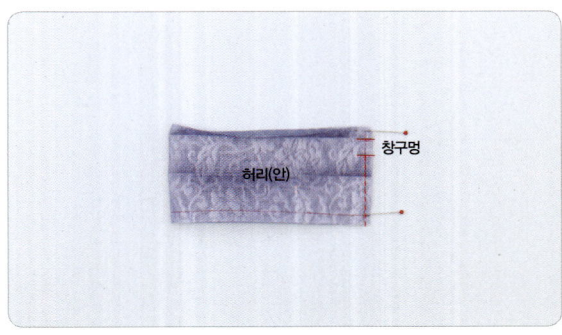

19 창구멍을 허리 안감 쪽에 두고 원통으로 이어줍니다. 시접은 가름솔 합니다.

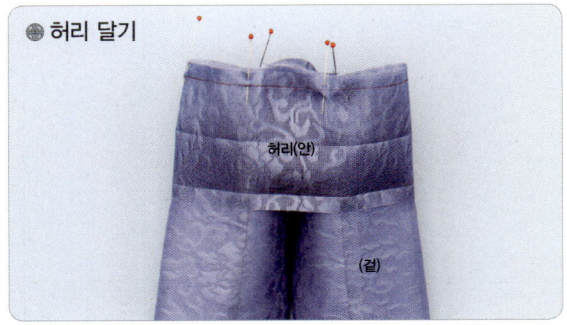

● 허리 달기

20 바지의 겉과 허리의 겉을 맞대고 허리둘레를 핀 시침합니다. 허리 이음선은 뒤쪽 사폭과 마루폭 연결선 위에 둡니다. 옷맵시를 위해 허리 이음선을 뒤로 보냅니다.

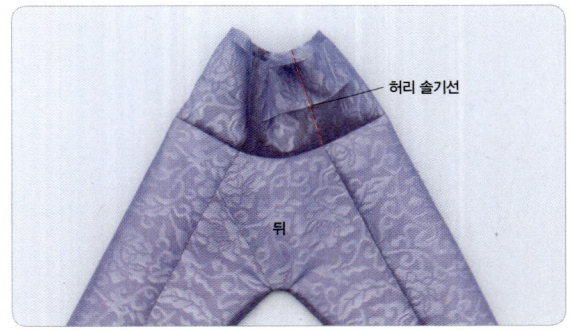

21 완성선에 맞춰 허리둘레를 바느질하고 시접 방향을 허리 쪽으로 향하게 합니다.

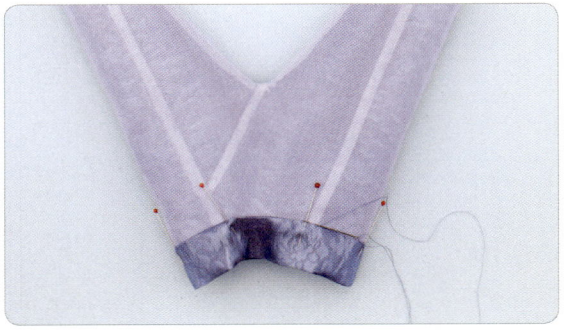

22 허리 완성 바느질선을 따라 시접을 안으로 꺾어 넣어주고 안감을 공그르기합니다.

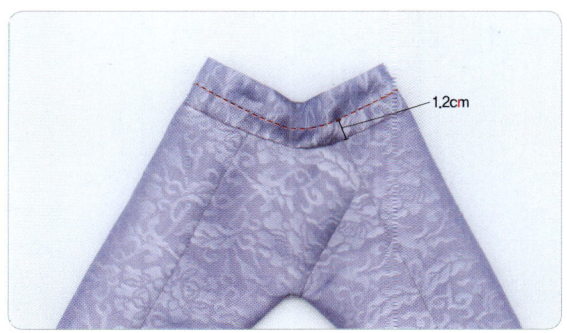

23 허리 완성선에서 1.2cm 정도 떨어져서 허리둘레를 홈질합니다.

24 고무밴드에 미리 완성 치수를 표시하고, 2등분한 허리말기 아래쪽에 고무밴드를 끼워 13cm로 완성합니다.

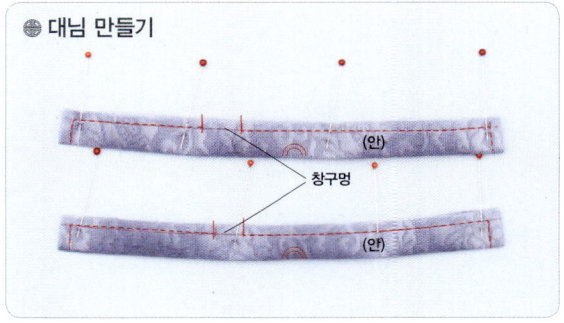

25 대님을 골로 접어(1×16cm) 창구멍을 남기고 바느질합니다. 창구멍으로 뒤집어야 하는데 어렵다면 겉에서 공그르기로 대님을 완성할 수도 있습니다.

26 대님 한쪽 끝에 매듭을 지어줍니다.

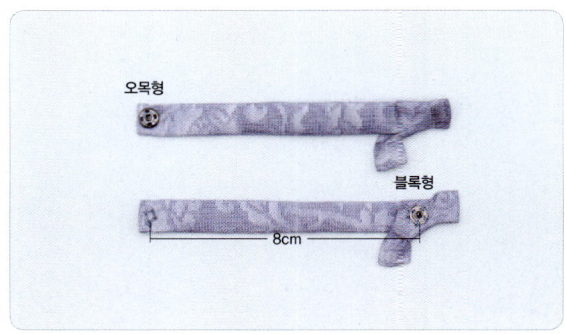

27 발목 둘레에 맞춰 스냅단추 위치를 잡고 리본 매듭 쪽에 볼록 스냅단추를 달아줍니다.

28 바짓부리 끝에서 0.7cm 떨어진 배래 솔기에 대님을 고정합니다. 이때 매듭은 마루폭과 사폭 연결 솔기에서 사폭 쪽으로 치우친 위치에 고정하면 됩니다.

조끼

저고리 위에 덧입는 조끼는 주머니가 달려 있어 실용적이고 편리합니다.
저고리만 입고 나가기에 조금 추울 때 따뜻한 조끼 입혀 외출해요.

실물 옷본 – 201~202쪽

❂ 형태와 명칭

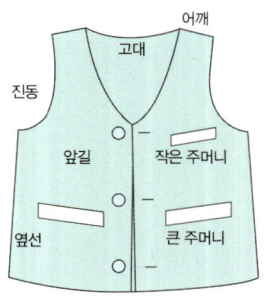

❂ 옷감과 부자재

- 옷감 치수는 모두 '폭×길이'로 표기되어 있습니다.
- 실제보다 약간 더 넉넉하게 재료를 준비할 수 있도록 표기했습니다.

- **겉감** 화문사 45×15cm
- **안감** 노방 45×15cm
- **부자재** 접착심지 약간
  스냅단추 0.5cm 3개
  장식단추 0.7cm 3개

🦋 마름질하기

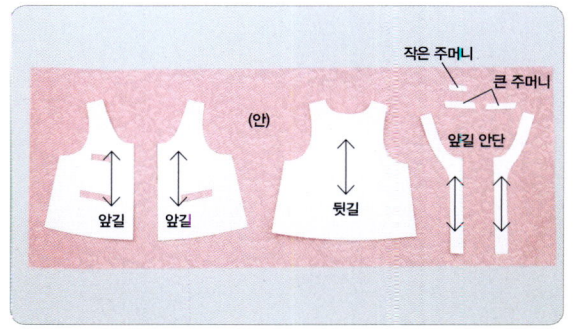

겉감으로 앞길 2장, 뒷길 1장, 앞길 안단 2장을 마름질하고, 주머니 방향에 주의하여 큰 주머니 2장, 작은 주머니 1장을 마름질합니다.

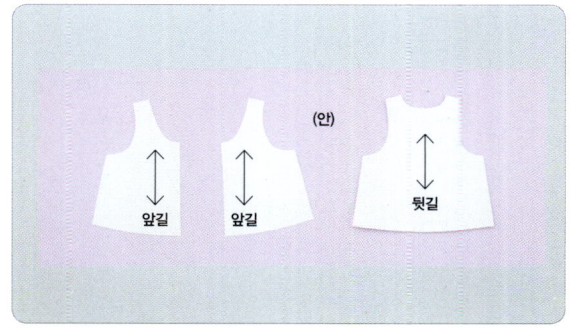

안감으로 앞길 2장, 뒷길 1장을 마름질합니다

🦋 바느질하기

01 입었을 때 방향으로 오른쪽 겉에 큰 주머니 1개, 왼쪽 겉에 큰 주머니 1개, 작은 주머니 1개를 옷본을 이용해 그려줍니다.

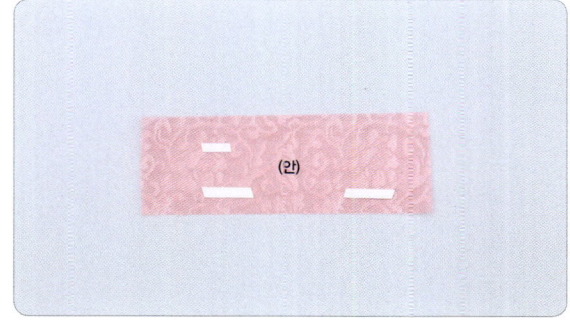

02 접착심지 풀이 있는 면을 옷감 쪽에 대고 다림질로 부착한 뒤, 모서리 시접을 잘라줍니다. 시접을 딱플로 붙여 입술주머니를 만듭니다.

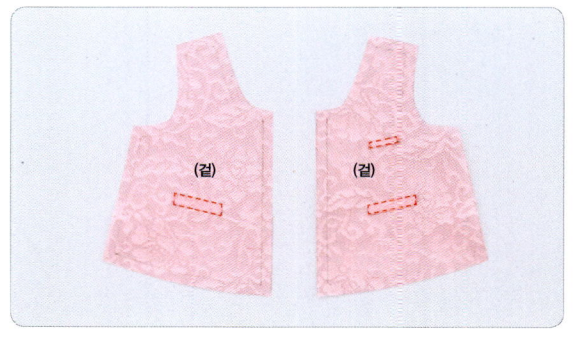

03 주머니 위치에 입술감을 상침합니다.

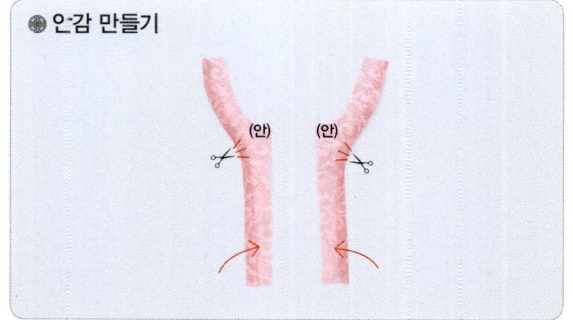

04 앞길 안단 시접을 다리미로 꺾고 곡선 부분 시접에 가위집을 줍니다.

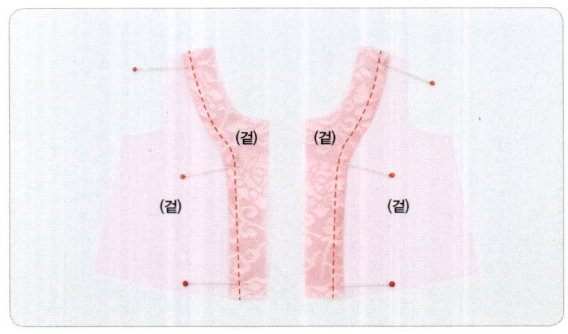

05 앞길 안단을 안감에 핀 시침하고 상침합니다.

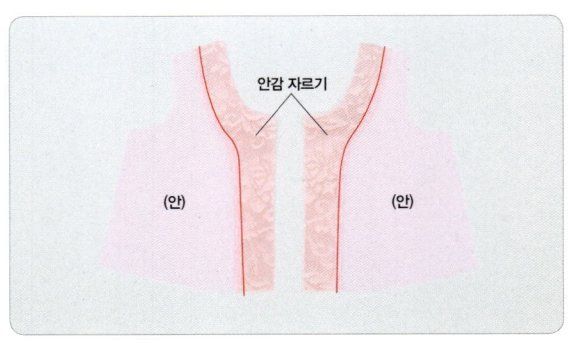

06 앞길 안단의 안감을 시접 0.4cm 남기고 잘라냅니다.

07 앞길과 뒷길을 각각 겉감의 겉과 안감의 겉을 맞대줍니다. 앞길은 진동, 앞 목둘레, 앞 중심선, 도련을 바느질하고, 뒷길은 고대, 진동, 도련을 바느질합니다.

08 겉이 보이도록 뒤집고 안감 쪽에서 다림질합니다. 뒷길은 다림질해서 다시 안감이 보이도록 뒤집어놓습니다.

09 앞길의 앞 목둘레, 앞 중심선, 도련을 가장자리에서 0.2cm 떨어진 곳에 상침하고 다시 0.3cm 상침하여 2줄 상침합니다. 진동은 1줄 상침합니다.

10 뒷길의 겉감과 안감 사이로 양쪽 앞길을 넣어서 어깨선과 옆선이 4겹이 되도록 핀 시침합니다.

◉ 뒷길 상침하기

11 어깨와 옆선 한쪽은 4겹을 반박음질하고, 다른 한쪽은 위 아래 1cm만 4겹을 바느질합니다. 나머지 부분은 뒷길 안 감 1장을 젖혀놓고 3겹만 바느질하여 창구멍을 내줍니다.

12 뒷도련에서 시작해 '옆선 → 진동 → 어깨선 → 고대 → 어깨선 → 진동 → 옆선 → 도련'의 순으로 상침합니다. 뒷도련은 0.3cm 간격으로 2줄 상침합니다.

13 입었을 때 방향으로 오른쪽에 오목 스냅단추를, 왼쪽에 볼록 스냅단추를 3개 달아줍니다.

14 스냅단추 위에 장식단추 3개를 달아주면 조끼가 완성됩 니다.

귀주머니

사각형의 주머니 형태를 만들고 주머니 입구를 3등분해 골로 접어
아래 양쪽으로 귀가 나오게 만든 주머니입니다.
주머니가 없던 예전 한복에 실용성과 아름다움을 더한 멋내기 소품이에요.

❊ 옷감과 부자재

- 옷감 치수는 모두 '폭×길이'로 표기되어 있습니다.
- 실제보다 약간 더 넉넉하게 재료를 준비할 수 있도록 표기했습니다.

- **겉감** 칠색단 10×19cm
- **부자재** 매듭끈 40cm
  　　　　방울솜 약간

🦋 마름질하기

겉감을 시접 포함해서 8×17cm 1장 마름질합니다.

🦋 바느질하기

01 주머니 입구 위아래 시접을 안쪽으로 1.5cm씩 접어 다림질합니다.

02 겉끼리 맞대어 반으로 접고 핀 시침한 뒤 시접을 0.4cm 남기고 홈질합니다. 시접은 가름솔 합니다.

03 시접을 잘 정리하여 다림질합니다.

04 주머니를 3등분하고, 3등분한 선의 앞뒤를 각각 다림질합니다.

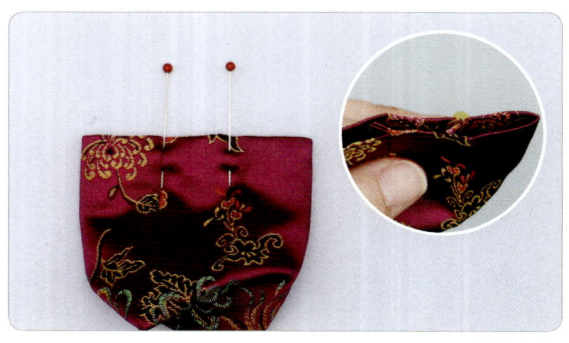

05 바느질 솔기 위치(● 표시)에 주의하여 3등분한 입구를 어긋나게 맞춰줍니다.

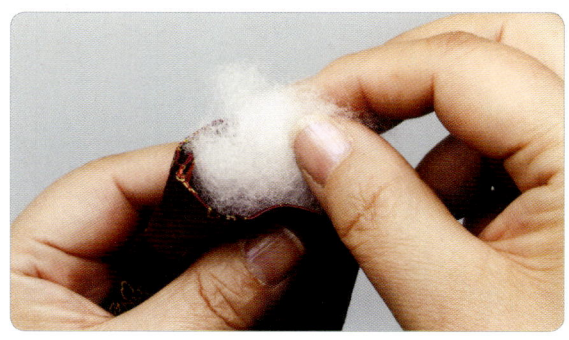

06 솜을 넣어줍니다.

07 입구를 반듯하게 맞추고 비틀어 모아서 접어줍니다.

08 주머니 형태를 손으로 잡고 시침실로 고정합니다. 입구를 접으면 양쪽으로 귀가 나와 주머니 형태가 잡히게 됩니다.

09 송곳으로 입구를 통과하는 구멍 2개를 뚫어줍니다.

10 양쪽 매듭끈을 뒤에서 앞으로 각각 통과합니다. 원하는 길이에 맞게 뒤를 매듭지어 고정하고, 앞에 리본으로 매듭을 지어줍니다. 끈을 길게 남겨서 구슬을 끼워 장식하거나 매듭 공예로 마무리해도 좋습니다.

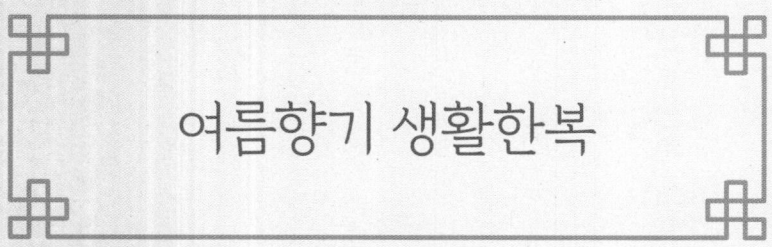

여름향기 생활한복

꾸미지 않아도 멋스러운 생활한복을 입고
푸른빛 가득한 자연에서 뛰어놀고 싶은 여름. 개망초 화관도 만들어 쓰고
고운 꽃팔찌와 꽃반지도 엮고 싶어집니다.

철릭원피스 | 레이스 속바지

적삼 | 배기바지

철릭원피스

조선시대 무관들이 입는 주름 잡힌 공복이었던 철릭을
친근하고 실용적인 원피스로 만든 철릭원피스예요.
여름 계절에 맞게 자수레이스 견으로 만들어 시원함과 활동감을 살렸어요.

실물 옷본 - 203~204쪽

형태와 명칭

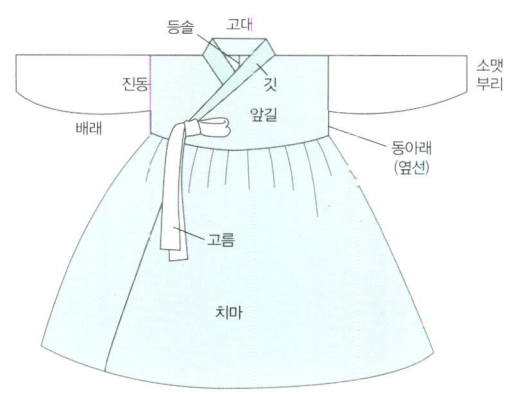

옷감과 부자재

- 옷감 치수는 모두 '폭×길이'로 표기되어 있습니다.
- 실제보다 약간 더 넉넉하게 재료를 준비할 수 있도록 표기했습니다.

- **겉감** 자수가 놓인 면 55×30cm
- **안감** 면 60수 55×37cm
- **걸섶 심감** 노방 7×10cm
- **부자재** 스냅단추 0.5cm 2개

마름질하기

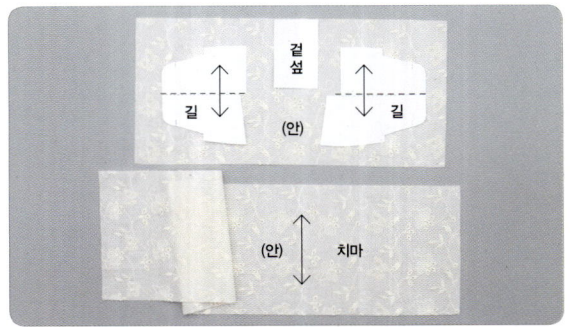
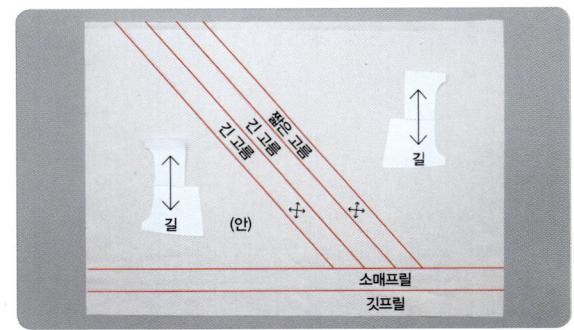

겉감으로 시접 포함해 치마 52×12cm 1장, 길(소매 포함) 좌, 우 1장씩, 겉섶 7×10cm 1장을 마름질하고 어깨 중심선을 표시합니다. 치마, 배래, 소맷부리는 홑겹이므로 마름질한 뒤 올 풀림 방지 처리를 합니다.

안감으로 길 좌, 우 1장씩, 깃프릴 4×50cm 1장, 소매프릴 4×25cm 2장, 긴 고름 2.5×36cm 2장, 짧은 고름 2.5×18cm 1장을 마름질합니다(긴 고름과 짧은 고름은 정바이어스 마름질). 깃프릴, 소매프릴, 진동은 마름질한 뒤 올 풀림 방지 처리를 합니다.

바느질하기

● 겉감 만들기

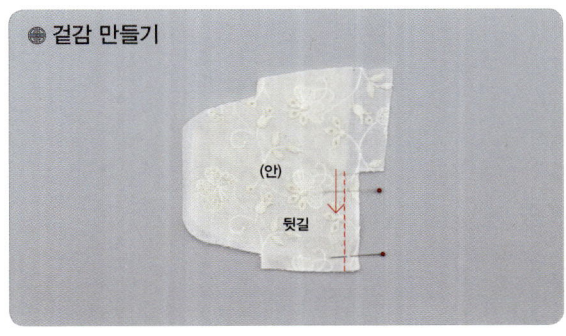

01 좌, 우 길을 겉끼리 맞대고 등솔(뒤 중심선)을 핀 시침한 뒤 홈질합니다. 시접은 가름솔 합니다.

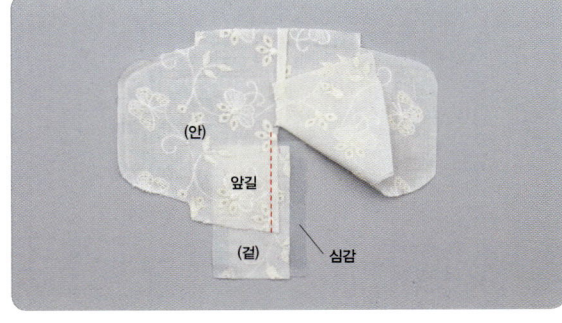

02 겉섶 안쪽에 심감을 덧대고 겉섶이 길보다 1cm 길게 내려오도록 앞길 겉섶선에 겉끼리 맞댄 뒤, 겉섶(곧은올) 쪽에서 홈질합니다.

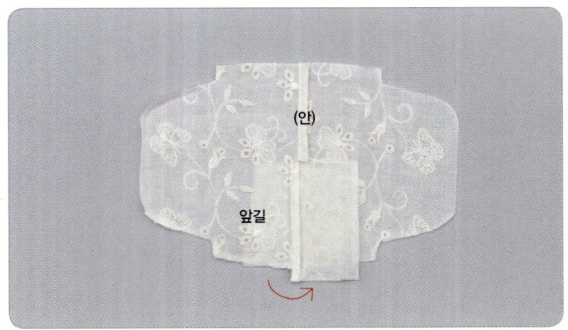

03 시접을 겉섶 쪽으로 꺾어 다림질합니다.

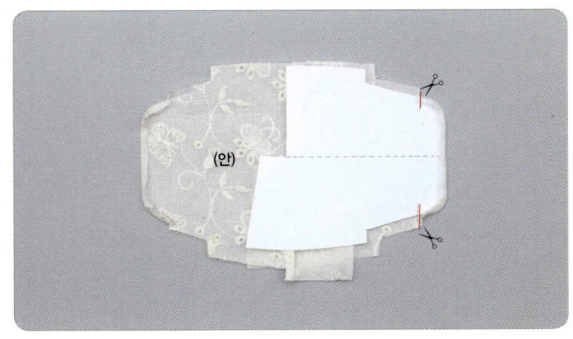

04 옷본을 이용해 소맷부리 시접을 트임 완성선까지 가위집을 주고 안쪽으로 꺾어 다림질합니다.

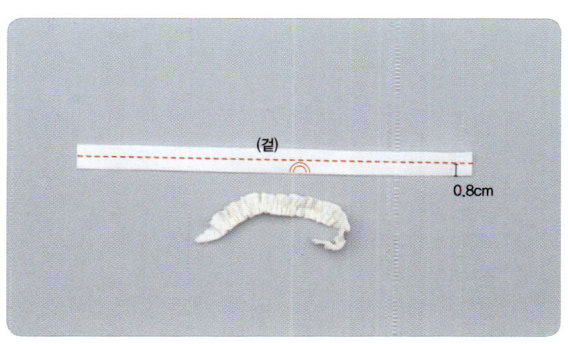

05 소매프릴감을 반 접어 폭 0.8cm가 되도록 0.3cm 땀으로 홈질합니다. 실을 당겨 주름을 잡아 완성 길이가 약 10cm 가 되도록 합니다.

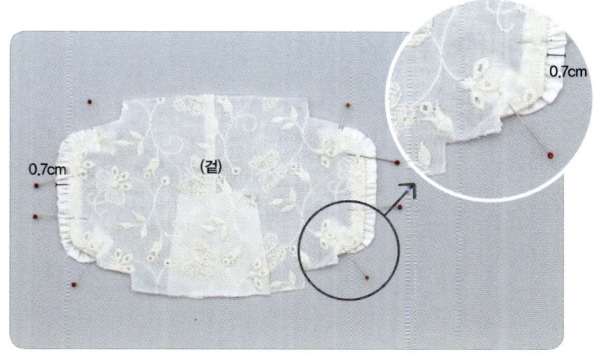

06 소맷부리 안쪽에 프릴 완성 폭이 0.7cm가 되도록 핀 시침한 뒤 상침합니다. 프릴 양 끝은 폭을 좁게 굴려줍니다.

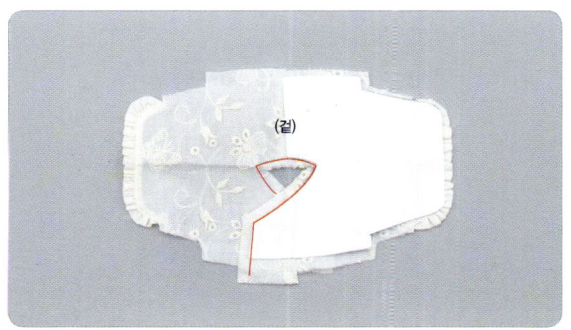

07 깃 옷본을 이용해 앞 중심선, 깃선, 고대를 그려줍니다.

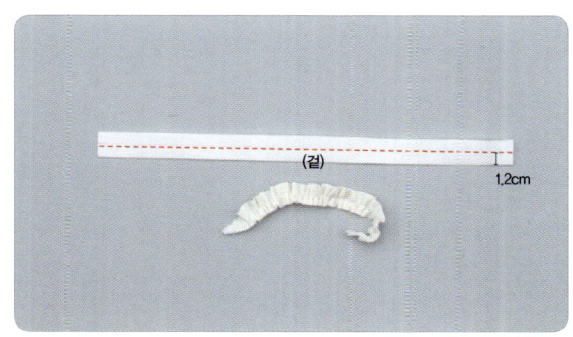

08 깃프릴감을 반 접어 폭 1.2cm가 되도록 0.3cm 땀으로 홈 질합니다. 실을 당겨 주름을 잡아 완성 길이가 약 18cm가 되도록 합니다.

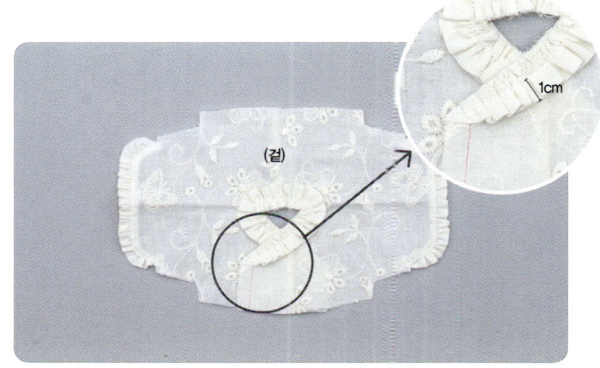

09 깃프릴 골선이 '겉깃 → 고대 → 안깃'의 순으로 길 쪽을 향하도록 길의 겉에 시침합니다. 바느질한 뒤 깃 완성 치수는 1cm입니다.

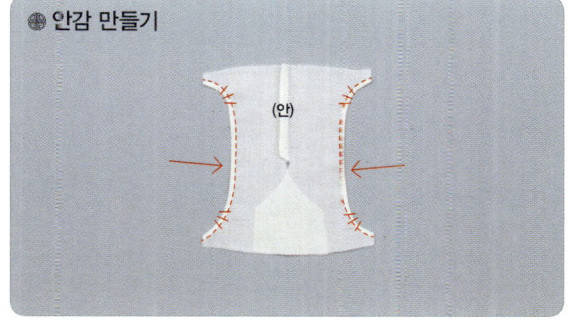

◉ 안감 만들기

10 안감을 겉끼리 맞대고 등솔을 홈질한 뒤, 시접은 가름솔 합니다. 진동 시접은 각이 지지 않게 안쪽으로 한 번 꺾어 다림질하고, 곡선 시접에 가위집을 줍니다. 시접을 다시 한 번 안으로 꺾어 다림질한 뒤 홈질합니다.

◆ 겉감과 안감 맞추기

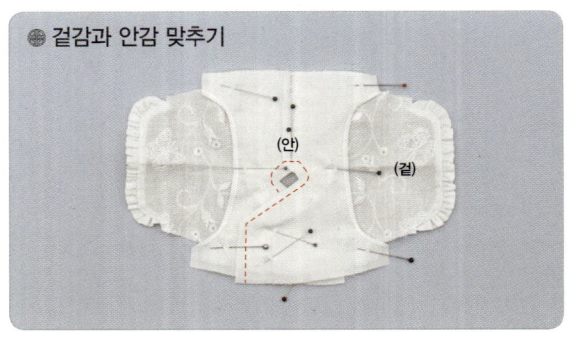

11 저고리의 겉과 안감의 겉을 맞대고 핀 시침한 뒤 '앞선 → 겉깃 → 고대 → 안깃 → 앞선'의 순으로 반박음질합니다.

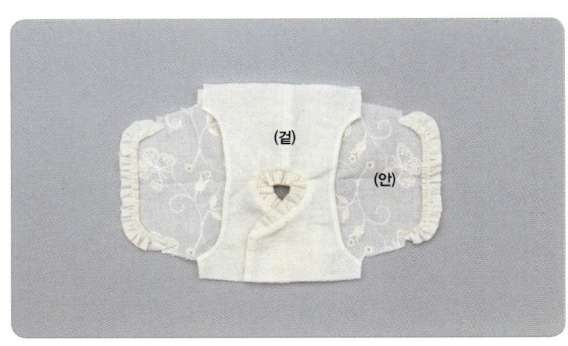

12 안감을 안쪽으로 보내고 시접을 정리한 뒤 다림질합니다.

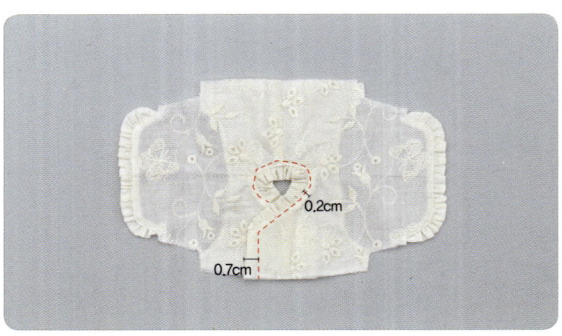

13 깃선을 따라 상침합니다.

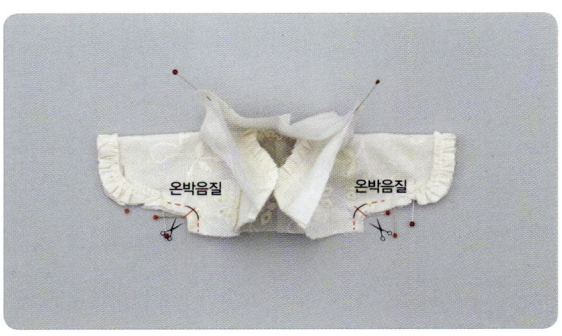

14 겉감 앞길과 뒷길을 겉끼리 맞대고 핀 시침한 뒤, 배래와 동아래를 바느질합니다. 진동점에 가위집을 주고 시접은 가름솔 합니다.

15 안감도 겉끼리 맞대고 동아래를 핀 시침합니다. 홈질한 뒤 시접은 가름솔 합니다.

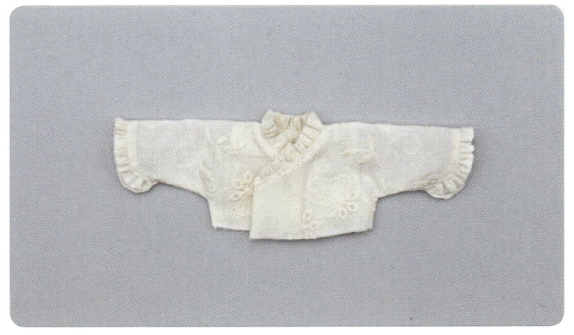

16 겉이 보이도록 뒤집어줍니다.

⊕ 치마 만들기

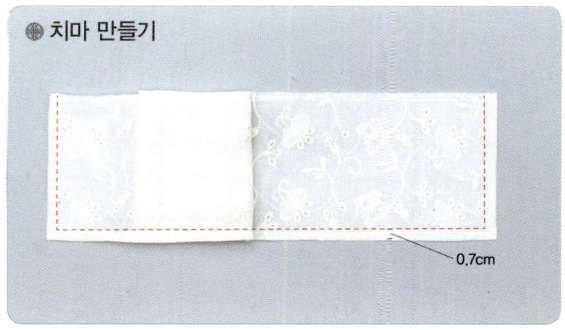

17 허리를 제외한 치마 시접 1cm를 안쪽으로 꺾어 다림질하고 0.7cm 폭으로 홈질합니다.

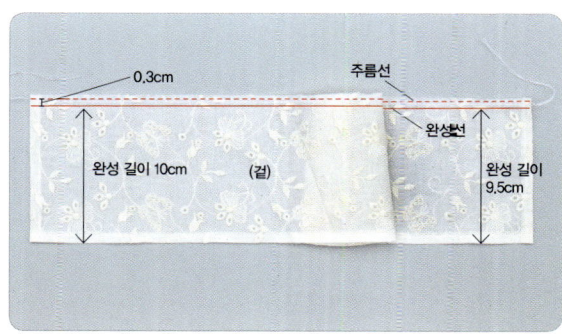

18 치마 완성 길이를 0.4cm 땀으로 홈질합니다. 바느질선에서 시접 쪽으로 0.3cm 떨어져 다시 0.4cm 땀으로 홈질합니다. 2줄을 홈질해서 주름 잡으면 좀 더 예쁜 주름이 잡힙니다.

19 홈질한 실을 당겨 주름을 잡아줍니다. 저고리 허리둘레 치수와 같게 해주면 됩니다.

⊕ 저고리와 치마 연결하기

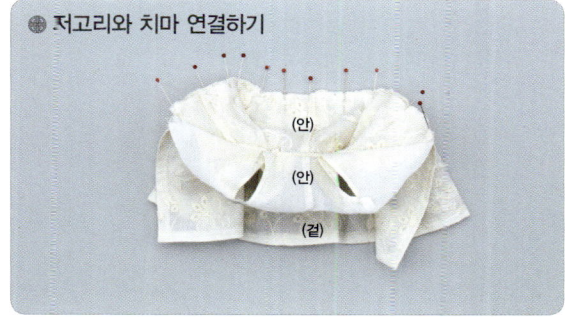

20 저고리의 겉과 치마의 겉을 맞대고 허리선을 핀 시침합니다. 주름을 잡은 시침실이 보이지 않게 하기 위해 허리 완성선에서 몸판 쪽으로 0.15cm 들어가 반박음질합니다.

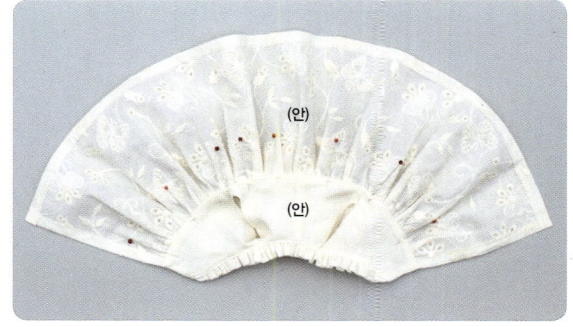

21 저고리 안감 시접을 완성 바느질선을 따라 안으로 꺾어 넣어 핀 시침한 뒤 공그르기합니다.

⊕ 고름 만들어 달기 - 54쪽 참고

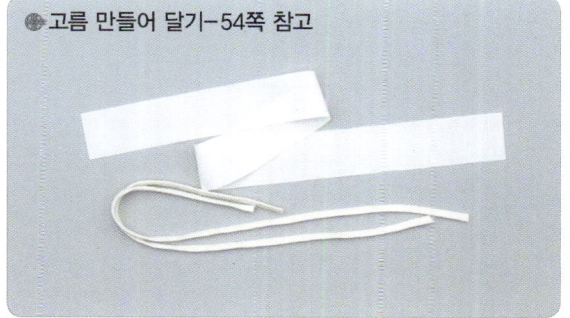

22 고름용 바이어스감을 반 접어서 0.8cm 폭으로 홈질하고 뒤집은 다음, 양쪽 끝 시접을 안으로 넣어줍니다. 긴 고름 2개는 35cm, 짧은 고름 1개는 17cm로 완성합니다.

23 입었을 때 왼쪽 길에 긴 고름 2개, 오른쪽 길에 짧은 고름 1개를 달아줍니다.

24 겉길의 안쪽에 볼록 스냅단추를, 안길의 겉쪽에 오목 스냅단추를 달아줍니다. 긴 고름에 포인트 색을 넣어 완성해도 좋습니다.

꽃모자

개망초, 강아지풀 같은 꽃과 풀을 취향대로 장식해 만든 모자를 씌워 뜨거운 여름 햇볕을 가려주세요.

◎ 부자재

- 모자 프레임
- 조화
- 오간디 리본 2가지 색상 각 55cm
- 글루건

❶ 인형 머리에 맞는 모자 프레임과 조화, 오간디 리본, 글루건을 준비합니다.

❷ 필요에 따라 조화를 작게 분리합니다.

❸ 오간디 리본 2가지를 자연스럽게 꼬아서 모자에 두르고 매듭을 지어줍니다.

❹ 원하는 위치에 꽃을 배열한 후 글루건을 쏘아 부착합니다.

레이스 속바지

치마 아래로 살짝 보이는 속바지입니다.
화려한 자수 옷감에 장식레이스를 덧대어 사랑스러움을 더했어요.

실물 옷본 - 205쪽

옷감과 부자재

- 옷감 치수는 모두 '폭×길이'로 표기되어 있습니다.
- 실제보다 약간 더 넉넉하게 재료를 준비할 수 있도록 표기했습니다.

- **겉감** 자수레이스 면 원단 12×38cm
  허리감 - 면 60수 3×25cm
  밑단 - 프릴레이스 3×35cm
- **부자재** 고무밴드 0.5×30cm
  장식단추 1개

마름질하기

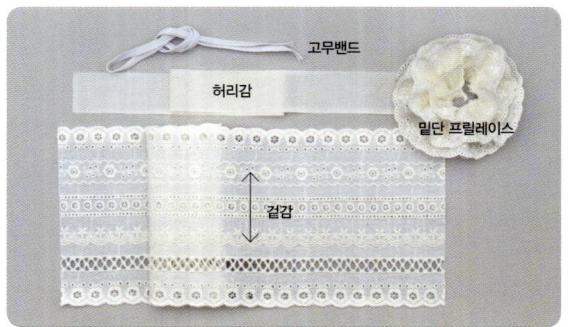
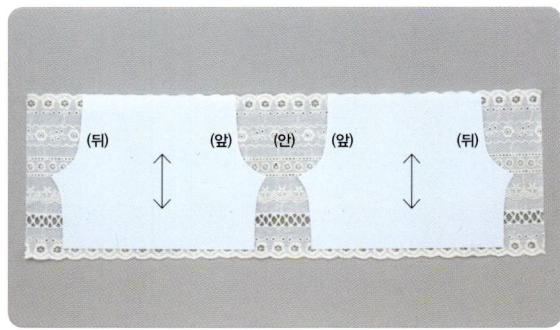

겉감(자수레이스 면) 38×12cm 1장, 무지 허리감 3×25cm 1장, 밑단 프릴레이스 3×15cm로 2장, 허리 고무밴드 0.5×30cm로 1개 마름질합니다.

옷본을 이용해 몸판 2장을 마름질합니다. 허리와 밑단에 자수 마감 처리가 되어 있으면 앞뒤의 중심선과 배래에만 시접을 주고, 허리와 밑단에 마감 처리가 되지 않은 옷감은 별도 시접을 줍니다.

바느질하기

01 밑단에 프릴레이스를 반박음질합니다. 프릴 완성 치수는 2cm입니다.

02 앞 중심선을 겉끼리 맞대고 핀 시침한 뒤 고운땀으로 홈질 또는 반박음질합니다.

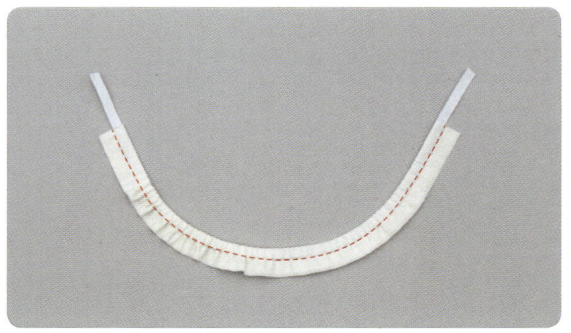

03 시접은 가름솔 합니다.

04 허리감을 반으로 접어 고무밴드를 끼우며 홈질합니다. 이때 고무밴드가 바늘땀에 물리지 않도록 주의하세요. 고무밴드에 완성 치수 13cm를 표시해두고 바느질을 시작합니다.

05 몸판에 허리 고무밴드를 반박음질합니다.

06 허리 완성 치수인 13cm로 고무밴드를 당겨 겉끼리 맞대고 핀 시침합니다. 뒤 중심선을 고운땀으로 홈질 또는 반박음질합니다.

07 바지의 배래를 겉끼리 맞대고 핀 시침한 뒤 홈질 또는 반박음질합니다.

08 앞 중심에 장식단추를 달아 완성한 모습입니다.

적삼

작렬하는 태양과 더위를 피하려면 시원하고 활동적인 옷이 필요해요.
적삼은 여름에 입는 홑옷으로 마, 리넨으로 비교적 쉽게 만들 수 있습니다.

실물 옷본 - 겹침 1면

🏵 형태와 명칭

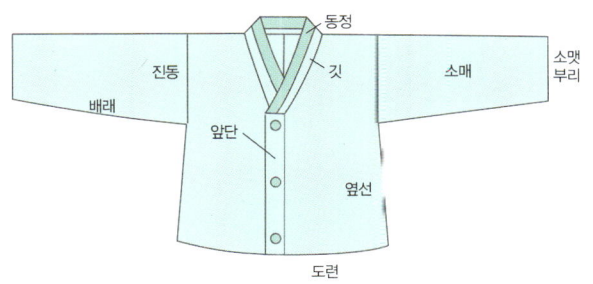

🏵 옷감과 부자재

- 옷감 치수는 모두 '폭×길이'로 표기되어 있습니다.
- 실제보다 약간 더 넉넉하게 재료를 준비할 수 있도록 크기했습니다.

- **겉감** 마 또는 리넨 45×30cm
- **동정감** 바지 색상의 리넨 5×20cm
- **바이어스감** 면 60수 20cm
- **부자재** 스냅단추 0.5cm 3개
    장식단추 0.7cm 3개

마름질하기

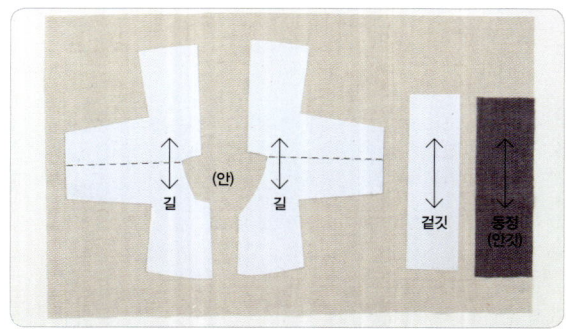

옷본을 이용해 좌, 우 길(소매 포함) 1장씩을 마름질하고 겉깃 3×20cm 1장, 동정감(안깃감 포함) 4×20cm 1장을 마름질합니다. 배래와 옆선에는 올 풀림 방지 처리를 합니다.

바느질하기

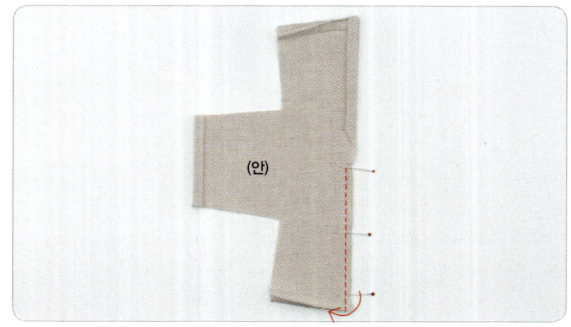

01 겉끼리 맞대고 등솔(뒤 중심선)을 핀 시침한 뒤 홈질합니다.

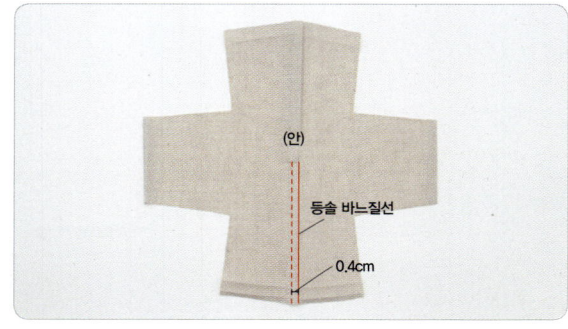

02 입었을 때 오른쪽으로 시접을 꺾어 넘기고, 등솔 바느질선에서 0.4cm 떨어진 곳에 상침합니다.

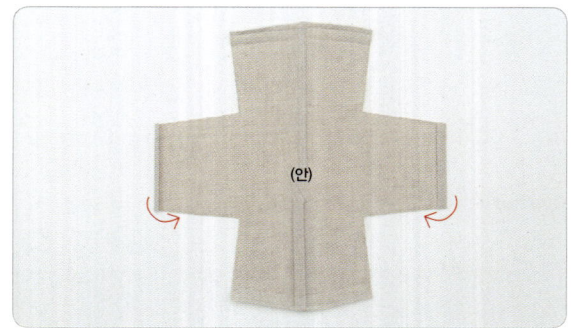

03 소맷부리 시접을 안쪽으로 0.5cm 꺾고 다시 한 번 1cm 시접으로 꺾어줍니다.

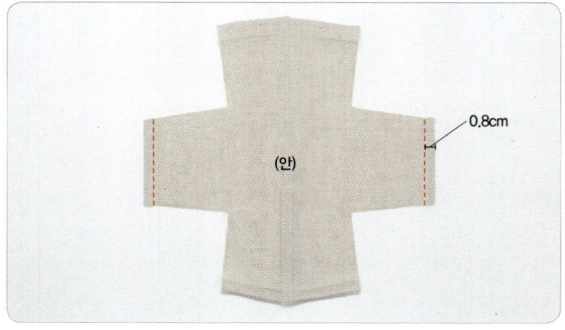

04 0.8cm 폭으로 상침합니다.

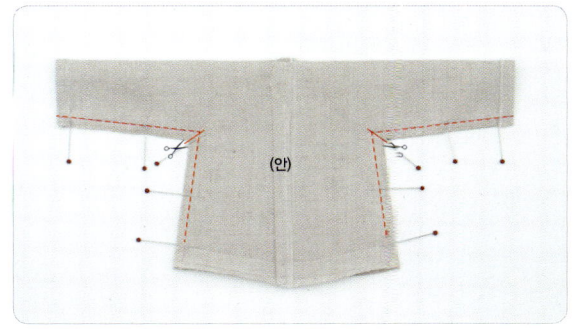

05 배래와 옆선을 핀 시침하고 트임선까지 홈질합니다. 진동점 부분은 튼튼하게 온박음질하고 진동점에 가위집을 줍니다.

06 배래 시접은 뒤쪽으로 꺾어 다림질하고 동아래(옆선)는 가름솔 한 뒤, 겉이 보이도록 뒤집습니다. 앞단과 도련 시접을 안쪽으로 0.5cm 꺾고 다시 한 번 1cm 시접으로 꺾은 뒤 다림질합니다.

07 한쪽 앞단에서 다른 쪽 앞단까지 0.8cm 폭으로 상침합니다.

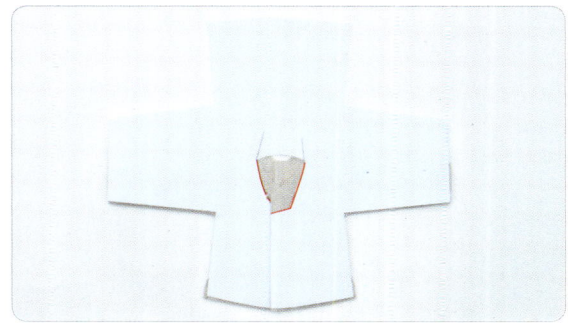

08 고대점에 시침핀을 꽂아 고대를 표시하고 옷본을 이용해 깃선을 그려줍니다.

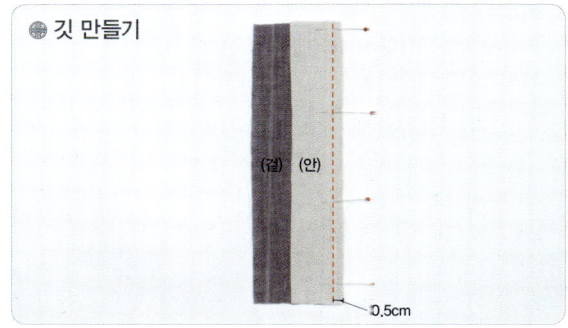

09 겉깃감에 동정감(안깃감)을 연결하 홈질합니다.

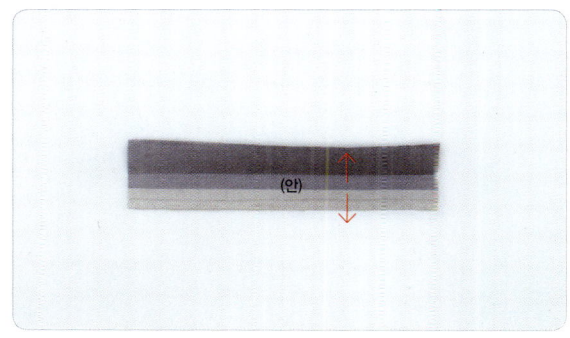

10 시접은 가름솔 합니다.

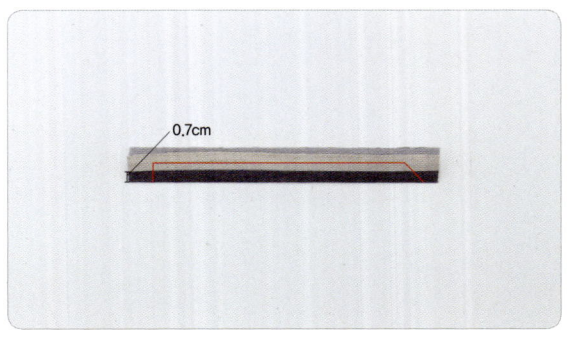

11 동정 폭 0.7cm에 맞춰 깃을 안끼리 맞대고 접은 뒤 다림질합니다. 깃본을 이용해 깃 완성선을 그립니다.

12 깃선에 깃을 시침하고 반박음질합니다. 시접은 길 쪽으로 넘겨 다림질합니다.

13 깃머리 부분은 길 시접을 안으로 꺾어주고 겉에서 1땀 상침합니다. 시접을 0.5cm 남기고 정리합니다.

14 깃 시접을 바이어스 처리합니다. 이때 바이어스 완성 폭은 0.4cm입니다. 바이어스가 힘들다면 올 풀림 방지 처리를 합니다.

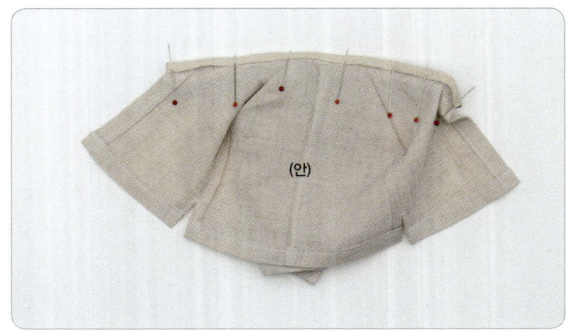

15 길 쪽으로 바이어스감을 넘겨주고 시접을 접어 넣은 뒤 공그르기합니다.

16 겉길 앞단에 볼록 스냅단추, 안길 앞단 겉쪽에 오목 스냅단추 3개를 달고, 겉에 장식단추를 3개 달아주면 완성입니다.

배기바지

배기바지는 엉덩이와 허벅지 쪽은 헐렁하고 발목으로 갈수록 통이 좁아집니다.
적삼과 입으면 이보다 더 귀여울 수 없겠죠.

실둗 옷본 – 206쪽

◉ 형태와 명칭

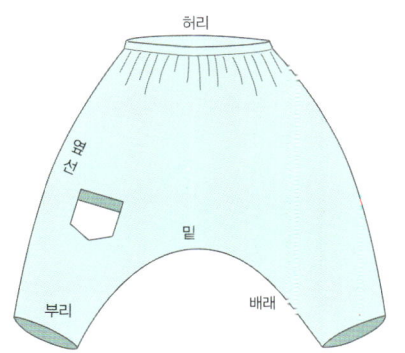

◉ 옷감과 부자재

- 옷감 치수는 모두 '폭×길이'로 표기되어 있습니다.
- 실제보다 약간 더 넉넉하게 자료를 준비할 수 있도록 표기했습니다.

- **겉감** 마 또는 리넨 45×25cm
- **부자재** 고무밴드 0.5×30cm

마름질하기

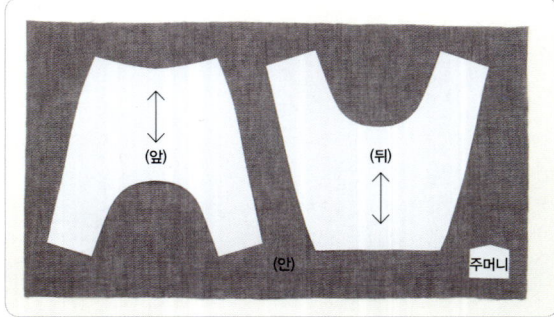

옷본을 이용해 앞판 1장, 뒤판 1장, 주머니 1장을 마름질하고 올 풀림 방지 처리를 합니다.

바느질하기

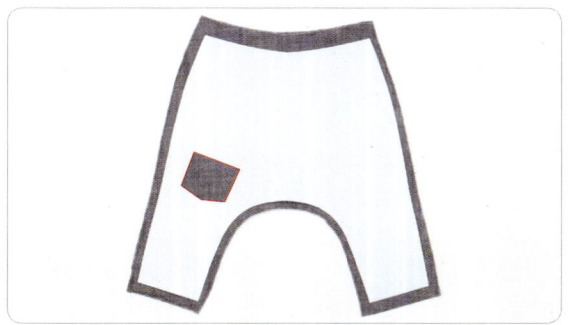

01 입어서 오른쪽 앞판 겉에 주머니 위치를 그려줍니다.

02 주머니 시접을 겉으로 꺾어 넘겨 0.4cm 폭으로 홈질합니다.

03 주머니 시접을 안쪽으로 넘겨 다림질하고, 주머니본을 이용해 시접을 꺾어 다림질합니다.

04 앞판 주머니 위치에 주머니를 달아줍니다.

05 앞판과 뒤판을 겉끼리 맞대고 핀 시침한 뒤 옆선을 홈질 또는 반박음질합니다.

06 시접은 가름솔 합니다.

07 밑단 시접을 안쪽으로 꺾어 다림질한 뒤 끝에서 0.5cm 떨어진 곳에 홈질합니다.

08 겉끼리 맞대고 바지 배래를 반박음질 또는 홈질합니다.

09 시접을 뒤쪽으로 꺾어 다림질하고 겉이 보이도록 뒤집어 줍니다.

10 허리 시접을 안쪽으로 꺾어 다림질하고 핀 시침한 다음, 끝에서 1cm 떨어져 뒤 중심선에서부터 홈질합니다. 시작점과 2cm 정도 남기고 고무밴드를 끼웁니다.

11 완성 치수는 13cm이며, 고무줄 마감하고 남은 부분을 홈질합니다. 고무밴드를 끼울 때 완성 길이를 미리 표시해 두면 편합니다.

12 배기바지를 완성했습니다.

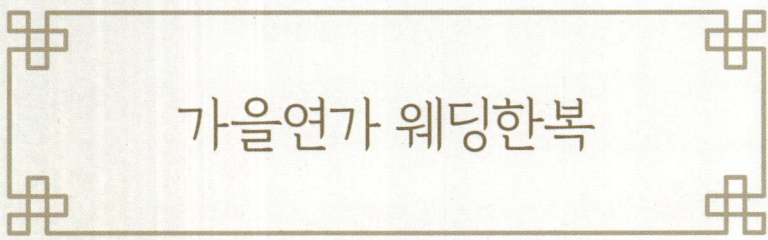

가을연가 웨딩한복

가장 눈부신 날, 아름답고 찬란하게 빛나는 그날을 위한 옷.
영원히 기억될 축복의 날에 함께하고 싶은 우리 전통 예복입니다.

당의 | 풀치마 | 무지기 치마 | 개량 속바지 | 아얌

민저고리_여 | 원삼

중치막 | 답호

당의

당의는 소례복으로 평복 위에 입었으며 궁중에서는 평상복으로 입었습니다.
꽃보다 아름다운 신부로 만들어줄 장미가 수놓아진 자수당의를 준비했어요.

실물 옷본 – 펼침 2~3면

◈ 형태와 명칭

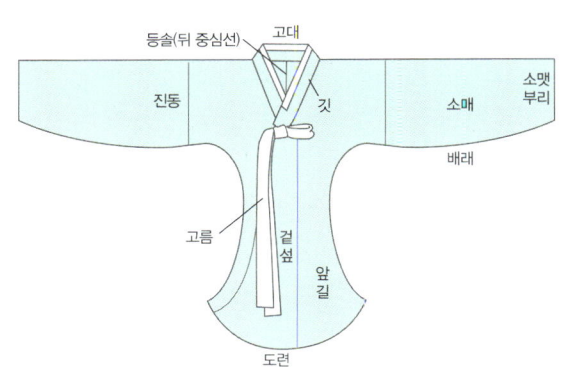

◈ 옷감과 부자재

- 옷감 치수는 모두 '폭×길이'로 표기되어 있습니다.
- 실제보다 약간 더 넉넉하게 재료를 준비할 수 있도록 표기했습니다.

- **겉감** 자수 놓인 옥사 50×35cm
  깃・고름・선감 - 모본단 20×20cm
- **안감** 노방 55×35cm
- **동정감** 숙고사 3×19cm
- **동정심감** 벨트심지 0.8×17cm
- **부자재** 스냅단추 0.5cm 1개

마름질하기

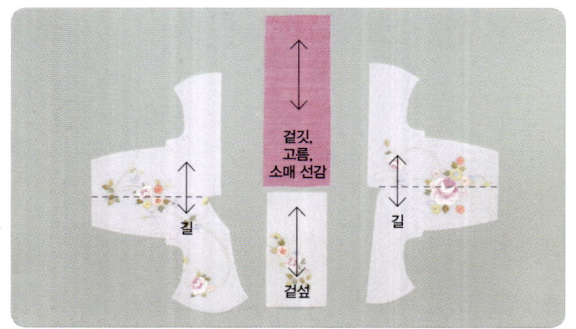 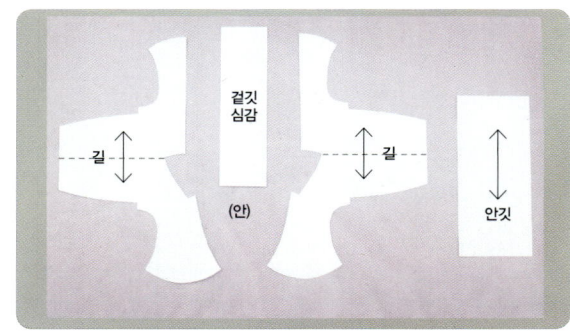

겉감으로 자수 위치를 보면서 옷본을 이용해 길(소매 포함) 좌, 우 1장씩, 겉섶 6×15cm 1장, 겉깃 4×18cm 1장, 긴 고름 2.5×13cm 1장, 짧은 고름 2.5×11.5cm 1장, 소매 선감 3×10cm 2장을 마름질합니다.

안감으로 길(소매, 섶 포함) 좌, 우 1장씩, 안깃 8×18cm 1장, 겉깃 심감 4×18cm 1장을 마름질합니다. 길의 어깨 중심선을 표시합니다.

바느질하기

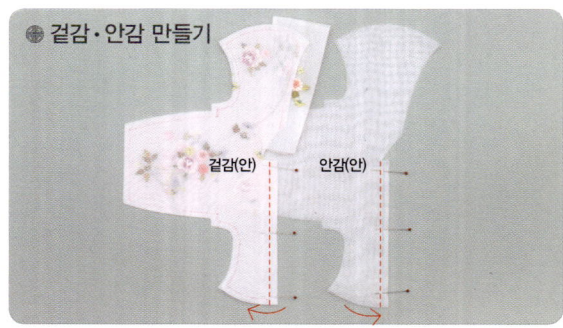 

01 길의 겉감과 안감을 겉끼리 맞대고 각각 등솔을 핀 시침한 뒤 홈질 또는 반박음질합니다. 등솔 시접은 입었을 때 오른쪽으로 꺾어 다림질합니다.

02 입었을 때 왼쪽 앞길 겉섶선에 섶을 핀 시침한 뒤 겉섶(곧은올) 쪽에서 홈질합니다. 시접은 섶 쪽으로 꺾어줍니다.

 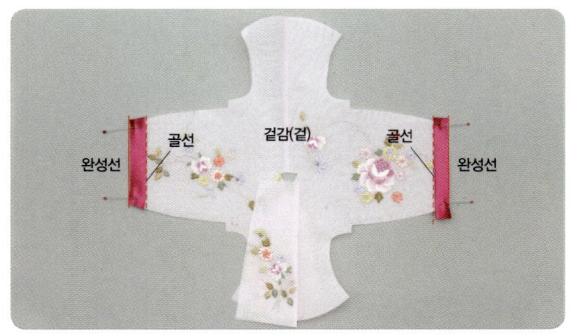

03 등솔과 섶 시접 방향입니다.

04 소매 선감 3×10cm를 반으로 접어 다림질합니다. 소맷부리 완성선에서 소매 쪽으로 0.3cm 들어가 골선이 길을 향하도록 임시 고정합니다.

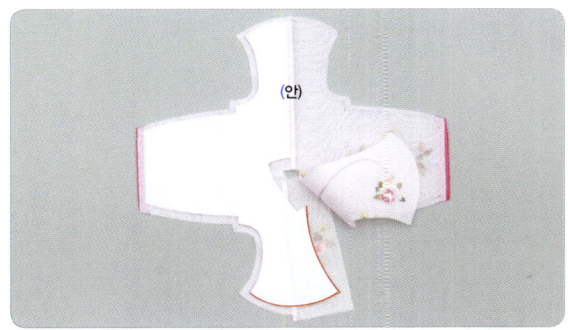

05 옷본을 이용해 앞선과 도련을 그려줍니다.

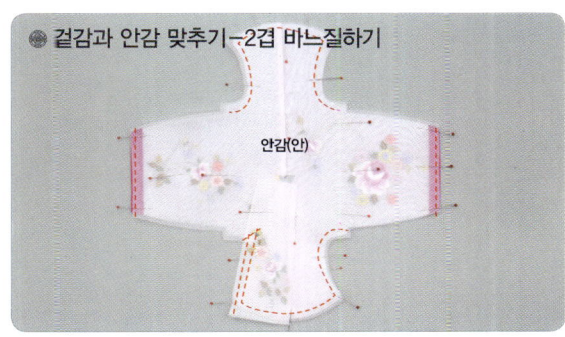

◈ 겉감과 안감 맞추기-2겹 바느질하기

06 겉감을 아래에 두고 안감을 위에 올른 뒤 겉끼리 맞댑니다. 등솔선을 기준으로 '고대 중심점 → 어깨 중심선 → 소맷부리 → 뒷도련 → 앞도련'의 순으로 핀 시침합니다.

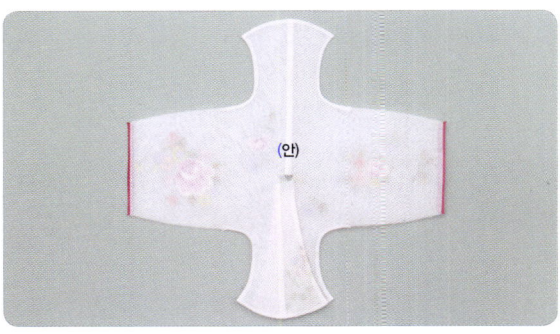

07 소맷부리, 앞, 뒷길의 도련을 섶 끝에서 진동선까지 홈질합니다. 이때 곡선 부분이 늘어나지 않게 주의하세요. 시접을 0.3cm로 정리하고 겉감 쪽으로 꺾어 다림질합니다.

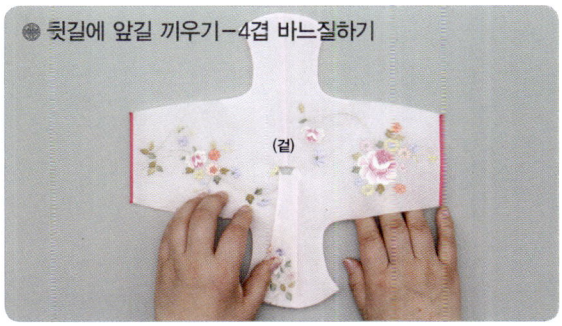

◈ 뒷길에 앞길 끼우기-4겹 바느질하기

08 겉이 보이도록 뒤집고 시접을 정돈하여 안감 쪽에서 다림질합니다. 겉감과 안감 사이로 손을 넣어 다시 뒤집어 줍니다.

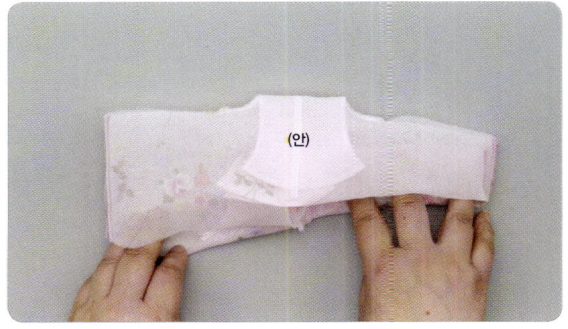

09 겉감과 안감의 어깨 중심선을 각각 겉끼리 접어줍니다.

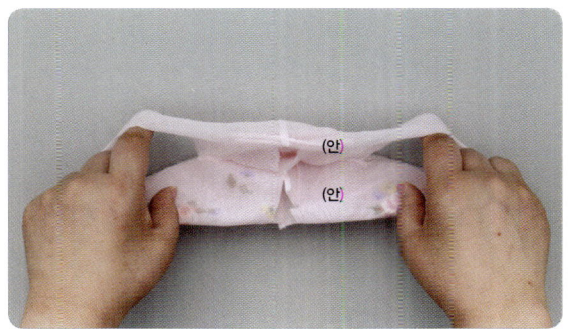

10 겉감은 겉감끼리 앞길과 뒷길의 겉이 마주 보게 되고, 안감은 안감끼리 앞길과 뒷길의 겉이 마주 보게 됩니다.

121

11 어깨 중심선을 맞추고 진동점, 배래, 소맷부리를 맞춰 핀 시침한 다음 배래와 동아래를 바느질합니다. 바느질 시작과 끝나는 부분, 진동점은 2~3땀 온박음질합니다.

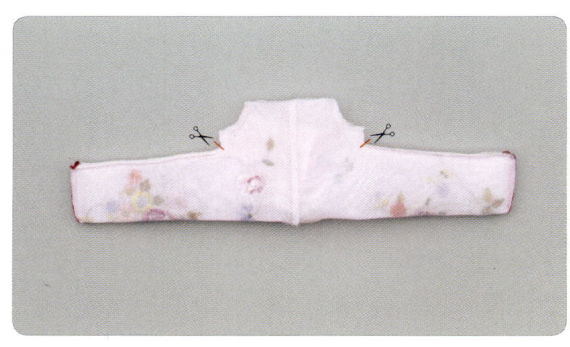

12 시접을 0.4cm로 정리하고 진동점에 가위집을 줍니다. 시접을 겉감(뒷길) 쪽으로 꺾어 다림질하고 고대를 이용해 뒤집어줍니다.

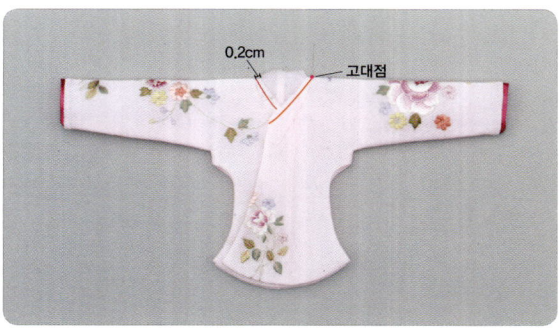

13 양쪽 고대점을 시침핀으로 표시하고 옷본을 이용해 깃선을 그려줍니다.

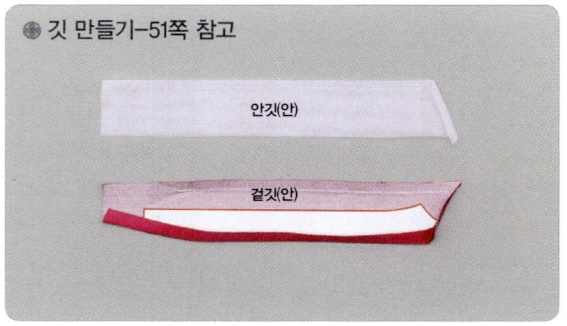

● 깃 만들기–51쪽 참고

14 겉깃감 안쪽에 심지감을 시침한 뒤 깃본을 이용해 완성선을 그린 후, 시접을 안쪽으로 꺾어 다림질합니다. 안깃도 반으로 접어 동일한 방법으로 만들어줍니다.

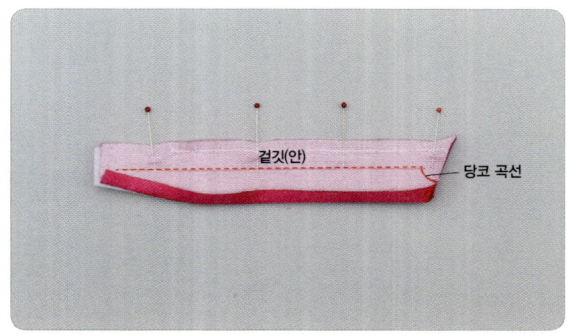

15 겉깃과 안깃을 겉끼리 맞대고 핀 시침한 뒤 완성선을 따라 홈질합니다. 당코 곡선 부분은 고운땀으로 0.15cm 홈질하고 시접을 0.2cm로 정리합니다. 나머지 부분은 0.5cm로 시접을 정리합니다.

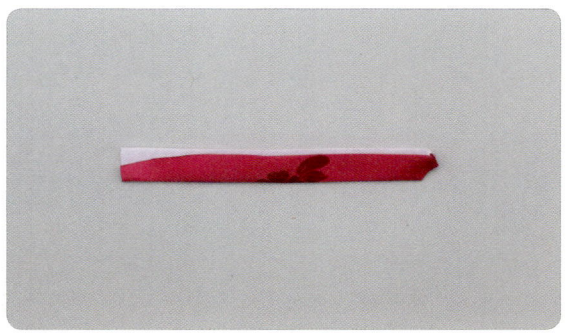

16 뒤집어 다림질합니다.

17 옷본을 이용해 깃선을 그려주고 깃들 당의 길 위에 놓은 뒤 '겉깃 → 고대 → 안깃'의 순으로 앉히며 어슷시침합니다.

18 깃을 길 쪽으로 넘기고 깃 안쪽에서 완성선을 따라 홈질 또는 반박음질합니다. 깃머리 부분은 겉에서 1땀 상침 또는 공그르기합니다.

19 어슷시침한 실을 뽑고 겉깃과 안깃의 겉을 맞대어 중심선을 접습니다. 안깃 끝부분을 홈질합니다.

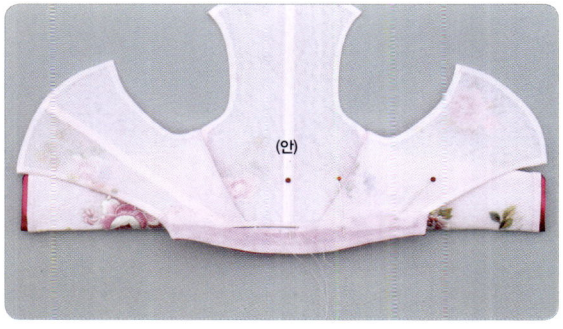

20 안깃을 안감 쪽으로 넘겨줍니다. 완성 바느질선을 따라 안깃 시접을 안으로 꺾어 넣어 핀 시침한 뒤 공그르기합니다.

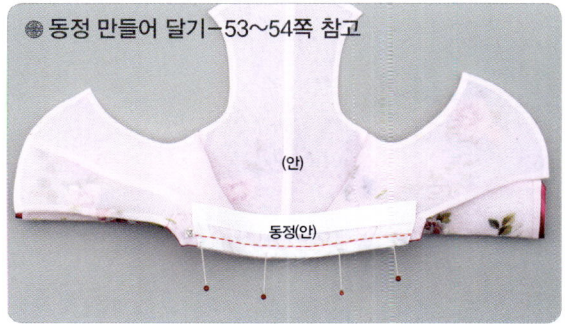

21 깃본 동정 위치에 맞춰 핀 시침한 두, 동정 시접의 1/2선을 따라 반박음질합니다.

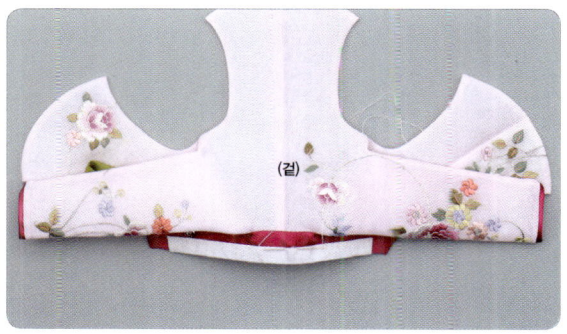

22 동정을 겉깃 쪽으로 넘기고 동정 가장자리어 1땀 상침합니다.

● 고름 달기-옷본 고름 위치 참고

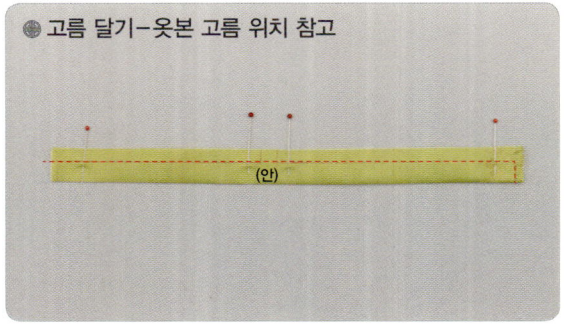

23 고름감을 겉끼리 맞대어 골로 접고 긴 고름 0.7×12cm, 짧은 고름 0.7×10.5cm로 완성합니다. 한쪽은 창구멍으로 사용합니다. 당의는 대체로 삼작고름을 달고 속고름을 달지만 책에서는 생략합니다.

24 긴 고름은 고름 폭의 1/2지점이 겉섶의 중심에, 짧은 고름은 고름 폭만큼 떨어져서 안깃 쪽에 긴 고름과 평행하도록 온박음질합니다. 고름의 솔기 방향은 위를 향합니다.

25 겉깃 안쪽에 볼록 스냅단추를, 안깃 쪽에 오목 스냅단추를 달아줍니다. 이때 겉길이 안길보다 0.15cm 정도 내려오게 스냅단추를 달면 됩니다.

26 당의가 완성된 모습입니다.

풀치마

풍성하게 주름을 잡아 당의와 함께 입으면
마치 한 송이 장미처럼 보이는 풀치마예요.
선단이 있는 자락치마로 허리에 둘러 입게 만들었습니다.

🏵 형태와 명칭

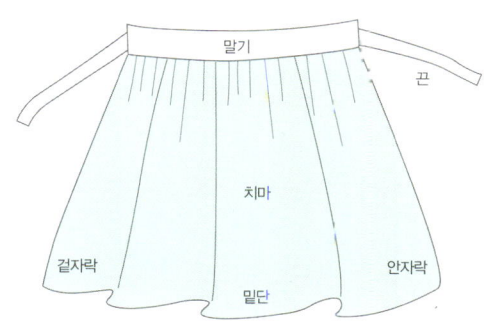

🏵 옷감과 부자재

- 옷감 치수는 모두 '폭×길이'로 표기되어 있습니다.
- 실제보다 약간 더 넉넉하게 재료를 준비할 수 있도록 표기했습니다.

- **겉감** 옥사 57×27cm
- **안감** 노방 57×27cm
- **말기감** 숙고사 13×21cm
- **말기심감** 노방 5×20cm
- **부자재** 어깨끈감 - 면 리본끈 0.7×22cm

🦋 마름질하기

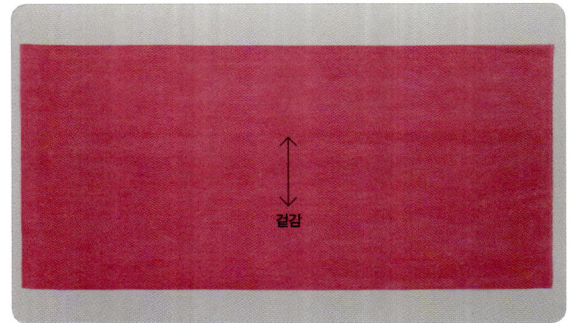

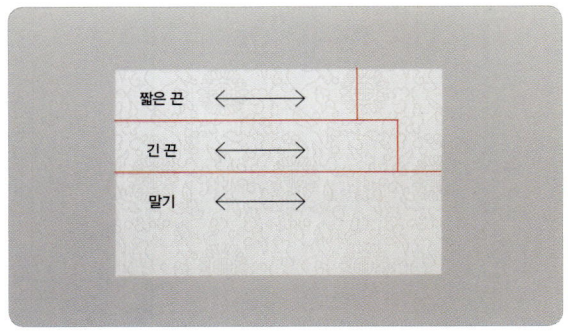

5폭 치마를 만드는데 절개선 없이 바느질선으로 효과를 얻기 위해 겉감과 안감을 시접 포함해서 55×25cm 1장씩 마름질합니다.

시접 포함해서 허리말기 5×20cm 1장, 긴 끈 3×19cm 1장, 짧은 끈 3×15cm 1장을 마름질합니다.

🦋 바느질하기

◉ 치맛말기 만들기

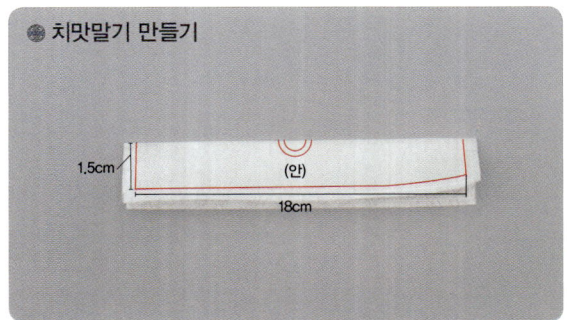

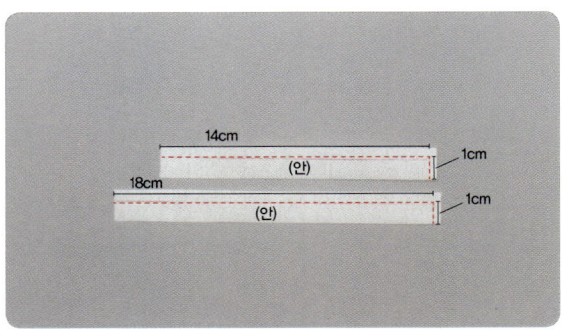

01 말기감 안쪽에 심감을 대고 시침한 뒤 완성선(3×18cm)을 그려줍니다. 완성선에 맞춰 겉을 맞대고 반을 접습니다.

02 치마끈 2장은 겉을 맞대고 반으로 접은 다음, 긴 끈(1×18cm)과 짧은 끈(1×14cm)의 치수를 그려줍니다. 한쪽 끝에 창구멍을 남기고 홈질한 뒤 뒤집어 다림질합니다.

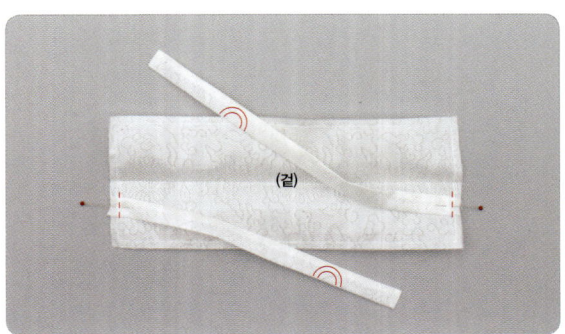

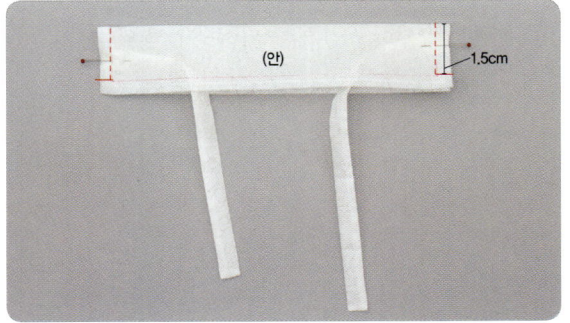

03 끈의 솔기가 위를 향하도록 말기 겉에 임시 고정합니다. 겉자락 쪽에 짧은 끈을, 안자락 쪽에는 긴 끈을 끼워줍니다. 입었을 때 왼쪽에 향대로 늘어뜨립니다.
　✦ 향대(눈물고름)는 저고리 아래로 길게 늘어뜨린 흰 고름을 말하는데 요즘은 장식용으로 많이 사용합니다.

04 허리말기 완성선까지만 온박음질합니다.

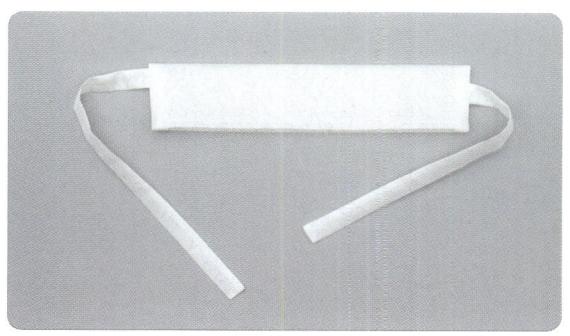

05 뒤집어서 말기를 다림질합니다.

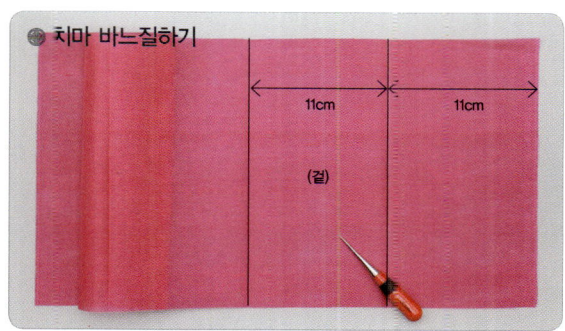

06 겉감의 겉에 패브릭펜이나 초크로 치마폭 11cm 선을 그린 뒤, 겉감에 표시한 치마폭 선에 송곳을 30도 각도로 뉘어서 다시 그려줍니다. 안감은 한 폭으로 사용합니다.

07 송곳으로 그린 선들이 겉끼리 만나도록 다림질합니다.

08 겉감 치마폭을 밑단에서 허리 쪽으로 시접을 0.3cm 두고 안쪽에서 고운땀으로 홈질하고, 시접은 입었을 때 오른쪽으로 꺾어 다림질합니다.

09 겉감과 안감 밑단을 안쪽에서 0.4cm로 두 번 접어 홈질 또는 공그르기합니다.

10 겉감이 아래로 가고 안감이 위로 가도록 겉끼리 맞대고, 안감의 밑단이 겉감의 밑단보다 0.5~0.7cm 짧게 양쪽 자락에 핀 시침합니다. 치마 전체 폭이 53cm가 되도록 양쪽 자락(옆선)을 그려주고 밑단에서 허리 쪽으로 홈질합니다.

11 겉자락과 안자락의 시접을 겉감 쪽으로 꺾어 다림질합니다.

12 안감 쪽에서 시접을 정돈해 다림질하고 안감의 밑단이 겉감의 밑단보다 0.5~0.7cm 정도 짧도록 밑단에 핀 시침합니다.

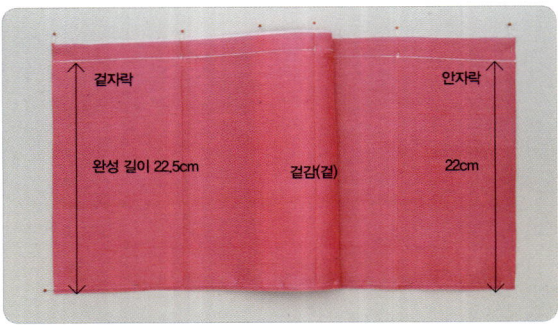

13 겉감 밑단에서 허리 쪽으로 완성 치수 22.5cm를 잰 뒤, 치마의 완성 길이를 표시합니다. 입었을 때 안자락 끝이 겉자락 아래로 내려오지 않게 하기 위해, 안자락은 겉자락 길이보다 0.5cm 짧게 그려줍니다.

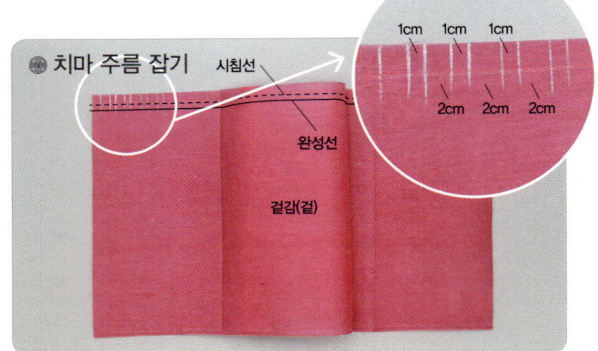

14 완성선에서 시접 쪽으로 0.2cm 올라간 곳을 시침하여 겉감과 안감을 고정합니다. 겉주름(1cm)과 속주름(약 2cm)을 반복해서 치마폭 전체에 표시합니다.

겉주름과 속주름 폭 계산법(예시)

1. 겉주름 폭을 정한다. (1cm)
2. 말기 둘레 치수를 정한다. (18cm)
3. 치마 위쪽 폭 전체 둘레의 치수를 확인한다. (53cm)
4. 치마폭 전체 둘레−말기 둘레=전체 속주름분 (53−18cm=35cm)
5. 말기 둘레÷겉주름 폭=겉주름 개수 (18÷1cm=18개)
6. 전체 속주름분÷겉주름 개수=1개의 속주름 폭(35÷18=1.94cm)

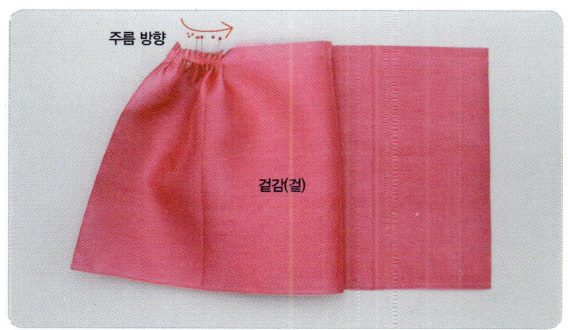

15 표시한 선에 맞춰 겉자락에서 안자락 쪽으로 주름을 잡아 가며 핀 시침합니다.
✤ 치마폭 연결 솔기는 속주름에 들어가게 합니다. 주름을 잡은 뒤 치마허리와 말기허리의 치수가 같도록 안자락에서 주름의 양을 조절합니다.

16 주름이 펴지지 않도록 시침질합니다.

치마와 말기 연결하기

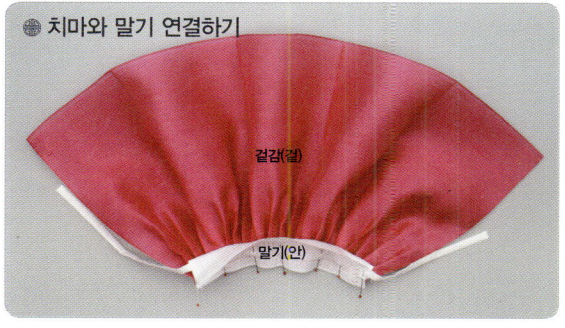

17 주름 잡은 치마의 겉과 말기의 겉을 닿대고, 양쪽 끝을 잘 맞게 핀 시침하여 완성선을 반박음질합니다.

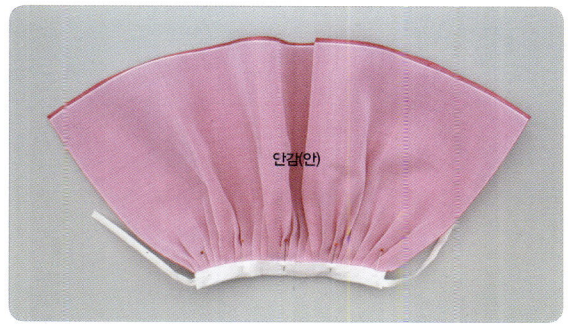

18 치마 시접을 말기 속으로 집어넣습니다. 바느질선을 따라 완성선을 접어서 핀 시침합니다.

19 말기 안쪽에서 공그르기 또는 새발뜨기를 합니다.

○ 깨끈 바느질하기

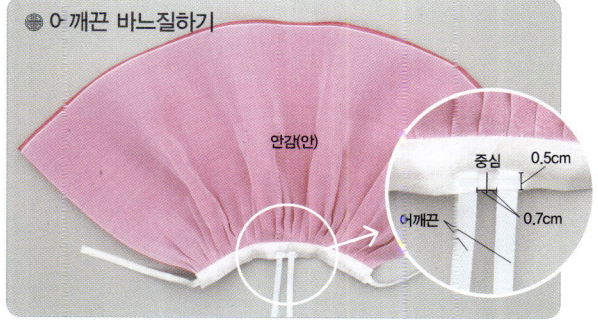

20 달기 앞 중심에서 양쪽으로 0.7cm 떨어진 위치에 어깨끈 한쪽을 고정합니다. 말기 끝에서 0.5cm 떨어진 곳에 한 번 온박음질하고, 위로 꺾어 올려 한 번 더 바느질합니다.

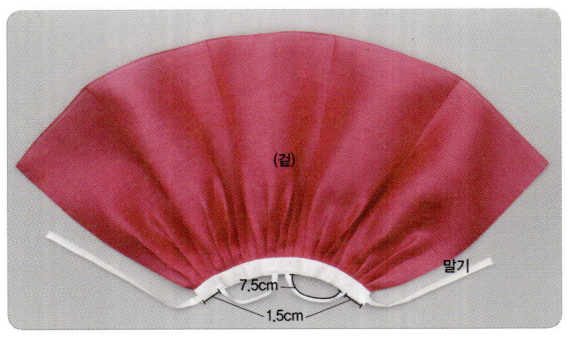 

21 겉자락과 안자락 말기 끝에서 1.5cm 들어온 곳에 다른 한 쪽 어깨끈을 고정합니다. 완성 길이는 7.5cm입니다.

22 주름과 치마폭을 다림질하면 풀치마 완성입니다.

무지기 치마

무지기 치마는 서양의 페티코트와 같은 역할을 하는 속치마로
겉치마를 부풀려 치마의 아름다움을 극대화하는 받침옷입니다.
약식으로 쉽게 만들 수 있으니 꼭 갖춰 입히도록 해요.

옷감과 부자재

- 옷감 치수는 모두 '폭×길이'로 표기되어 있습니다.
- 실제보다 ᄋᆞ간 더 넉넉하게 재료를 준비할 수 있도록 표기했습니다.

- **겉감** 국사 110×34cm

🦋 마름질하기

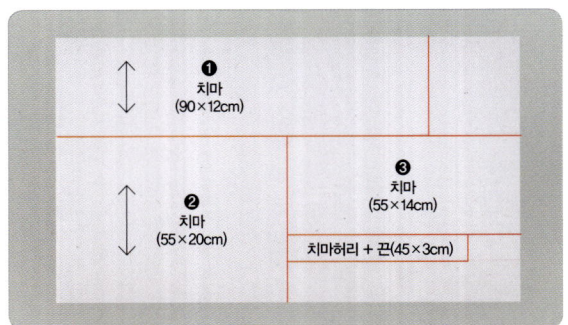

시접을 포함한 치마 90×12cm 1장, 55×20cm 1장, 55×14cm 1장, 그리고 치마허리(끈 포함) 45×3cm 1장을 마름질합니다.

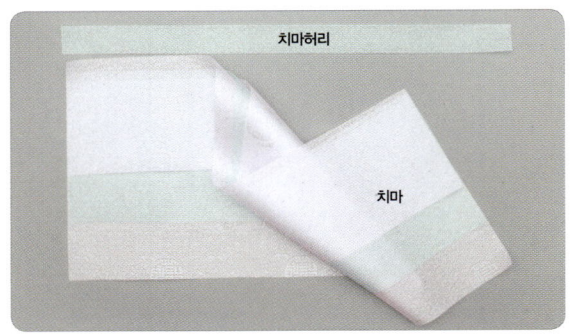

2가지 색상으로 마름질한 옷감의 모습입니다.

🦋 바느질하기

01 치맛감 3장의 옆선과 밑단을 각각 0.5cm씩 두 번 접어 다림질합니다(허리 제외). 치마허리는 양쪽 시접을 0.5cm씩 접어줍니다.

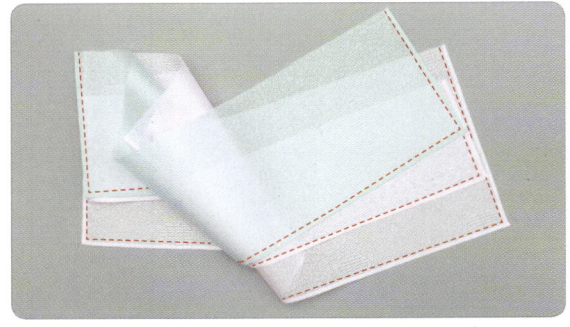

02 치맛감 3장의 치맛자락(옆선)과 밑단을 각각 홈질합니다.

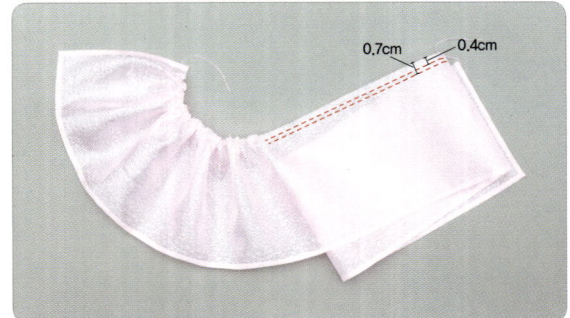

03 ❶ 90×12cm 치맛감의 허리 시접 끝에서 0.4cm 들어와 1줄 홈질한 뒤, 또 0.7cm 들어와 1줄 홈질합니다. 홈질한 2줄의 실을 당겨 53cm가 되도록 합니다.

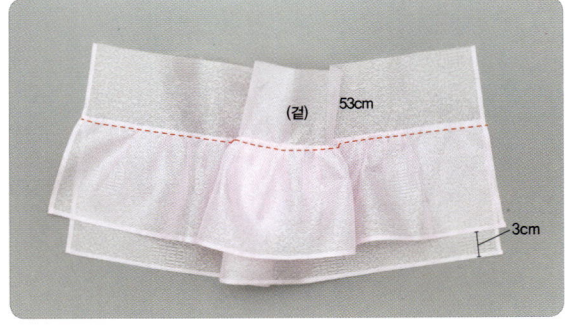

04 ❷ 55×20cm 치맛감 밑단에서 3cm 떨어진 곳에 **03**에서 주름 잡은 치마를 홈질합니다.

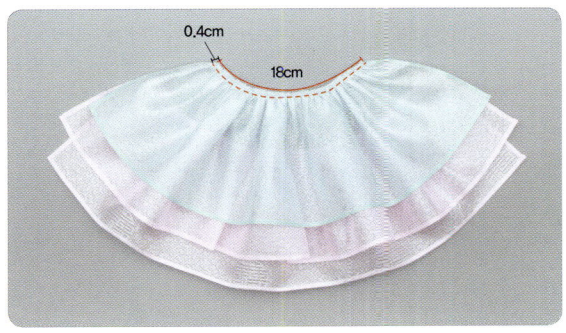

05 04 치마에 ❸번 치마의 허리 시접 끝을 잘 맞춰 핀 시침합니다. 허리 시접 끝에서 0.4cm 들어온 곳에 홈질한 뒤, 실을 당겨 주름을 잡아 18cm가 되도록 완성합니다.

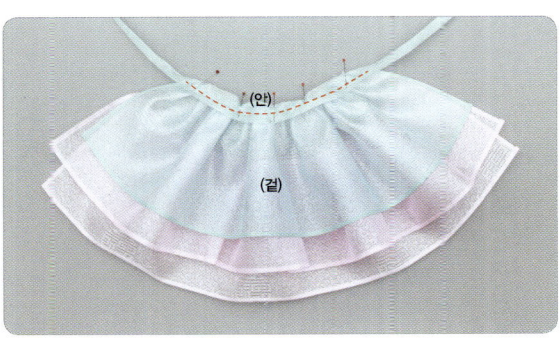

06 치마의 겉과 접어놓은 치마허리(끈 포함)를 겉끼리 맞대고 핀 시침합니다. 허리 부분만 먼저 달기와 치맛감을 반박음질 또는 온박음질합니다.

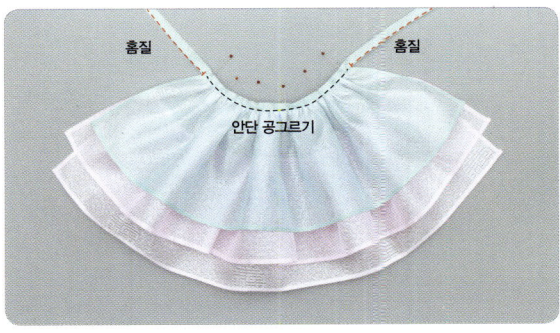

07 한쪽 끈에서부터 홈질하다가 허리 부분 안단은 공그르기 또는 새발뜨기하고, 다른 한쪽 끈 부분을 다시 홈질합니다.

08 약식으로 만든 무지기 치마가 완성되었습니다.

개량 속바지

실물 옷본 - 207쪽

예전 속바지는 밑이 트여 있었지만 요즘은 밑은 따로 대지 않고
허리에 고무줄을 넣어 간편하게 입을 수 있습니다.
고운 신부가 입을 속바지니까 색동을 배색해서 조금 더 사랑스럽게 지었어요.

❀ 형태와 명칭

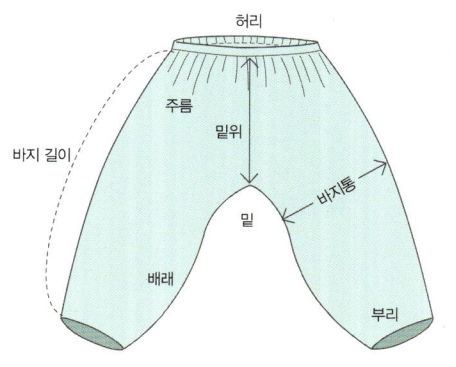

❀ 옷감과 부자재

- 옷감 치수는 모두 '폭×길이'로 표기되어 있습니다.
- 실제보다 약간 더 넉넉하게 재료를 준비할 수 있도록 표기했습니다.

- **겉감** 노방 44×20cm
   색동감 - 노방 3가지 색상 각 3×44cm
- **부자재** 고무밴드 0.5×30cm
   장식단추 또는 패치 1개

🦋 마름질하기

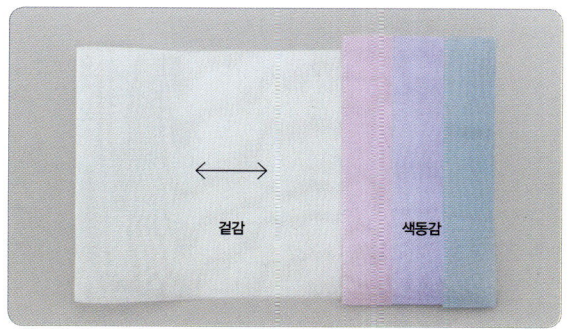

겉감 44×20cm 1장, 색동감(3가지 색상) 3×44cm 1장씩 마름질합니다.

🦋 바느질하기

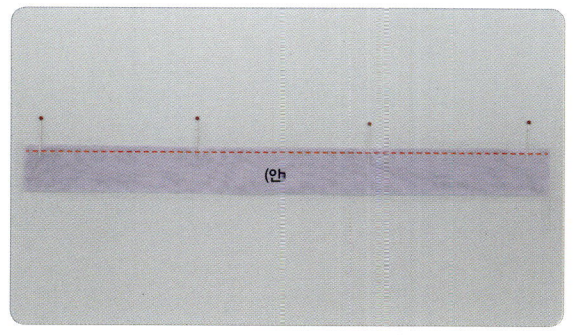

01 색동감 연결 순서에 맞게 2장을 겉끼리 맞댄 뒤 0.3cm 시접을 두고 고운땀으로 홈질합니다. 시접은 부리 쪽으로 꺾어 다림질합니다.

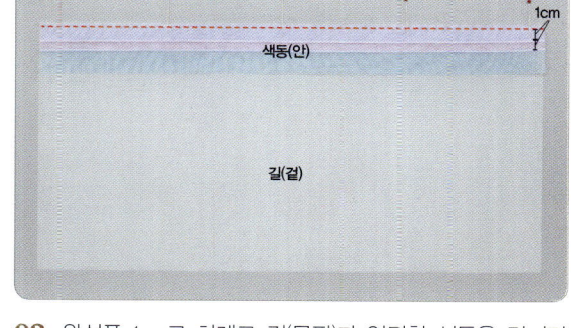

02 완성폭 1cm로 차례로 길(몸판)과 연결한 색동을 겉끼리 맞댄 뒤 고운땀으로 홈질합니다.

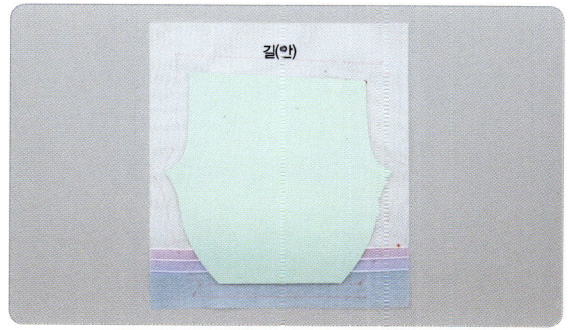

03 겉끼리 맞대어 반으로 접고 핀 시침합니다. 옷본을 이용해 허리 시접은 1.5cm, 그 외 시접은 1cm를 주고 마름질합니다.

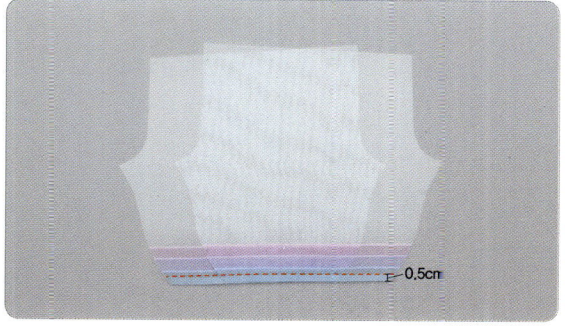

04 부리(밑단)를 0.5cm 시접으로 두 번 접어 홈질합니다.

05 앞길과 뒷길의 밑위를 쌈솔로 바느질합니다(33쪽 쌈솔 바느질법 참고).

06 바지 배래를 안끼리 맞대어 0.3cm 시접을 두고 겉쪽에서 1차 홈질한 뒤, 안이 보이도록 뒤집어 다시 0.7cm 시접을 두고 안쪽에서 2차 홈질합니다. 이때 시접이 바느질선 밖으로 나오지 않도록 주의합니다(32쪽 통솔 바느질법 참고).

07 뒤집어서 허리 시접을 0.5cm 안으로 접고 다시 1cm를 접어줍니다.

08 뒤 중심에서 시작해 시작점과 끝점이 2cm 남았을 때 바느질을 멈추고 고무밴드를 넣은 뒤, 남은 부분을 바느질합니다. 허리둘레 완성 치수는 13cm입니다.

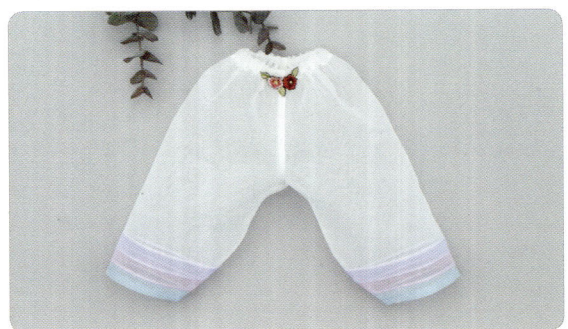

09 앞을 표시하는 패치나 장식단추를 달아주면 완성입니다.

아얌

위는 터져 있고 귀를 덮지 않으며 뒤에는 댕기처럼 생긴 ο-얌드림이 있어요.
아얌과 조바위는 의식용 쓰개로 예의를 갖추는 중요한 역할을 합니다.
당의를 입은 신부에게 아얌을 씌워주면 특별한 날 더욱 빛날 거예요.

실물 옷본 - 펼침 2면

옷감고- 부자재

- 옷감 치수는 모두 '폭×길이'로 표기되어 있습니다.
- 실제보다 약간 더 넉넉하게 재료를 준비할 수 있도록 표기했습니다.

- **겉감** 자수가 놓인 옥사 32×9cm
           아얌드림감 - 옥사 15×16cm
- **안감** 노방 32×9cm
- **부자재** 접착심지 32×9cm
           장식수술과 구슬 약간

137

마름질하기

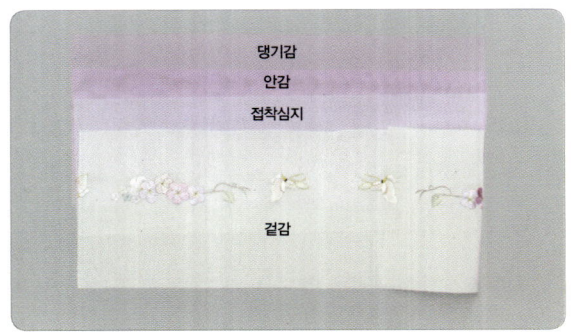

자수가 놓인 옥사 겉감으로 30×7cm 1장, 아얌드림 6×14cm 2장, 접착심지 30×7cm 1장, 안감 30×7cm 1장을 마름질합니다.

✤ 쪽머리나 가발을 쓴 인형 머리에 아얌을 씌울 때는 뒤 중심 시접을 여유 있게 주고 마름질합니다.

바느질하기

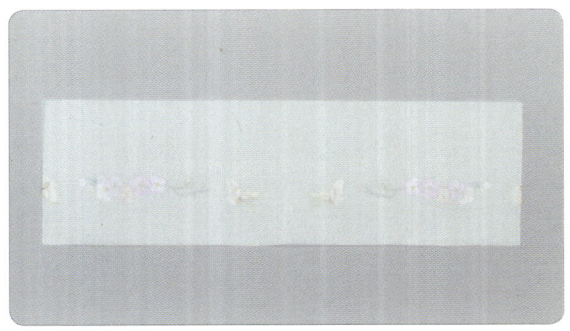

01 겉감 자수천 안쪽에 다리미로 접착심지를 부착합니다.

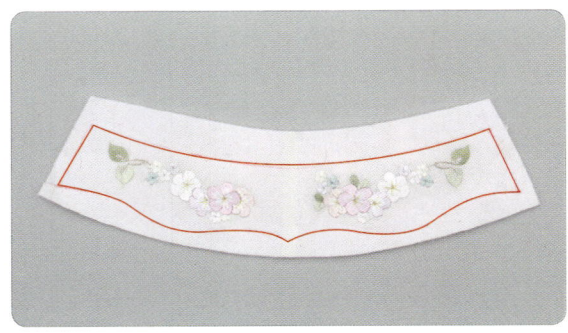

02 겉감의 안쪽에 아얌 본을 이용해 패브릭펜이나 초크로 완성선을 그려줍니다.

✤ 인형 머리가 쪽머리나 가발이라면 아얌본을 씌워 완성 치수를 확인하고 그려줍니다.

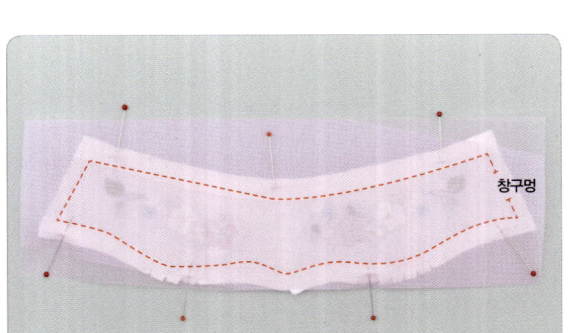

03 겉감과 안감을 겉끼리 맞대고 핀 시침합니다. 뒤 중심의 한쪽은 창구멍으로 남기고 나머지는 반박음질합니다.

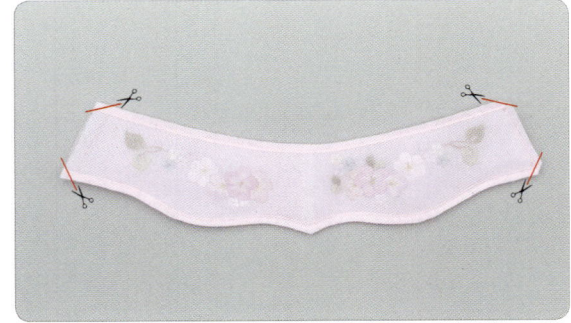

04 시접은 0.4cm로 정리하고, 모서리 시접은 사선으로 정리합니다. 겉이 보이도록 창구멍으로 뒤집어 시접을 정돈하고 다림질한 뒤 창구멍을 공그르기합니다.

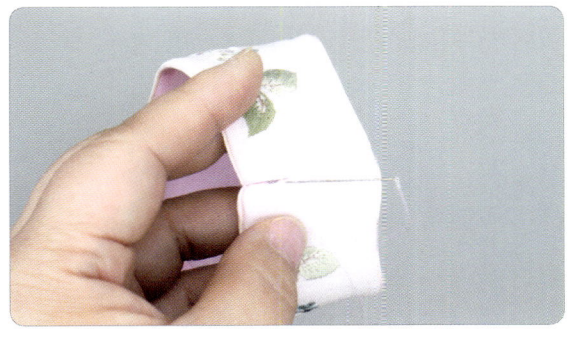

05 뒤 중심선을 바느질한 다음 안감은 안감끼리, 겉감은 겉감끼리 공그르기합니다. 이때 안감을 먼저 공그르기하고 겉감을 공그르기합니다.

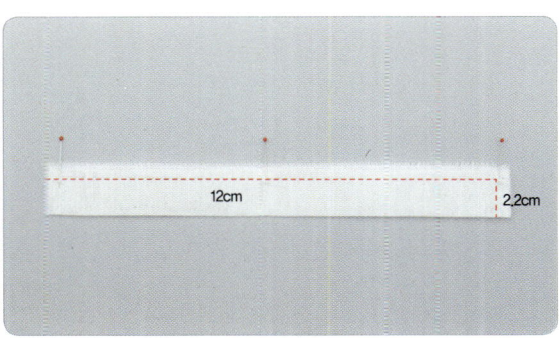

06 아얌드림 2장을 각각 겉끼리 맞대고 반으로 접어 다린 뒤, 완성 치수 2.2×12cm를 그려줍니다. 한쪽 끝은 홈질하고 다른 한쪽은 창구멍으로 남겨둡니다.

07 시접을 정리하고 겉감 쪽으로 꺾어 다림질한 다음 뒤집습니다. 창구멍 시접은 안으로 꺾어 놓아줍니다.

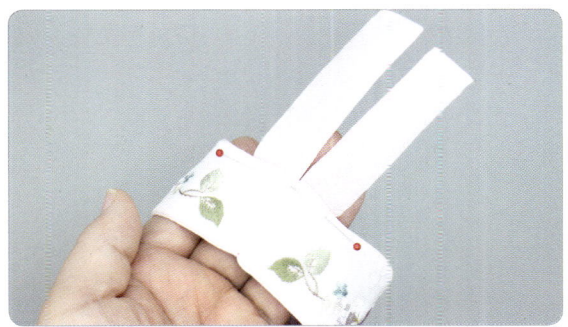

08 05에서 완성한 아얌의 뒤 중심 안쪽에 아얌드림을 홈질합니다. 이때 겉으로 바늘땀이 나오지 않도록 주의하세요.

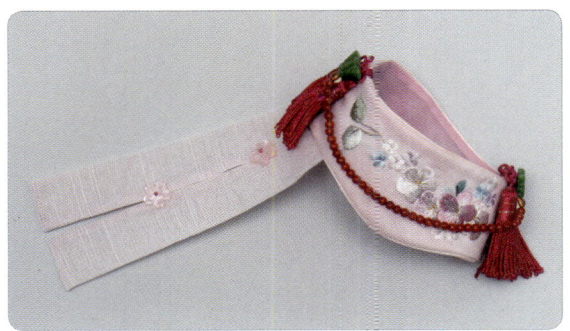

09 앞 중심에는 오봉술, 뒤 중심에는 삼봉술에 산호나 진주 구슬을 꿰어 장식합니다. 아얌드림 중심에 옥판, 밀화를 달기도 합니다.

민저고리_여

별도의 회장을 대지 않고 만든 여자 기본형 저고리입니다.
모란을 화려하게 수놓아 신부의 찬란한 행복을 빌어봅니다.

실물 옷본 – 208쪽

🏵 형태와 명칭

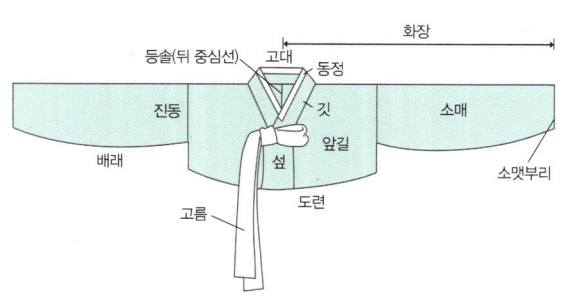

🏵 옷감과 부자재

- 옷감 치수는 모두 '폭×길이'로 표기되어 있습니다.
- 실제보다 약간 더 넉넉하게 재료를 준비할 수 있도록 표기했습니다.

- **겉감** 명주 45×18cm
- **안감** 노방 50×18cm
- **고름감** 명주 6×9cm
- **동정감** 숙고사 3×16cm
- **동정심감** 벨트심지 0.7×14cm
- **부자재** 스냅단추 0.5cm 1개

마름질하기

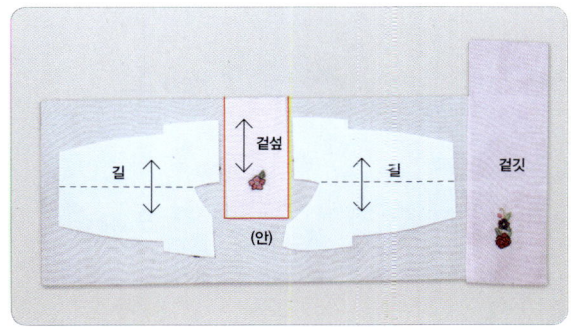

겉감으로 좌, 우 길(소매 포함) 1장씩, 겉깃 4×18cm 1장, 겉섶 5×8cm 1장을 마름질합니다. 길의 어깨 중심선을 표시합니다.

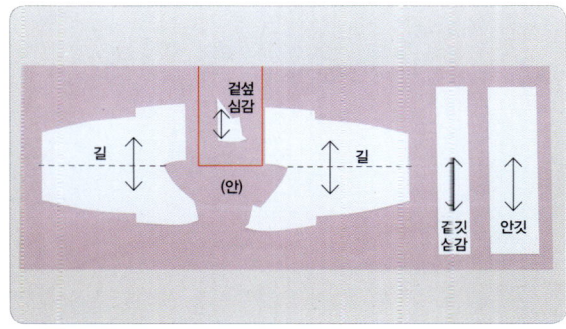

안감으로 좌, 우 길(소매, 섶 포함) 1장씩, 겉깃 심감 4×18cm 1장, 겉섶 심감 5×8cm 1장, 안깃 8×18cm 1장을 마름질합니다. 길의 어깨 중심선을 표시합니다.

바느질하기

● 겉감·안감 만들기

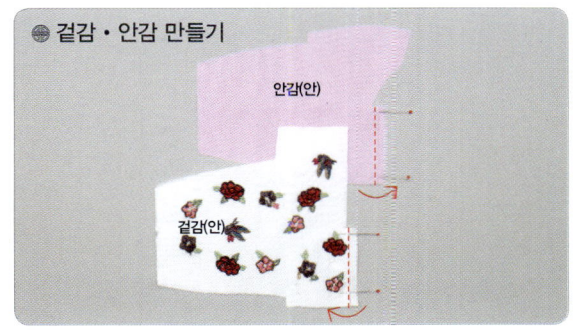

01 길의 겉감과 안감을 겉끼리 맞대고 등솔(뒤 중심선)을 핀 시침한 뒤, 홈질 또는 반박음질합니다. 등솔 시접은 입었을 때 오른쪽으로 꺾어 다림질합니다.

02 겉섶 안쪽에 심감을 덧대고 왼쪽 앞길 겉섶선에 겉끼리 맞댑니다. 겉섶이 길보다 1cm 길게 내려오도록 핀 시침하고 곧은올 쪽에서 홈질합니다. 길은 어슨올, 겉섶은 곧은올이 만나게 됩니다.

03 시접을 겉섶 쪽으로 꺾어 다림질합니다.

● 겉감과 안감 맞추기-2겹 바느질하기

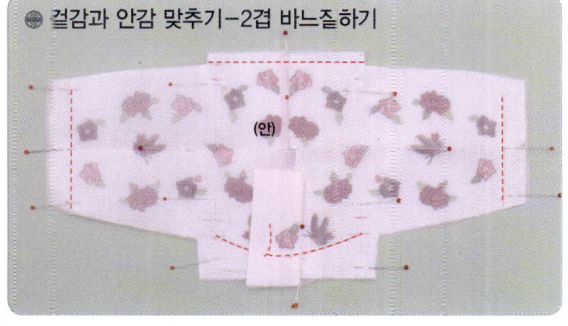

04 겉감을 아래에 두고 안감을 위로 올려 겉끼리 맞댑니다. 등솔의 고대점을 맞추고 '등솔 → 어깨 중심선 → 소맷부리 → 뒷도련 → 앞도련'의 순으로 핀 시침합니다.

05 소맷부리, 앞, 뒤의 도련을 완성선까지만 홈질합니다. 시작점과 끝점은 튼튼하게 2~3땀 온박음질하고 시접을 0.4cm로 정리한 뒤 겉감 쪽으로 꺾어 다림질합니다.

06 겉이 보이도록 뒤집고 안감 쪽에서 시접을 정돈한 다음 다림질합니다.

07 겉감과 안감 사이로 손을 넣어서 한쪽 소맷부리를 잡고 뒷길만 뒤집어줍니다.

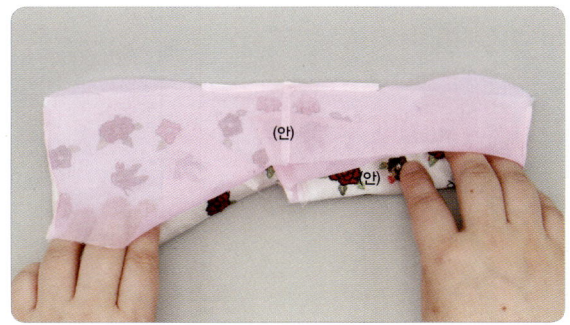

08 뒷길에 앞길을 끼웁니다.

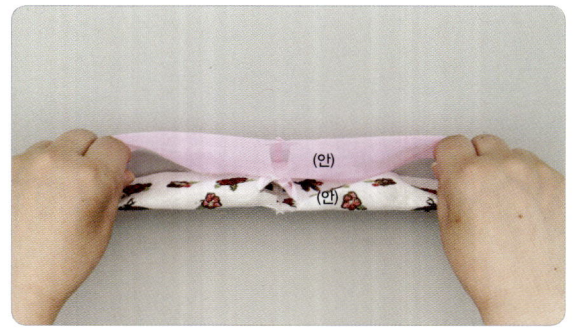

09 어깨 중심선을 기준으로 겉감과 안감이 각각 접히면서 골선이 됩니다. 겉감은 앞길과 뒷길이 겉끼리 마주 보고, 안감도 앞길과 뒷길이 겉끼리 마주 보게 됩니다.

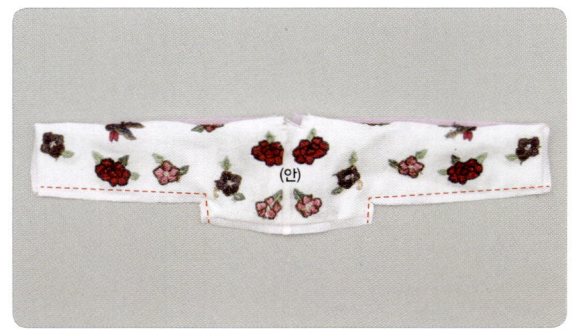

10 어깨 중심선, 소맷부리, 동아래를 잘 맞춰 핀 시침하고 배래와 동아래를 반박음질합니다.

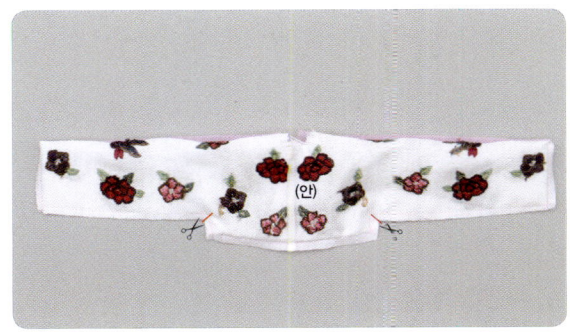 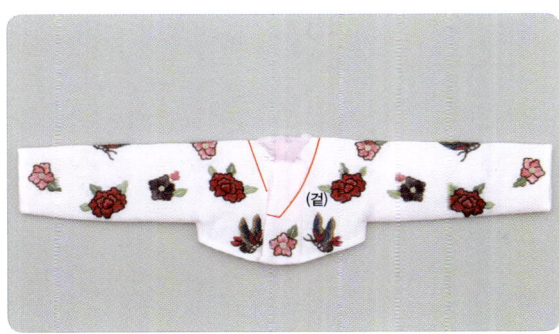

11 진동점을 향해 가위집을 줍니다. 시접은 겉감(뒷길) 쪽으로 꺾어줍니다.

12 고대 쪽으로 뒤집고 옷본을 이용해 깃선과 고대를 그려줍니다.

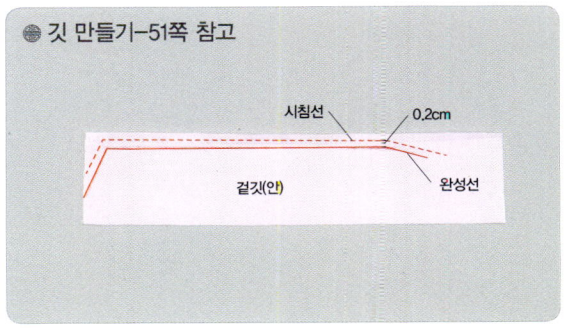 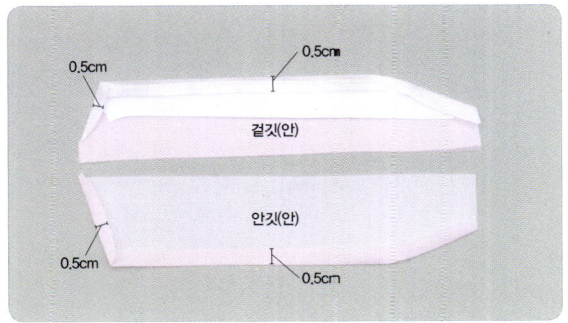

13 겉깃의 안쪽에 심감을 대고 깃본을 이용해 완성선을 그립니다. 완성선에서 시접 쪽으로 0.2㎝ 나가서 시침한 다음, 안깃은 반으로 접어 다림질합니다.

14 깃본을 이용해 겉깃과 안깃 시접을 꺾어 다림질합니다. 시접은 0.5cm로 정리합니다.

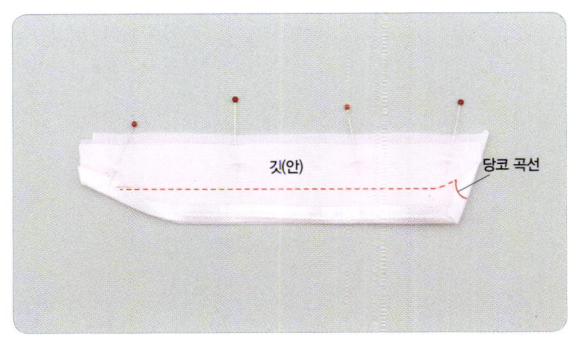 

15 겉깃과 안깃을 겉끼리 맞대어 핀 시침하고 완성선을 홈질합니다. 곡선 부분은 0.15cm 땀으로 홈질하고, 시접을 0.2cm 남기고 자른 뒤 겉깃 쪽으로 꺾어 다림질합니다. 중심 시접은 가름솔 합니다.

16 깃을 저고리 위에 올려놓고 깃선을 따라 '겉깃 → 고대 → 안깃'의 순으로 핀 시침한 다음 어슷시침합니다.

17 깃을 길 쪽으로 넘기고, 완성선을 홈질 또는 반박음질합니다.

18 깃머리는 공그르기 또는 1땀 상침합니다.

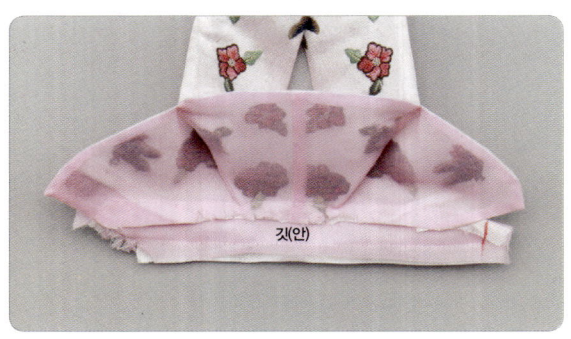

19 시침실을 뽑고 깃을 겉끼리 맞댄 후 접어서 안깃 끝을 홈질합니다.

20 안깃 시접을 겉깃 바느질선을 따라 접고 핀 시침한 다음 공그르기 또는 새발뜨기합니다.

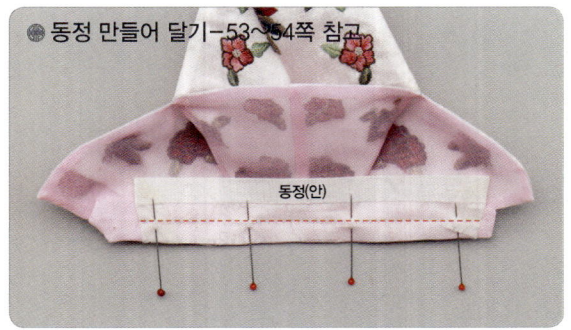

21 동정을 만들어 깃본의 동정 위치에 맞춰 안깃과 동정의 겉을 맞댑니다. 동정을 핀 시침하고 시접의 1/2선을 반박음질합니다. 동정을 겉깃 쪽으로 넘겨서 동정 끝에 1땀 상침합니다.

22 긴 고름은 0.5×8cm, 짧은 고름은 0.5×7cm로 완성합니다. 옷본의 고름 위치를 참고하여 긴 고름은 겉깃 쪽에, 짧은 고름은 고름 폭만큼 떨어진 안깃 쪽에 긴 고름과 평행하게 온박음질합니다. 고름의 솔기 방향은 위를 향합니다.

23 볼록 스냅단추를 겉깃 안쪽에 달고 자연스럽게 저고리를 놓은 상태에서 겉길이 안길보다 0.15cm 내려오게 놓습니다. 볼록 스냅단추를 눌러 자국 낸 ㄷ음 오목 스냅단추를 안깃 쪽 겉에 달아줍니다.

24 민저고리가 완성된 모습입니다.

원삼

실물 옷본 - 209쪽, 펼침 3면

원삼은 조선시대에 상류 계급 여인들이 입던 대례복이에요.
웨딩드레스 옷감으로 바꿔 순백의 아름다움을 가진 신부와
특별한 날의 화려함을 동시에 표현했습니다.

❁ 형태와 명칭

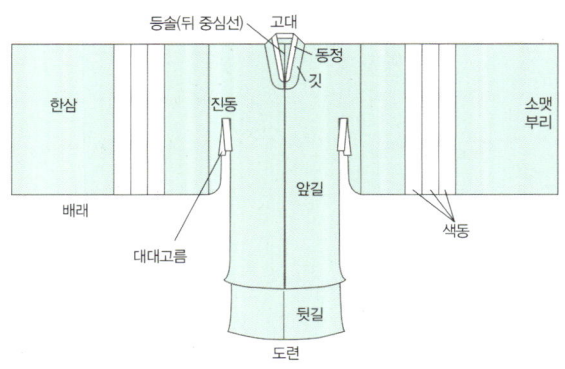

❁ 옷감과 부자재

- 옷감 치수는 모두 '폭×길이'로 표기되어 있습니다.
- 실제보다 약간 더 넉넉하게 재료를 준비할 수 있도록 표기했습니다.

- **겉감** 레이스 옷감 45×50cm
  한삼 - 백색자수 옷감 또는 노방 22×25cm
  색동감 - 노방 3가지 색상 3.5×46cm
  대대 - 노방 7×77cm
  대대고름 - 노방 6×13cm
  드림댕기 - 노방 5×34cm
- **안감** 노방 45×50cm
  한삼용(백색) 노방 22×25cm
- **동정감** 숙고사 3×16cm
- **동정심감** 벨트심지 1.2×15cm

마름질하기

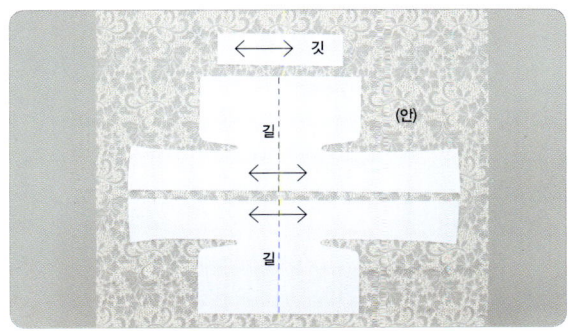

앞길과 뒷길 옷본을 이어서 겉감으로 좌 우 길(소매 포함) 1장씩, 깃 5×16cm 1장을 마름질하고 길의 어깨 중심선을 표시합니다. 이때 길의 시접은 여유분을 주고 직선으로 마름질합니다.

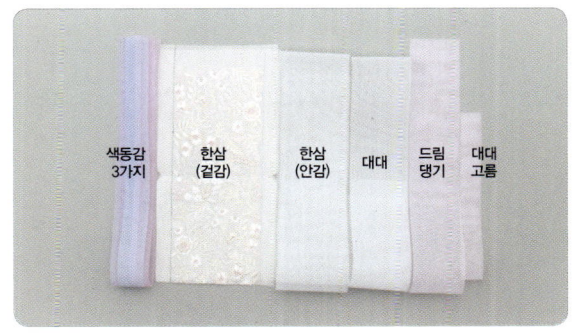

색동감 3가지 색상을 각각 3.5×46cm 1장씩, 한삼(겉감용) 10×23cm 2장, 한삼(안감용) 10×23cm 2장, 대대 6×76cm 1장, 드림댕기 4×33cm 1장, 대대고름 2.5×12cm 2장을 마름질합니다.

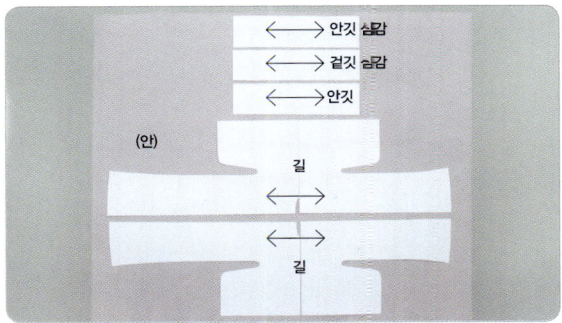

앞길과 뒷길 옷본을 이어서 안감으로 좌, 우 길(소매 포함) 1장씩, 안깃 심감 5×16cm 1장, 겉깃 심감 5×16cm 1장, 안깃 5×16cm 1장을 마름질합니다. 길의 어깨 중심선을 표시합니다.

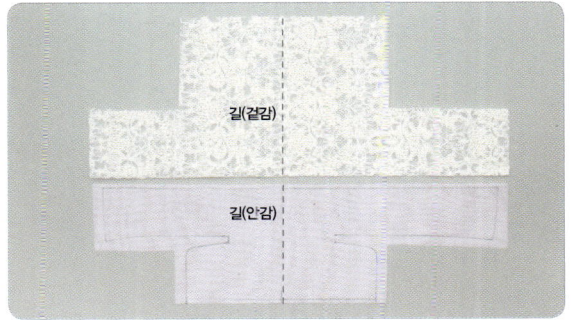

옷본에 맞춰 시접을 직선으로 겉감 2장, 안감 2장을 마름질했습니다.

✚ 일반적으로 색동은 겉감에 잇지만, 책에서는 안감에 이어서 은은하게 비치도록 바느질했습니다. 겉감에 잇고 싶다면 겉감과 안감을 반대로 마름질하면 됩니다.

바느질하기

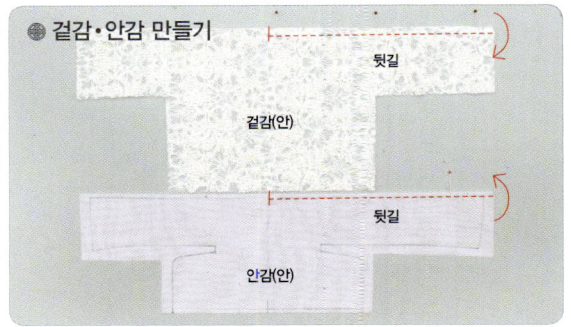

01 길의 겉감과 안감을 겉끼리 맞대고 등솔을 홈질합니다. 시접은 입었을 때 오른쪽으로 꺾어 다림질합니다.

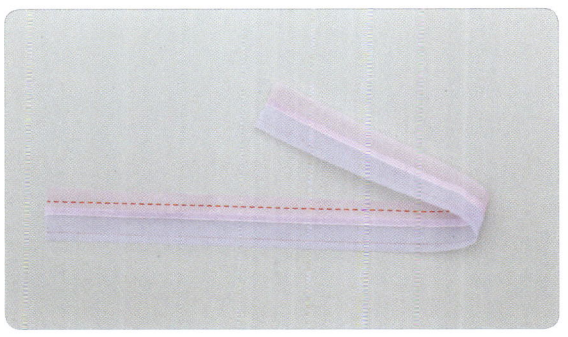

02 색동감 잇는 순서에 맞게 2장을 겉끼리 맞대고 홈질합니다. 시접은 소매 쪽으로 꺾어 다림질합니다.

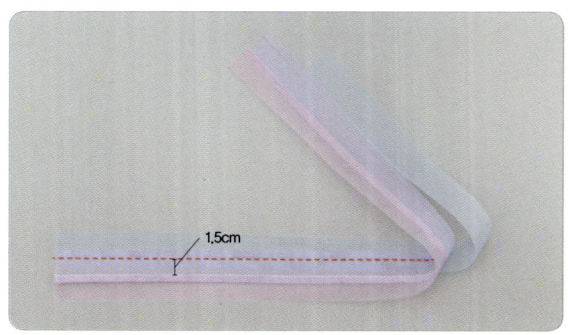

03 두 번째로 이은 색동감에 완성 폭 1.5cm를 표시하고, 세 번째로 이을 색동감을 겉끼리 맞대고 홈질합니다. 시접을 정리한 다음 소매 쪽으로 꺾어 다림질합니다.

04 같은 방법으로 세 번째로 이은 색동에 안감용 한삼을 이어줍니다. 시접을 정리하고 소매 쪽으로 꺾어 다림질한 다음 2등분합니다.

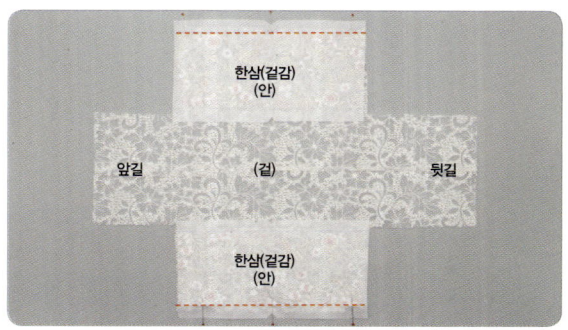

05 겉감 소매에 자수가 놓인 한삼을 겉끼리 맞대고 핀 시침한 다음 홈질합니다. 시접은 한삼 쪽으로 보냅니다.
✤ 옷맵시를 위해 시접이 덜 보이는 쪽으로 넘겨주세요.

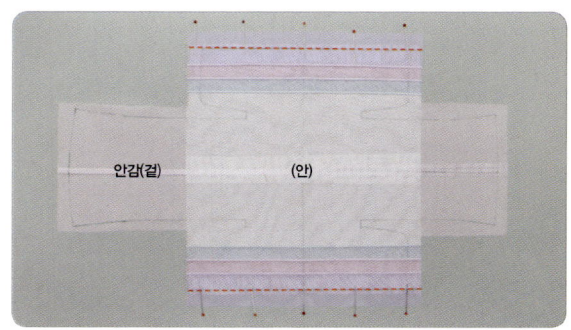

06 안감 소매에 한삼이 이어진 색동을 겉끼리 맞대고 핀 시침한 다음 홈질합니다. 시접은 소매 쪽으로 보내줍니다.

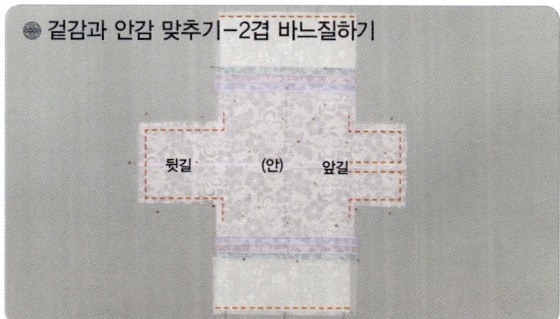

07 겉감을 아래에 두고 겉끼리 맞댑니다. 등솔의 고대 중심점을 맞추고 '등솔 → 어깨 중심선 → 소맷부리 → 뒷도련 → 앞도련'의 순으로 핀 시침합니다. 한삼 완성폭은 8cm입니다.

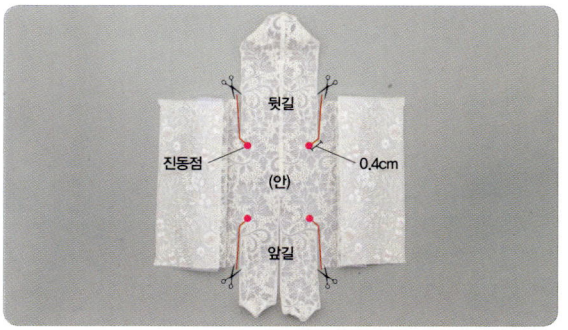

08 시작점과 끝점은 2~3땀 온박음질하고 나머지 부분은 홈질합니다. 옆선과 소매가 만나는 시접은 옆선 쪽으로 치우쳐 진동점 0.4cm 전까지 자릅니다. 그 점에서 다시 진동점을 향해 사선으로 가위집을 내줍니다.

09 바느질한 다른 시접들을 정리하고 겉감 쪽으로 꺾어 다림질합니다. 겉이 보이도록 뒤집고 안감 쪽에서 시접을 정돈해 다림질합니다.

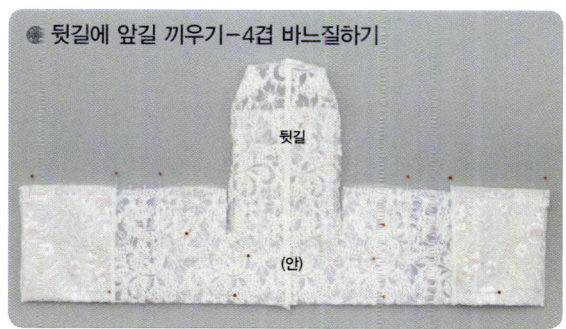

뒷길에 앞길 끼우기-4겹 바느질하기

10 어깨 중심선을 접어서 뒷길 속에 앞길 좌우를 끼워 넣습니다. 이때 겉감의 겉과 겉이, 안감의 겉과 겉이 맞닿은 상태로 4겹이 됩니다.

✤ 색동과 한삼의 연결선들이 어긋나지 않도록 잘 맞춰주세요.

11 시접을 정리하고 진동점에 가위집을 넣은 다음, 겉감 쪽으로 시접을 꺾어 다림질합니다.

✤ 4겹 바느질이 어려우면 평면으로 바느질해서 배래를 공그르기해도 좋습니다(162쪽 답호 설명 참고).

12 양쪽 고대점에 시침핀을 꽂아 도시하고 시침핀에서 0.2cm 떨어진 위치까지 앞길을 자릅니다.

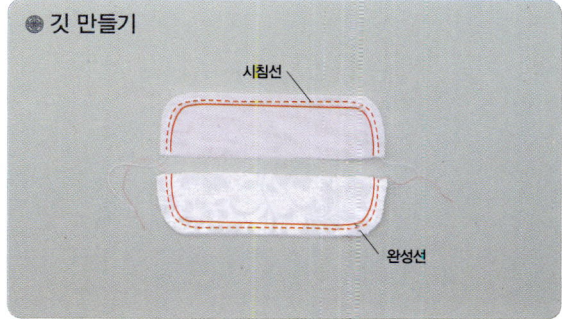

깃 만들기

13 겉깃과 안깃 안쪽에 심감을 올려 깃본을 이용해 완성선을 그리고 시접 쪽으로 0.2cm 나가 시침합니다. 양쪽 깃 머리 부분의 시접을 0.5cm 남기고 자른 다음 홈질합니다. 실을 당겨 깃본을 대고 시접을 꺾어 다림질합니다.

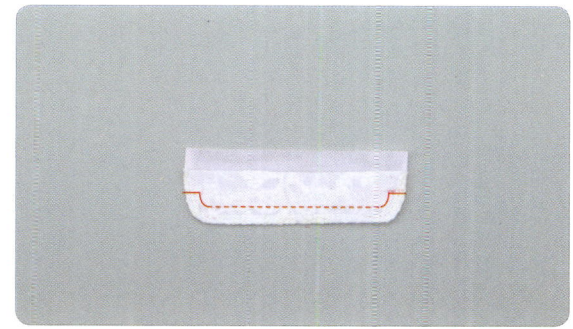

14 겉깃과 안깃을 겉끼리 맞대고 핀 시침한 뒤, 깃본을 이용해 동정이 달리는 부분의 깃 모양을 그려줍니다. 완성선을 따라 홈질 또는 반박음질합니다

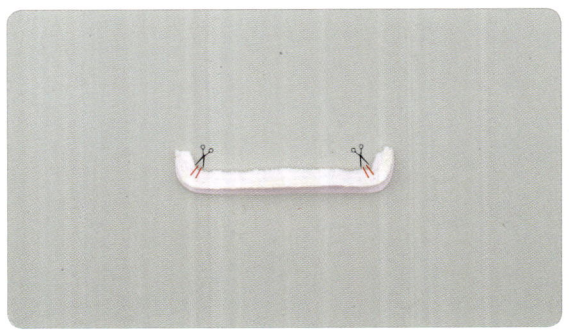

15 시접을 정리하고 각진 부분에 가위집을 준 다음 뒤집어 다림질합니다.

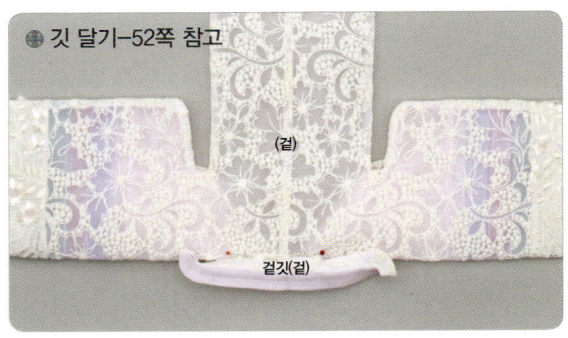

◉ 깃 달기-52쪽 참고

16 원삼의 맞깃은 깃의 길이가 정해져 있으니 뒷고대 중심에서부터 앞닙니다. 뒷고대 중심에 깃의 중심을 맞춰 핀 시침하고, 앞길 쪽으로 내려와 핀 시침합니다.

17 앞길의 양쪽 깃 위치가 어긋나지 않도록 합니다. 안깃도 안감 쪽으로 넘겨 핀 시침합니다.

18 1땀 상침(0.01cm)으로 겉깃과 안깃을 동시에 고운땀으로 바느질해서 달거나, 저고리 깃 다는 방법으로 달아줍니다 (52~53쪽 참고).

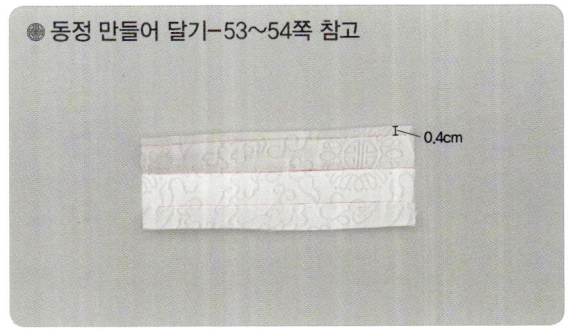

◉ 동정 만들어 달기-53~54쪽 참고

19 동정본을 이용해 동정 심감을 마름질합니다. 동정감으로 심감을 감싸서 동정을 만들고 시접은 딱풀로 붙여줍니다.

20 뒷고대 중심과 동정 중심을 맞추고 양쪽으로 동정을 핀 시침합니다. 딱풀로 마감한 시접이 안깃과 만나 동정 마감이 보이지 않도록 합니다.

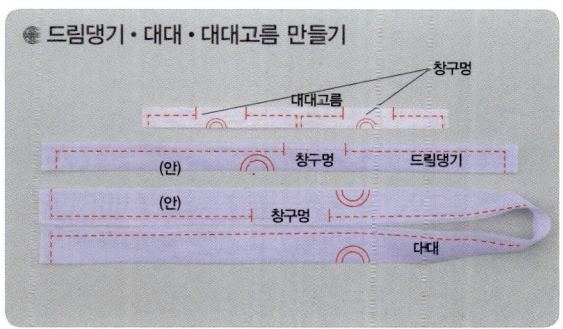

21 동정을 안깃에 반박음질합니다. 이때 바늘땀이 겉으로 나오지 않게 주의합니다.

22 드림댕기, 대대, 대대고름을 각각 골로 접습니다. 완성 치수 기준으로 드림댕기 1.5×32cm, 대대 2.2×75cm, 대대고름 0.7×11cm로 2개 그려줍니다.

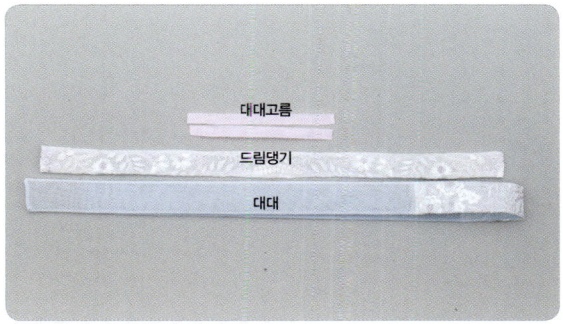

23 창구멍을 남기고 홈질합니다. ㅅ 접을 정리한 다음 겉감 쪽으로 꺾어 다리고 뒤집어 창구멍을 공그르기합니다.

24 대대고름을 반으로 접습니다. 접은 고틈의 1/2지점을 1차로 진동점에 달아줍니다. 골선이 위를 향하게 하고, 골선 부분을 다시 아래 방향으로 꺾어 1.5cm 내려가 2차로 3겹을 바느질하면 완성입니다.

중치막

유생의 평상복이자 예를 갖출 때 도포 안에 입는 받침옷입니다.
앞은 두 자락, 뒤는 한 자락이며 길이가 길고 무가 없이 옆이 터졌어요.
신랑을 위한 특별한 옷으로 저고리 대신 중치막을 만들었습니다.

실물 옷본 - 210쪽, 펼침 4면

🌸 형태와 명칭

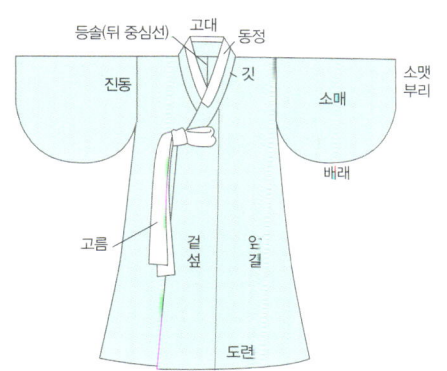

🌸 옷감과 부자재

- 옷감 치수는 모두 '폭×길이'로 표기되어 있습니다.
- 실제보다 약간 더 넉넉하게 재료를 준비할 수 있도록 표기했습니다.

- **겉감** 숙고사 50×50cm
- **안감** 노방 50×50cm
- **동정감** 숙고사 3.5×18cm
- **동정심감** 벨트심지 0.8×17cm
- **부자재** 스냅단추 0.5cm 1개

🦋 마름질하기

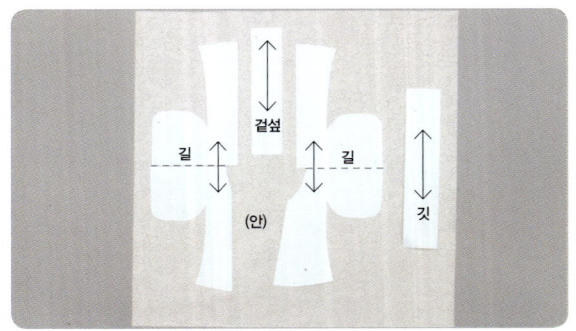 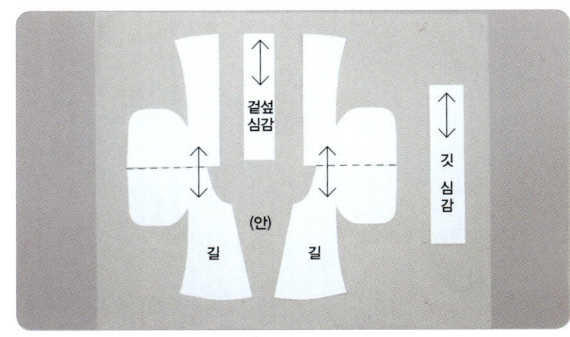

앞길과 뒷길 옷본을 연결해서 겉감으로 좌, 우 길(소매 포함) 1장씩, 겉섶 7×21cm 1장, 깃 6×22cm 1장을 마름질하고 길의 어깨 중심선을 표시합니다. 마름질할 때 원하는 시접을 줘도 좋지만, 시접을 여유 있게 두고 마름질하면 곡선 부분(직선 마름질)과 진동점을 바느질할 때 용의합니다.

앞길과 뒷길 옷본을 연결해서 안감으로 좌, 우 길(소매, 섶 포함) 1장씩, 겉섶 심감 7×21cm 1장, 깃 심감 6×22cm 1장을 마름질합니다. 길의 어깨 중심선을 표시합니다.

옷본에 맞춰 시접을 직선으로 마름질했습니다.

🦋 바느질하기

❋ 겉감·안감 만들기

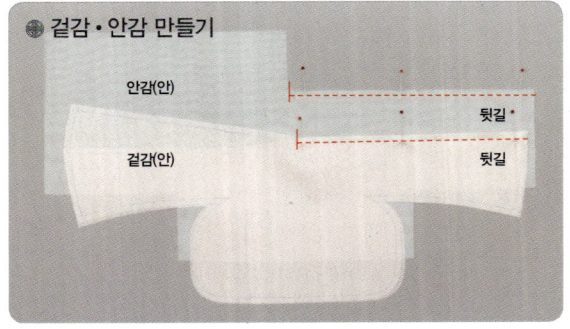 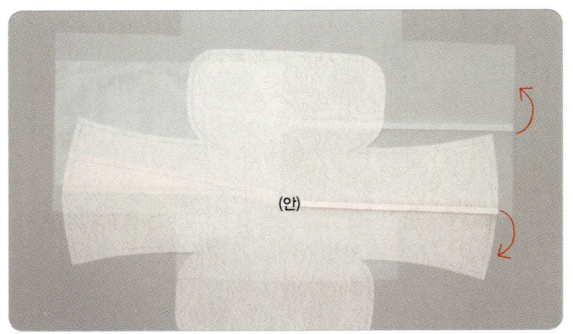

01 길의 겉감과 안감을 겉끼리 맞대고 등솔(뒤 중심선)을 핀 시침한 다음 홈질 또는 반박음질합니다.

02 등솔 시접은 입었을 때 오른쪽으로 꺾어 다림질합니다.

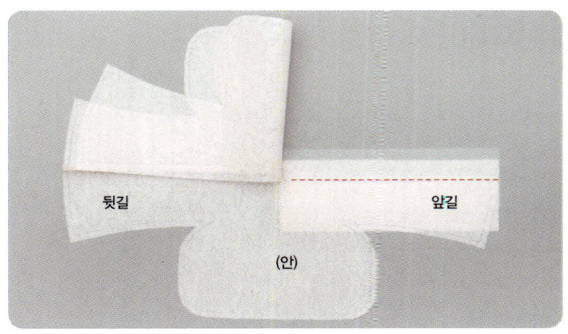

03 겉섶 안쪽에 심감을 덧대어 입었을 때 왼쪽 앞길 겉섶선에 겉끼리 맞댑니다. 겉섶이 길보다 1cm 길게 내려오게 핀 시침합니다.

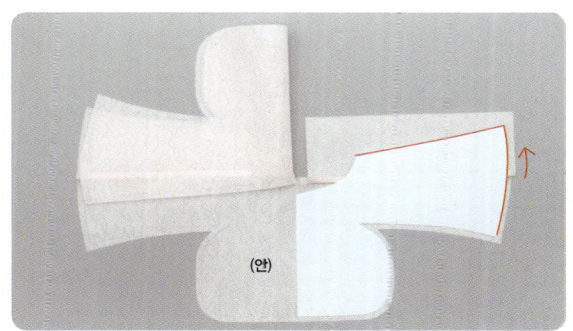

04 겉섶 곧은올 쪽에서 홈질하고 시접은 섶 쪽으로 꺾어 다림질합니다. 옷본을 이용해 앞선과 도련을 그려줍니다.

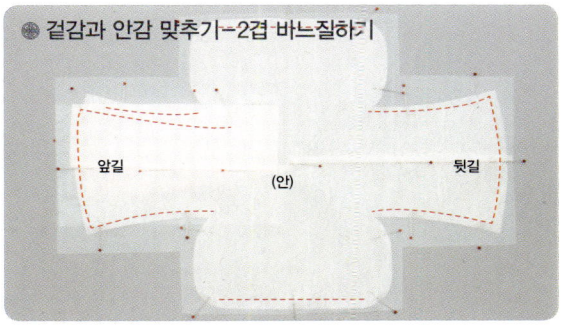

05 겉감을 아래에 두고 겉끼리 맞닿습니다. 등솔의 고대점을 맞추고 '등솔 → 어깨 중심선 → 소맷부리 → 뒷도련 → 앞도련'의 순으로 핀 시침합니다.

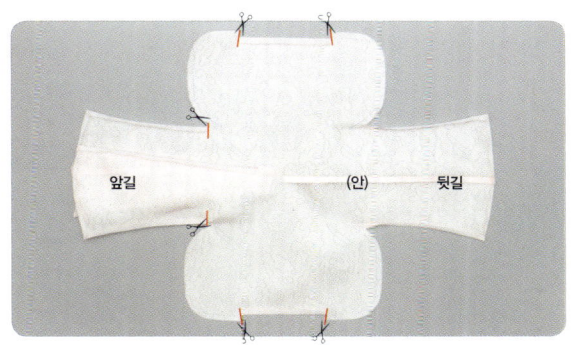

06 소맷부리, 앞길, 뒷길의 도련을 섶 끝에서 완성선까지만 홈질하고 소맷부리와 앞길 옆트임에 가위집을 줍니다. 시작점과 끝점은 튼튼하게 2~3땀 온박음질합니다.

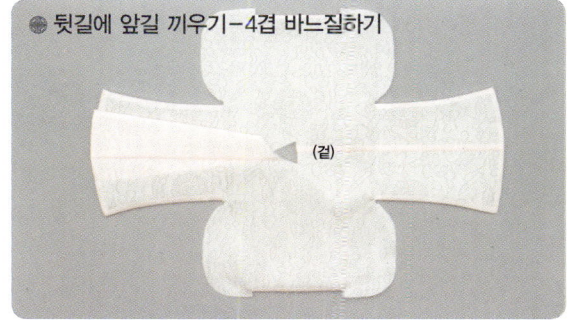

07 겉감에 맞춰 안감 시접을 정리한 다음, 겉감 쪽으로 꺾어 다림질합니다. 겉이 보이도록 뒤집어 시접을 정돈하고 안감 쪽에서 다림질한 뒤, 다시 뒷길을 뒤집습니다.

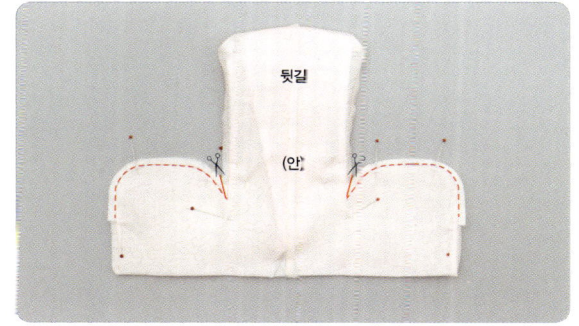

08 어깨 중심선을 기준으로 겉감과 안감이 접히면서 골선이 됩니다. 배래와 동아래(옆선)가 4겹이 되도록 잘 고정하고 반박음질합니다. 진동점에 가위집을 주고 뒤집어줍니다.
+ 4겹 바느질 부분이 어려우면 평면으로 바느질해서 배래를 공그르기해도 좋습니다(162쪽 답호 참고).

09 양쪽 고대점을 시침핀으로 표시하고 옷본을 이용해 깃선과 고대를 그려줍니다.

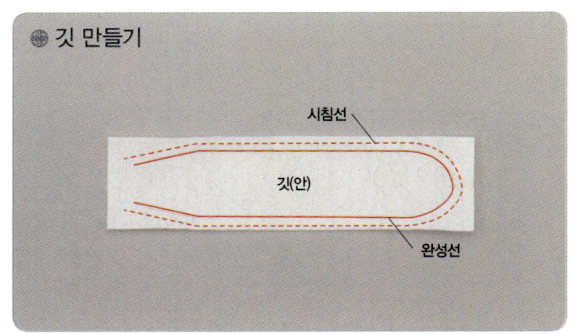

깃 만들기

10 깃의 안쪽에 심감을 대고 완성선을 그린 뒤, 완성선에서 시접 쪽으로 0.2cm 나가서 시침합니다.

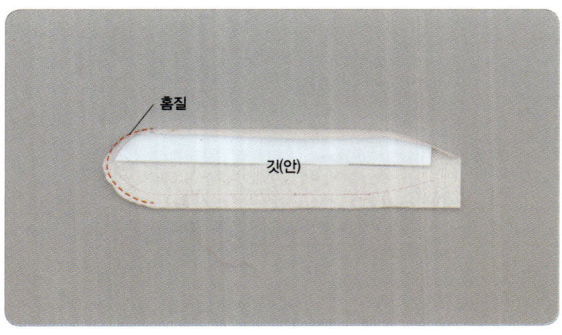

11 깃머리 곡선 시접을 0.5cm로 정리하고 홈질합니다. 깃본을 이용해 홈질한 실을 잡아당겨 모양을 잡고 꺾어 다림질합니다.

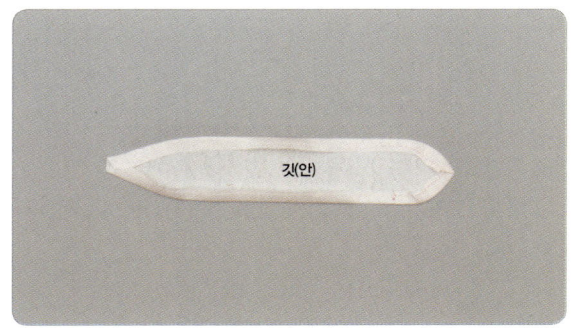

12 안깃도 대칭이 되도록 꺾어 다림질합니다.

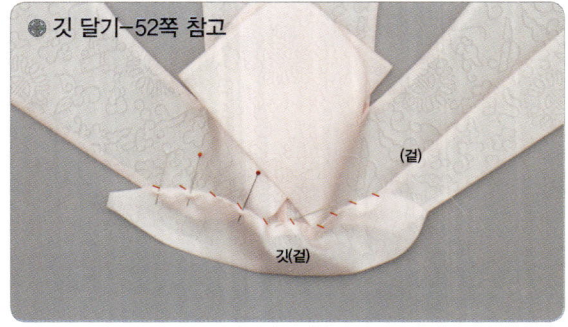

깃 달기-52쪽 참고

13 깃을 길 위에 놓고 깃선을 따라 '겉깃 → 고대 → 안깃'의 순으로 앉히며 핀 시침한 다음 어슷시침합니다.

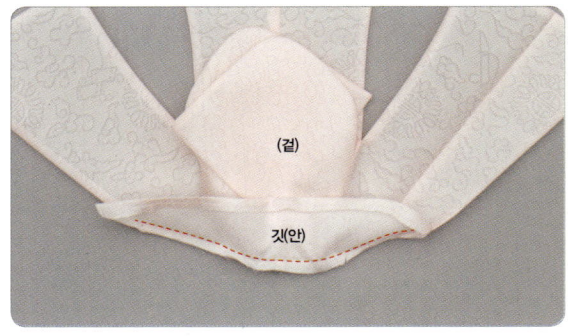

14 깃을 길 쪽으로 넘기고 겉감 깃의 안쪽에서 완성선을 따라 반박음질합니다.

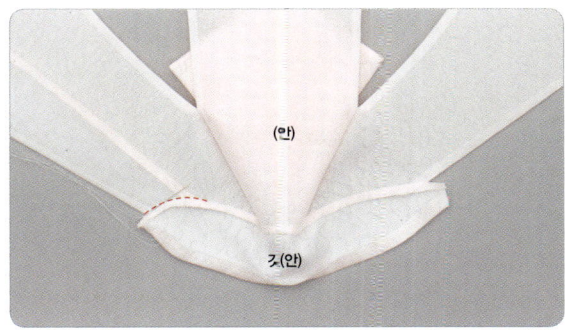

15 깃머리 둥근 부분은 안쪽에서 길 시접과 깃 시접만 반박음질합니다. 겉으로 바늘땀이 보이지 않도록 주의합니다.
➕ 겉깃 쪽에서 공그르기 또는 1땀 상침해도 좋습니다.

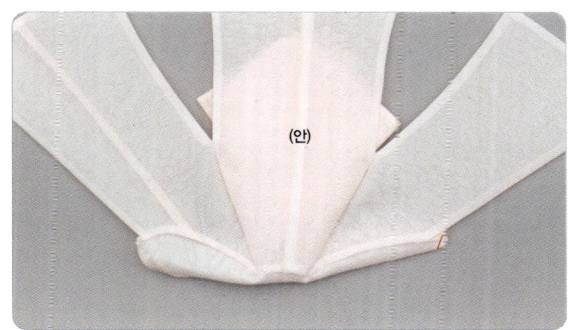

16 어슷시침한 실을 뽑고 깃을 겉끼리 단나도록 접은 뒤, 안깃 끝을 홈질하고 뒤집어줍니다.

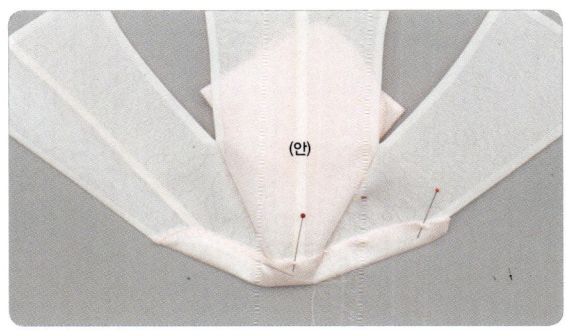

17 안깃을 겉깃 바느질선을 따라 편 시침하고 공그르기 또는 새발뜨기합니다.

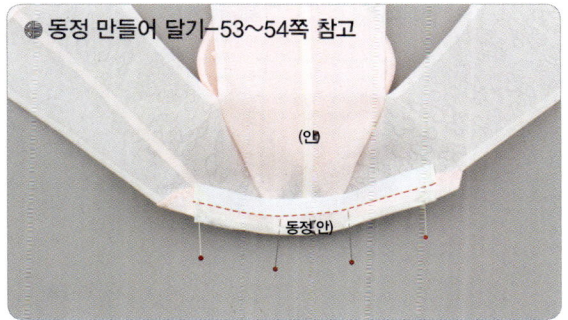

● 동정 만들어 달기-53~54쪽 참고

18 옷본의 동정 위치에 동정을 핀 시침하고 동정 시접의 1/2 선을 따라 반박음질합니다.

19 동정을 겉깃 쪽으로 넘기고 동정 가장자리를 1땀 상침합니다.

20 겉깃 안쪽에는 볼록 스냅단추, 안깃 겉에는 오목 스냅단추를 달아주면 완성입니다.
➕ 작은 인형 옷이나 옷맵시를 위해 고름은 생략합니다.

답호

실물 옷본 – 211~213쪽

답호는 소매가 없거나 반소매 형태의 옷입니다.
허리에 멋진 세조대를 메어주고 갓을 씌웠더니
드디어 신부에게 어울리는 신랑의 면모가 갖춰졌어요.

◈ 형태와 명칭

◈ 옷감과 부자재

- 옷감 치수는 모두 '폭×길이'로 표기되어 있습니다.
- 실제보다 약간 더 넉넉하게 재료를 준비할 수 있도록 표기했습니다.

- **겉감** 숙고사 48×50cm
- **안감** 노방 48×50cm
- **동정감** 숙고사 3.5×22cm
- **동정심감** 벨트심지 1×21cm
- **부자재** 스냅단추 0.5cm 1개

마름질하기

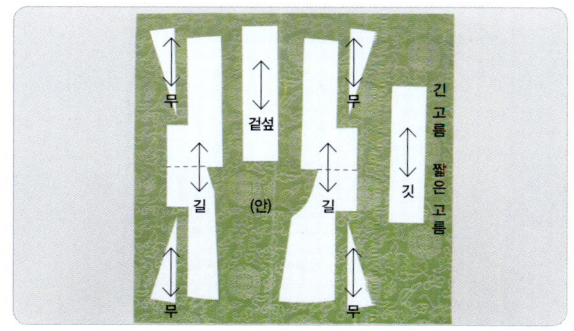
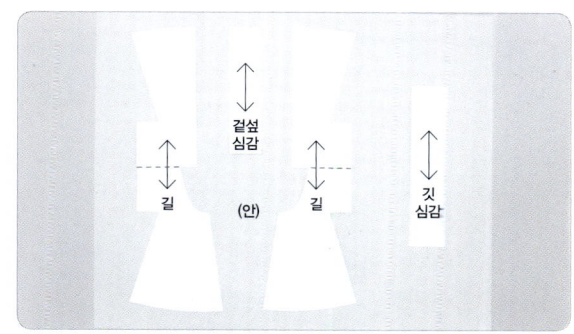

앞길과 뒷길 옷본을 연결해서 겉감으르 좌, 우 길(소매 포함) 1장씩, 겉섶 7×21cm 1장, 깃 7×27cm 1장, 무 4장, 긴 고름 3×19cm 1장, 짧은 고름 3×17cm 1장을 마름질합니다. 길의 어깨 중심선을 표시합니다.

+ 마름질 시 무에 어슨올을 표시해두면 바느질하기 용이합니다.

안감으로 좌, 우 길(소매, 섶, 무 포함) 1장씩, 겉섶 심감 7×21cm 1장, 깃 심감 7×27cm 1장을 마름질합니다. 길의 어깨 중심선을 표시합니다.

바느질하기

● 겉감·안감 만들기

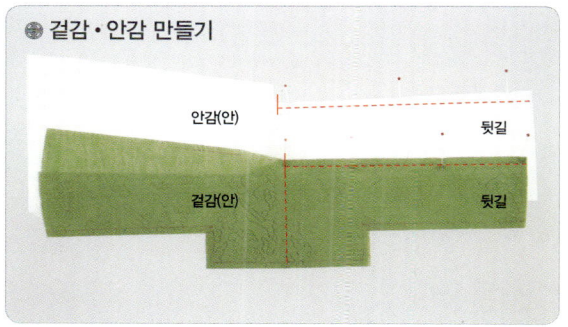
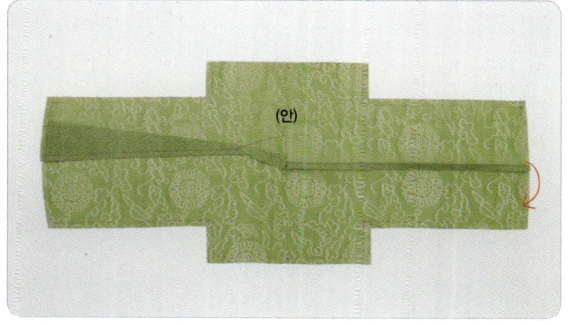

01 겉감과 안감을 각각 겉끼리 맞고 등솔(뒤 중심선)을 홈질합니다.

02 등솔 시접을 입었을 때 오른쪽으로 꺾어 다림질합니다.

● 무 달기

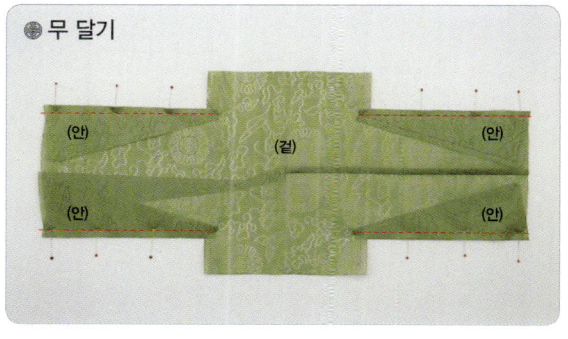
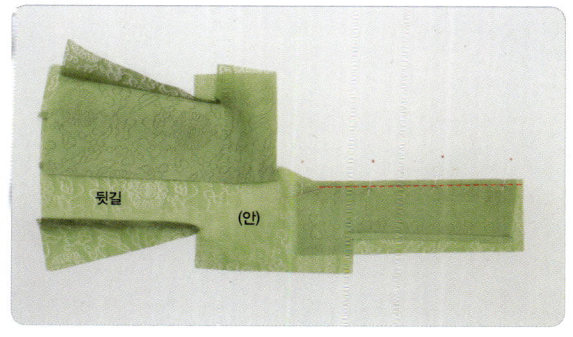

03 앞길과 뒷길에 무의 어슨올과 길의 겉을 겉끼리 맞대고 핀 시침합니다. 길의 곧은올 쪽에서 홈질하고 진동점은 3~4땀 온박음질합니다. 시접은 길 쪽으로 꺾어 다림질합니다.

04 겉섶감 안쪽에 심감을 덧대어 입었을 때 왼쪽 앞길 겉섶선에 겉끼리 맞닿습니다. 겉섶이 길보다 1cm 길게 내려오도록 핀 시침한 뒤 겉섶(곧은올) 쪽에서 홈질합니다.

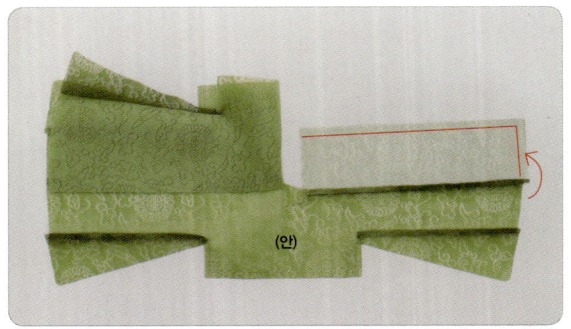

05 시접은 섶 쪽으로 꺾어 다림질합니다. 옷본을 이용해 앞 선과 도련을 그려줍니다.

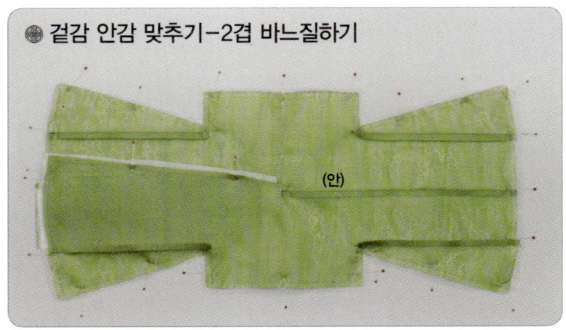

◉ 겉감 안감 맞추기-2겹 바느질하기

06 겉감을 아래에 두고 겉끼리 맞댑니다. 등솔의 고대점을 맞추고 '등솔 → 어깨 중심선 → 소맷부리 → 뒷도련 → 앞도련'의 순으로 전체 핀 시침합니다.

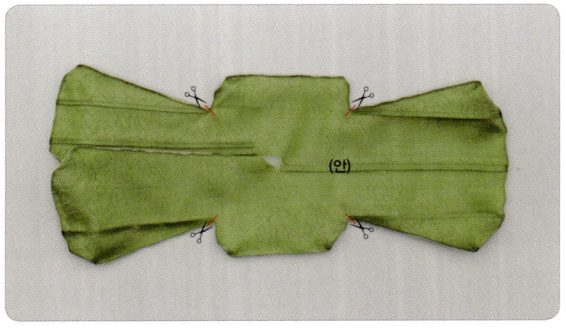

07 전체 사방을 홈질하고 시접을 정리한 뒤, 각 진동점에 가 위집을 줍니다. 시접을 겉감 쪽으로 꺾어 다림질하고 뒤 집어줍니다.

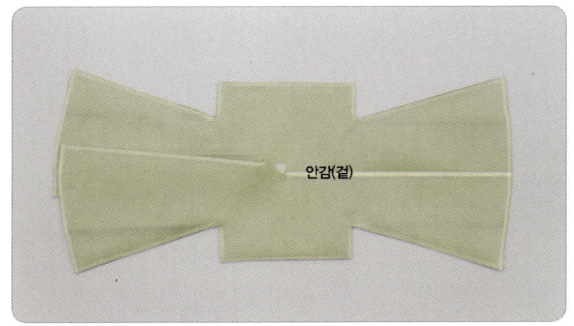

08 안감 쪽에서 시접을 정돈하여 다림질합니다.

09 앞길과 뒷길의 어깨 중심선을 기준으로 안을 맞대고 반 으로 접어줍니다. 진동점에서 2cm까지만 공그르기하는 데 먼저 안쪽에서 안감끼리 1차로 공그르기하고, 겉에서 겉감을 2차로 공그르기합니다.

✚ 깃 바느질 뒤에 옆선을 공그르기해도 좋습니다.

10 양쪽 고대점에 시침핀을 꽂아 표시하고 시침핀에서 0.2cm 떨어진 위치까지 앞길을 자릅니다. 옷본을 이용해 깃선과 고대선을 그려줍니다.

◉ 깃 만들기

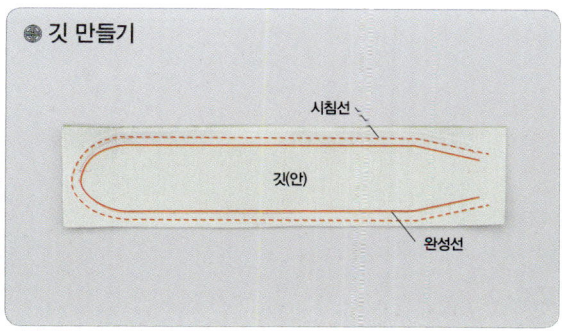

11 깃의 안쪽에 심감을 대고 완성선을 그린 뒤, 완성선에서 시접 쪽으로 0.2cm 나가서 시침합니다.

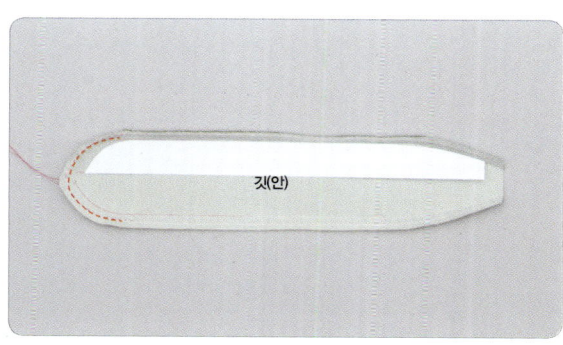

12 깃머리 곡선 시접을 0.5cm로 정리하고 홈질합니다. 깃본을 이용해 홈질한 실을 잡아당겨 모양을 잡은 다음 완성선을 꺾어 다림질합니다.

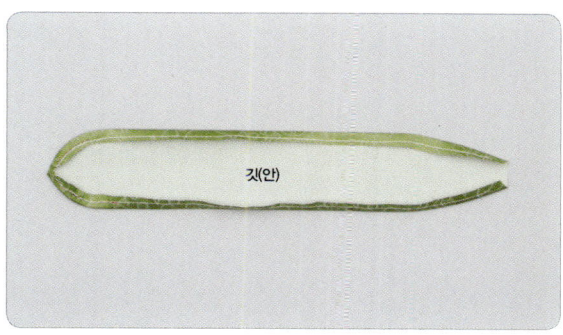

13 안깃도 대칭이 되도록 꺾어 다림질합니다.

◉ 깃 달기 - 52쪽 참고

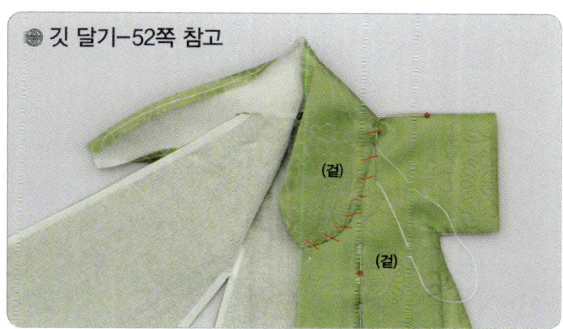

14 깃을 길 위에 놓고 깃선을 따라 '겉깃 → 고대 → 안깃'의 순으로 앉히며 핀 시침한 뒤 어슷시침합니다.

15 깃을 길 쪽으로 넘기고 겉감 깃의 안쪽에서 완성선을 따라 반박음질 또는 홈질합니다.

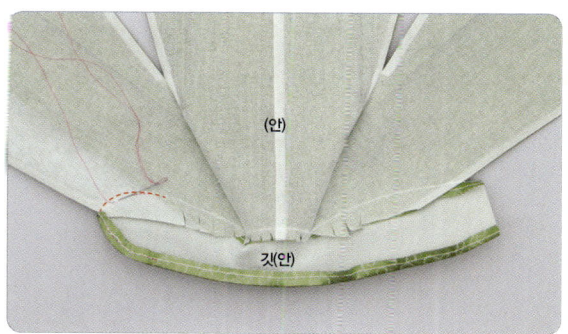

16 깃머리 둥근 부분도 안쪽에서 길 시접과 깃 시접만 반박음질 또는 겉에서 공그르기합니다.

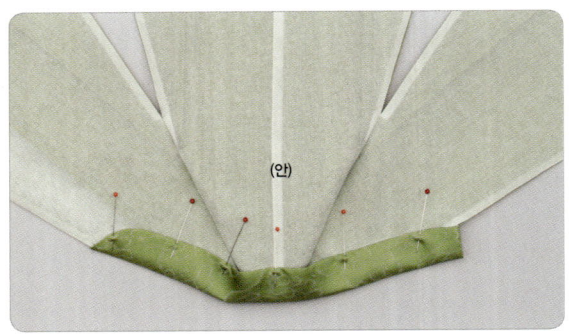

17 어슷시침한 실을 뽑고 깃을 겉끼리 맞대어 접은 뒤, 안깃 끝을 홈질합니다. 뒤집어 겉깃 바느질선을 따라 안깃을 핀 시침합니다.

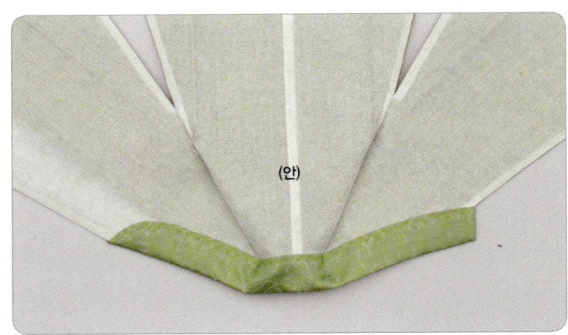

18 안깃을 공그르기 또는 새발뜨기합니다.

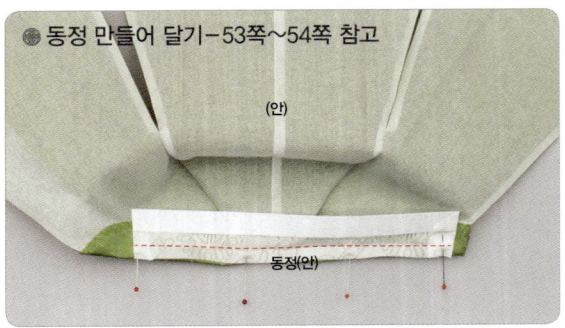

19 옷본의 동정 위치에 동정 시접의 1/2선을 따라 홈질 또는 반박음질합니다.

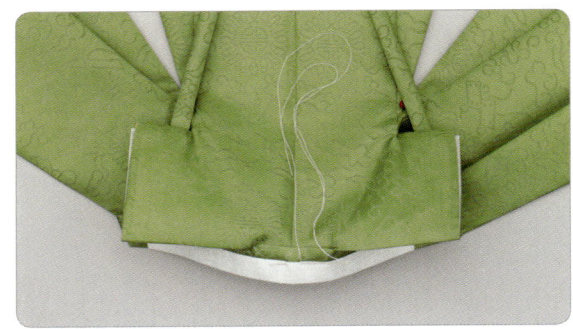

20 동정을 겉감 깃 쪽으로 넘기고, 동정 끝에서 1땀 상침하거나 안깃 쪽에서 숨뜨기합니다.

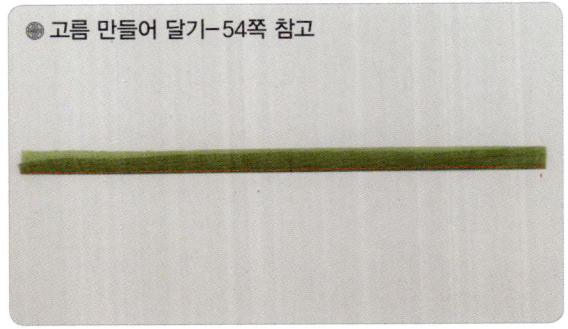

21 고름감 겉을 맞대어 골로 접고 완성 치수 기준으로 긴 고름 1×18cm, 짧은 고름 1×16cm로 그린 다음 홈질합니다. 한쪽은 창구멍으로 사용합니다.

22 옷본의 고름 위치 참고하여 긴 고름은 고름 폭의 1/2 지점이 겉섶과 깃머리의 끝 경계점에 놓이도록 달아줍니다. 짧은 고름은 입었을 때 오른쪽에 고름 폭만큼 떨어져 긴 고름과 평행한 위치에 달아줍니다. 고름의 솔기 방향은 위를 향합니다.

23 겉깃 안쪽에는 볼록 스냅단추를, 안깃 겉쪽에는 오목 스냅단추를 달아줍니다.

24 트임에 박쥐 장식을 만들어 달아주면 답호 완성입니다 (36쪽 박쥐 장식 만들기 참고).

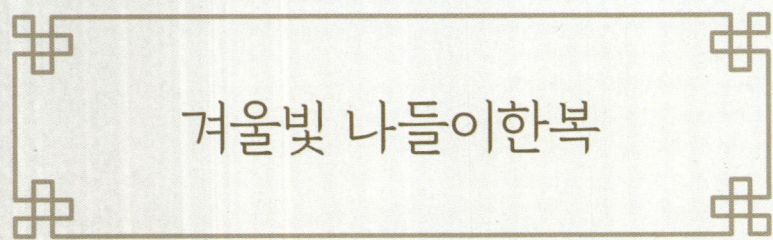

겨울빛 나들이한복

하늘에서 곧 흰 눈이 내리겠죠. 포근한 나들이한복 꺼내 입고
썰매를 타고 연도 날릴 생각이에요.
겨울을 따뜻하게 나기 위한 준비를 함께해요.

장저고리 | 허리치마 | 볼끼
저고리_남 | 털배자 | 남바위

장저고리

추운 겨울날 눈사람 만들고 연날리기도 할 수 있게
제 느낌대로 깃과 소맷부리에 밍크털을 달아 허리까지 오는 따뜻한 장저고리를 완성했어요

실물 옷본 - 214~215쪽

◉ 형태와 명칭

◉ 옷감과 부자재

- 옷감 치수는 모두 '폭×길이'로 표기되어 있습니다.
- 실제보다 약간 더 넉넉하게 재료를 준비할 수 있도록 표기했습니다.

- **겉감** 금사단 45×26cm
- **안감** 노방 45×26cm
- **부자재** 밍크털 1.5×50cm

🦋 마름질하기

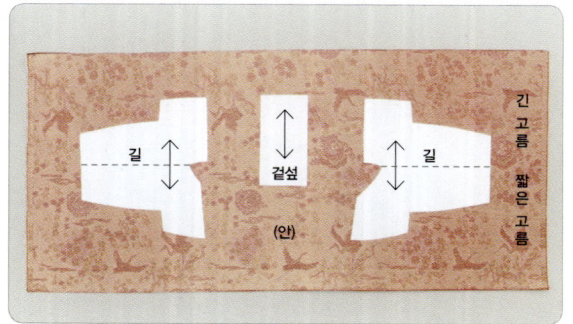
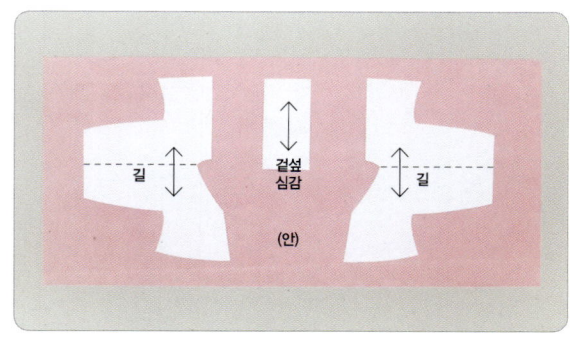

겉감으로 좌, 우 길(소매 포함) 1장씩, 겉섶 5×11cm 1장, 긴 고름 3×19cm 1장, 짧은 고름 3×17cm 1장을 마름질합니다. 길의 어깨 중심선을 표시합니다.

안감으로 좌, 우 길(소매, 섶 포함) 1장씩, 겉섶 심감 5×11cm 1장을 마름질합니다. 길의 어깨 중심선을 표시합니다.

🦋 바느질하기

◉ 겉감 · 안감 만들기

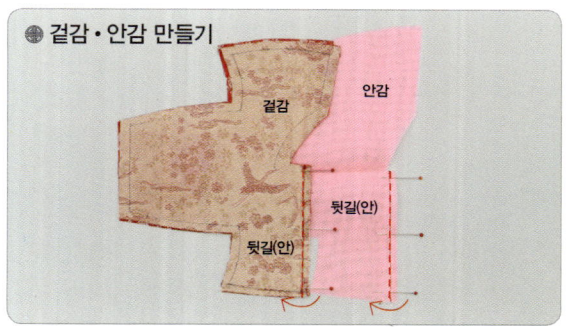
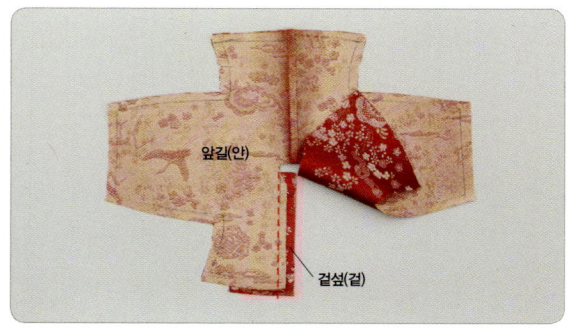

01 길의 겉감과 안감을 겉끼리 맞대고 등솔을 핀 시침한 뒤 홈질합니다. 옷감이 두꺼우니 겉감은 입었을 때 오른쪽으로, 안감은 왼쪽으로 각각 꺾어 다림질합니다.

02 겉섶감에 심감을 1겹 대고, 입었을 때 왼쪽 앞길 겉섶선에 섶을 홈질합니다. 겉섶이 길보다 1cm 길게 내려오도록 핀 시침한 뒤 겉섶(곧은올) 쪽에서 바느질합니다.

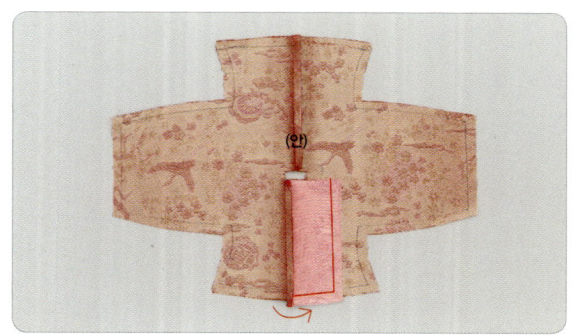

◉ 겉감과 안감 맞추기-2겹 바느질하기

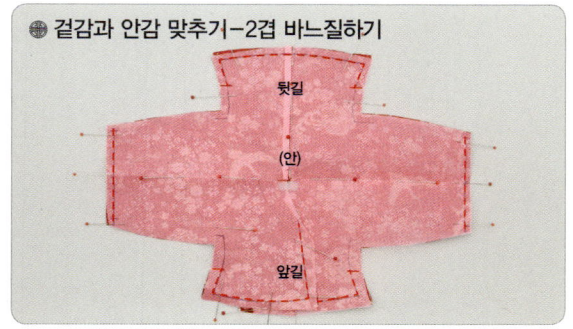

03 시접은 섶 쪽으로 꺾고 옷본을 이용해 앞선과 도련을 그려줍니다.

04 겉감을 아래에 두고 안감을 위에 올려 겉끼리 맞댑니다. 등솔선을 기준으로 '고대 중심점→어깨 중심선→소맷부리→뒷도련→앞도련'의 순으로 핀 시침합니다.

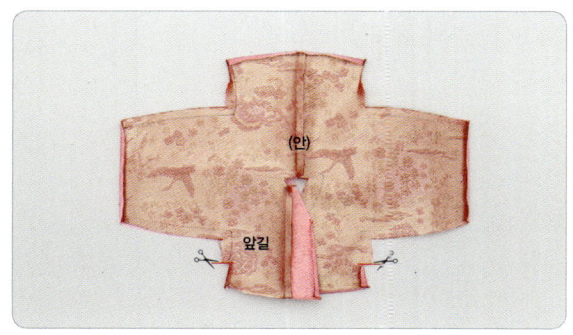

05 소맷부리, 뒷도련, 앞도련을 순서대로 트임 부분까지 홈질합니다. 시작점과 끝점은 2~3땀 온박음질합니다. 시접을 정리하고 앞길 양쪽 트임 부분에 바느질선까지만 가위집을 준 다음, 시접을 겉감 쪽으로 꺾어 다림질합니다.

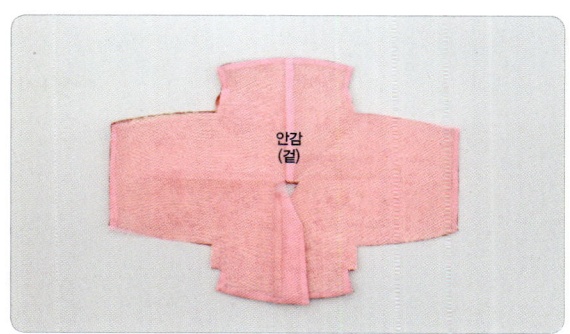

06 겉이 보이도록 뒤집고 안감 쪽에서 다림질합니다.

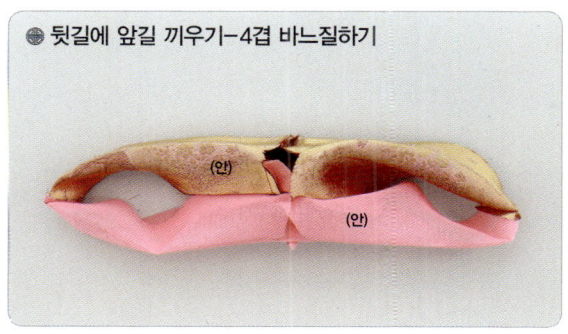

◉ 뒷길에 앞길 끼우기-4겹 바느질하기

07 겉감과 안감 사이로 손을 넣어 뒷길을 다시 뒤집은 뒤, 겉감과 안감의 어깨 중심선을 각각 겉끼리 접어줍니다.

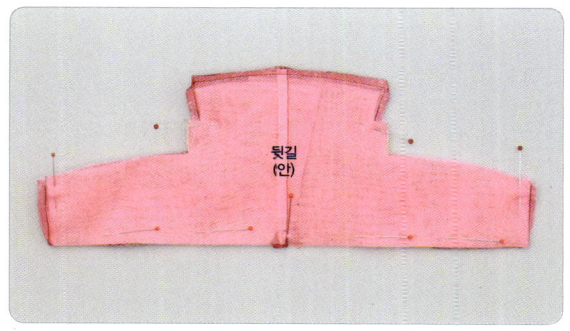

08 어깨 중심선을 접어서 뒷길 속에 앞길 좌, 우를 끼워 넣습니다. 이때 겉감의 겉과 겉, 안감의 겉과 겉이 맞닿은 상태로 4겹이 됩니다.

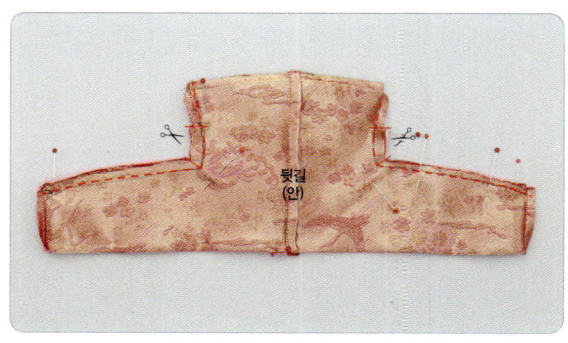

09 배래와 동아래(옆선)를 바느질합니다. 시작점과 끝점, 진동점은 2~3땀 온박음질합니다. 시접을 정리하고 진동점과 동아래 곡선에 가위집을 줍니다.

10 시접을 겉감 쪽(뒷길 쪽)으로 꺾어 다림질한 두 고대로 뒤집어줍니다. 시접을 정돈하여 안감 쪽에서 다림질합니다.

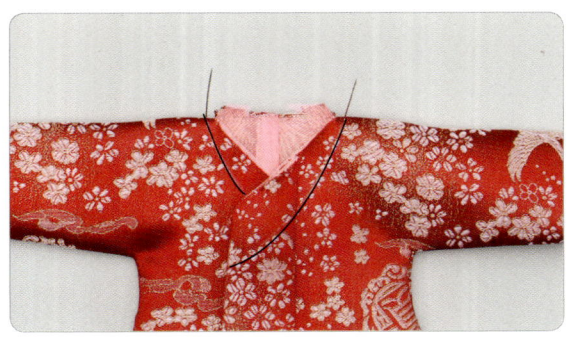

11 양쪽 고대점을 시침핀으로 표시하고 옷본을 이용해 깃선을 그려줍니다.

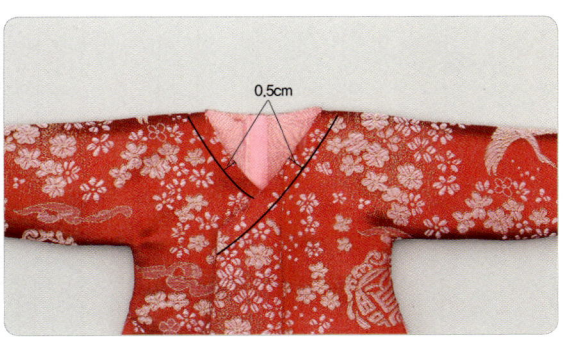

12 깃 완성선에서 0.5cm 시접만 남기고 자른 뒤, 목공풀로 올 풀림 방지 처리를 합니다.

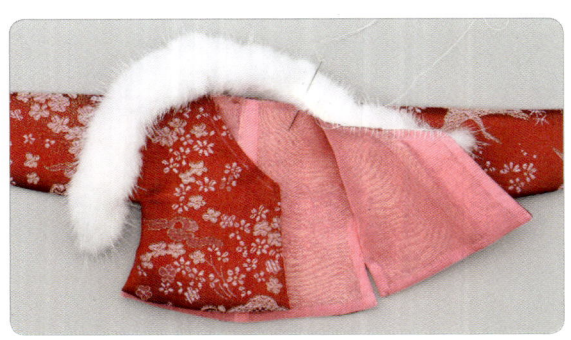

13 밍크털 시접을 0.3cm 남기고 자른 뒤, 목공풀로 올 풀림 방지 처리를 합니다. 깃선을 따라 반박음질로 '겉깃 → 고대 → 안깃'의 순으로 부착합니다.

14 소매는 소맷부리에 맞게 밍크털을 원통으로 만들어 탈부착할 수 있도록 끼우고, 배래솔기에 2~3땀 홈질합니다. 옆트임에 매듭단추를 달아줍니다(34~35쪽 매듭단추 만들기 참고).

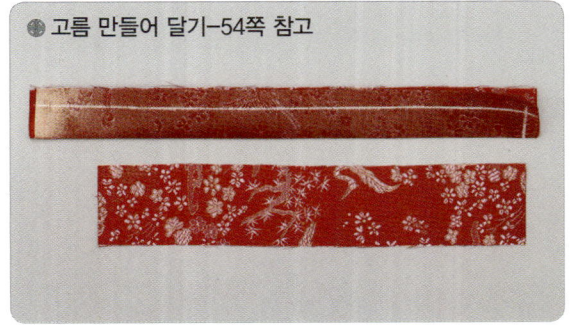

● 고름 만들어 달기-54쪽 참고

15 고름감을 겉끼리 맞대고 골로 접어 완성 치수가 긴 고름은 1×18cm, 짧은 고름은 1×16cm가 되도록 그린 뒤 홈질합니다. 한쪽은 창구멍으로 사용합니다.

16 긴 고름은 입었을 때 왼쪽 밍크털 달림점 바로 아래에 달아줍니다. 짧은 고름은 입었을 때 오른쪽에 고름 폭만큼 떨어져 긴 고름과 평행한 위치에 달아줍니다. 고름의 솔기 방향은 위를 향하게 하여 완성합니다.

허리치마

장저고리에 어울리는 허리치마가 필요해요.
트임을 뒤로 해서 입혀도 되고, 요즘의 랩스커트처럼 연출하면
약간의 변화로 다른 느낌을 줄 수 있어요.

❁ 형태와 명칭

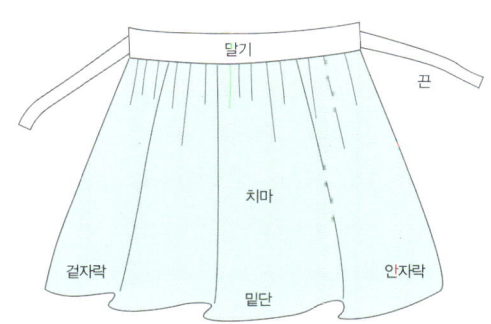

❁ 옷감과 부자재

- 옷감 치수는 모두 '폭×길이'로 표기되어 있습니다.
- 실제보다 약간 더 넉넉하게 재료를 준비할 수 있도록 표기했습니다.

- **겉감** 명주 38×66cm
- **말기심감** 노방 7×20cm

🦋 마름질하기

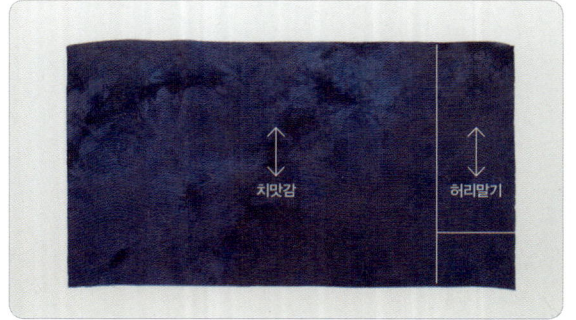
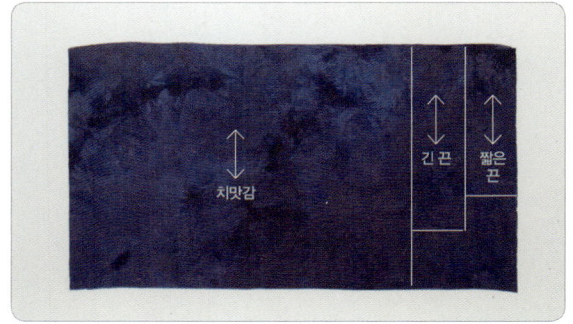

겉감(치맛감)을 시접 포함해서 24×22cm 3장, 허리말기 5× 21cm 1장, 긴 끈 3×18cm 1장, 짧은 끈 3×16cm 1장을 마름질 합니다.

마름질한 다음 치마폭 연결 솔기는 올 풀림 방지 처리합니다.

🦋 바느질하기

⊕ 치마 바느질하기

01 치맛감 2장을 겉끼리 맞대어 핀 시침한 뒤 0.5cm 시접을 두고 홈질합니다. 시접은 입었을 때 오른쪽으로 꺾어 다림질합니다.

02 01에 나머지 1장을 겉끼리 맞대어 핀 시침한 뒤 0.5cm 시접을 두고 홈질합니다. 시접은 입었을 때 오른쪽으로 꺾어 다림질합니다.

03 3폭으로 완성되는 치마입니다. 양쪽 자락(옆선)과 밑단은 0.5cm로 두 번 접어 핀 시침 한 뒤 공그르기합니다.

04 밑단에서 허리 쪽으로 완성 치수를 재서 표시합니다. 겉자락은 19cm, 안자락은 18.5cm입니다.

05 겉주름과 속주름을 계산해서 표시합니다.

06 표시한 선에 맞춰 겉자락에서 안자락 쪽으로 주름을 잡아가며 핀 시침한 뒤 시침합니다. 이때 치마폭 연결 솔기가 속주름으로 들어가도록 주름을 조절하며 잡아줍니다.

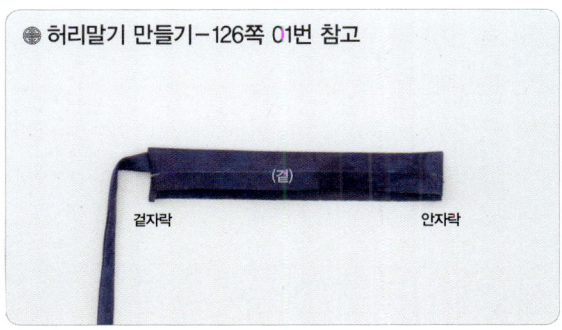

07 완성 치수로 허리말기(1.7×19cm), 긴 끈(1×16cm), 짧은 끈(1×14cm)을 만듭니다. 겉자락 쪽에만 긴 끈의 솔기가 위를 향하도록 말기 속에 넣고 임시 고정한 뒤, 허리말기 완성선까지만 온박음질합니다. 뒤집어서 허리말기를 다림질해줍니다.

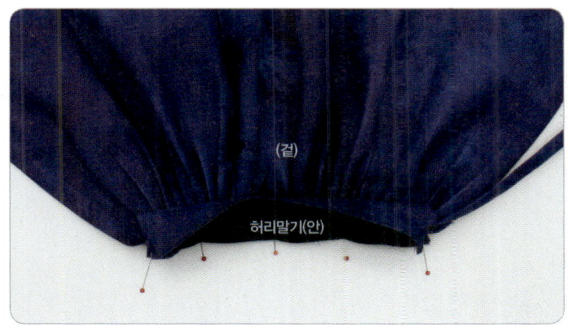

08 주름 잡은 치마의 겉과 허리말기의 겉을 맞대고 양쪽 끝이 잘 맞게 핀 시침한 다음 반박음질합니다.

09 치마 시접을 말기 속으로 집어넣습니다. 허리 바느질선을 따라 안쪽 허리말기 시접을 안으로 꺾어 넣고 핀 시침한 뒤 공그르기 또는 새발뜨기합니다.

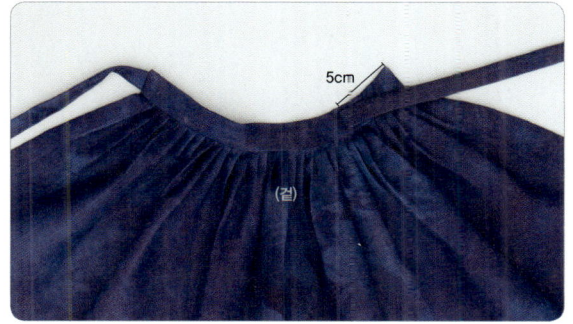

10 안자락 말기 끝에서 5cm 들어온 곳의 겉에 짧은 끈을 온박음질로 달면 완성입니다. 랩스커트처럼 치마끈이 오른쪽으로 오게 해서 입습니다.

볼끼

실물 옷본 - 221쪽

볼끼는 가죽이나 헝겊 조각에 솜을 두고 두 뺨을 싸매어
머리 위에서 묶어 추위를 막았던 방한구예요.
귀여운 색동도 배색하고 밍크 털도 달아 따뜻하게 겨울 채비해요.

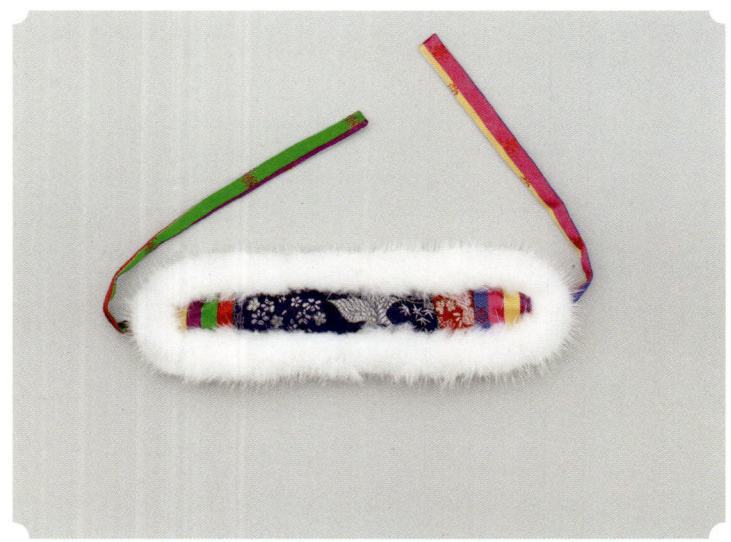

옷감과 부자재

- 옷감 치수는 모두 '폭×길이'로 표기되어 있습니다.
- 실제보다 약간 더 넉넉하게 재료를 준비할 수 있도록 표기했습니다.

- **겉감** 금사단 2가지 색상 각 7×22cm
  색동 15×22cm
  배색할 옷감 약간
- **부자재** 밍크털 1.5×55cm
  접착심지 7×22cm

🦋 마름질하기

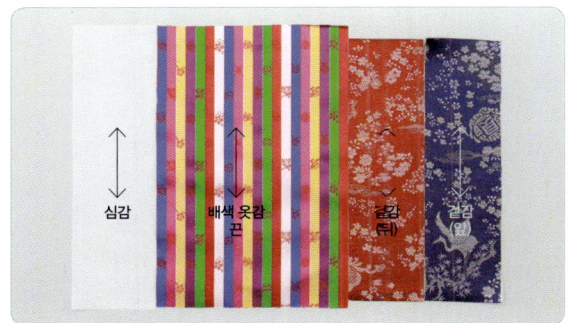

겉감(2가지 색상)으로 시접 포함해서 7×22cm 1장씩, 심감 7× 22cm 1장, 끈감은 색동으로 4×22cm 2장을 마름질합니다.

🦋 바느질하기

01 양면으로 사용할 수 있는 볼끼를 만들겠습니다. 겉감 1장 에는 색동과 조각천을 원하는 모양으로 연결합니다(7× 22cm). 1장은 배색하지 않고 뒷감으로 사용합니다.

02 시접은 가름솔 하고 안쪽에 접착심지를 붙입니다. 옷감 겉면에 본을 이용해 완성선을 그려줍니다.

03 완성선을 따라 밍크털을 시침합니다.

✤ 이 방법이 어렵다면 볼끼 옷본을 이용해 겉감과 안감 시접을 각각 안쪽으로 꺾어 다림질한 뒤, 밍크털 시접이 보이지 않도록 공그르기해도 좋습니다(192~193쪽 참고).

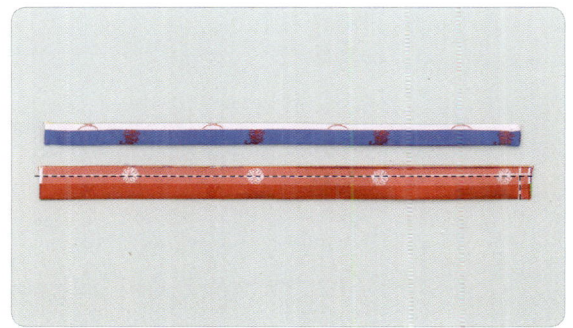

04 끈감 2장을 각각 겉끼리 맞대고 완성 치수(1.2×20cm)를 그립니다. 한쪽 끝은 창구멍으로 남기고 홈질한 다음 뒤 집어줍니다.

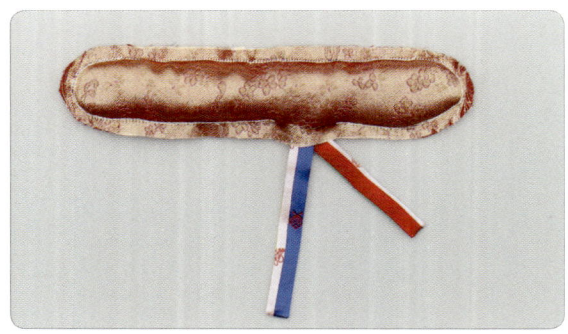

05 끈 위치에 끈을 1개씩 임시 고정합니다. 겉감으로 마름질한 다른 1장을 겉끼리 맞대고 핀 시침한 뒤, 창구멍을 남기고 반박음질합니다. 밍크털이 바느질에 물리거나 밍크 시접이 겉에서 보이지 않도록 주의하세요.

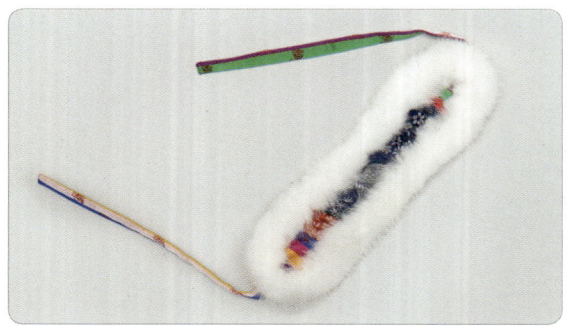

06 겉이 나오도록 창구멍으로 뒤집은 뒤, 시접을 정돈하고 창구멍을 공그르기합니다.

저고리_남

실물 옷본 - 216~217쪽

가장 기본이 되는 상의인 민저고리를 만들었어요.
남자 저고리는 원래 엉덩이를 덮는 길이에 띠를 매어 입다가
저고리 길이가 점차 짧아지면서 고름을 달아 여며 입었습니다.

◉ 형태와 명칭

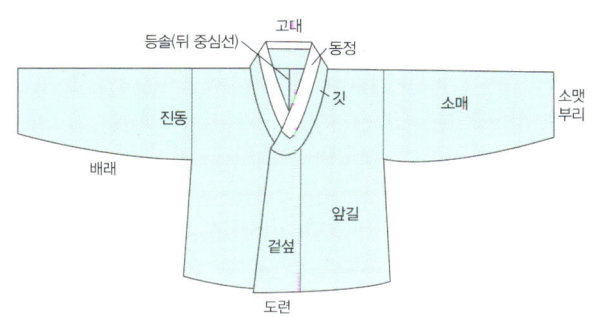

◉ 옷감과 부자재

- 옷감 치수는 모두 '폭×길이'로 표기되어 있습니다.
- 실제보다 약간 더 넉넉하게 재료를 준비할 수 있도록 표기했습니다.

- **겉감** 모본단(원모본단) 45×26cm
- **안감** 노방 45×26cm
- **동정감** 숙고사 3×17cm
- **동정심감** 벨트심지 0.7×15cm
- **부자재** 스냅단추 0.5cm 1개

🦋 마름질하기

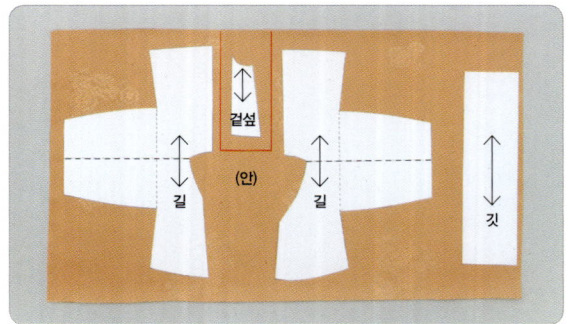

겉감(소매 포함)으로 좌, 우 길 1장씩, 겉섶 5×11cm 1장, 깃 5×20cm 1장을 마름질합니다. 길의 어깨 중심선을 표시합니다.

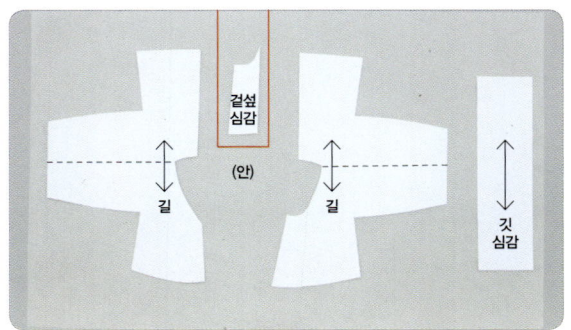

안감으로 좌, 우 길(소매, 섶 포함) 1장씩, 겉섶 심감 5×11cm 1장, 깃 심감 5×20cm 1장을 마름질합니다. 길의 어깨 중심선을 표시합니다.

🦋 바느질하기

● 겉감·안감 만들기

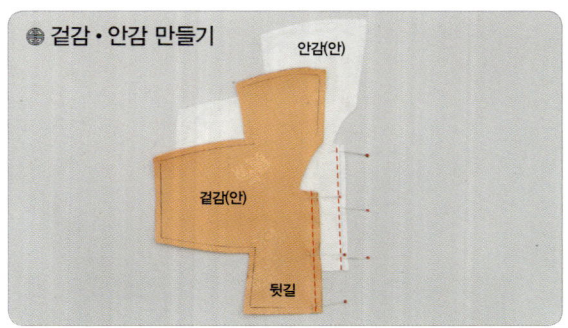

01 길의 겉감과 안감을 겉끼리 맞대고 각각 등솔(뒤 중심선)을 핀 시침한 뒤 홈질합니다.

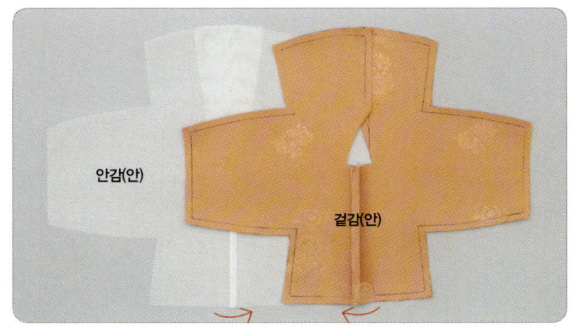

02 시접은 입었을 때 오른쪽으로 꺾어 다림질합니다.

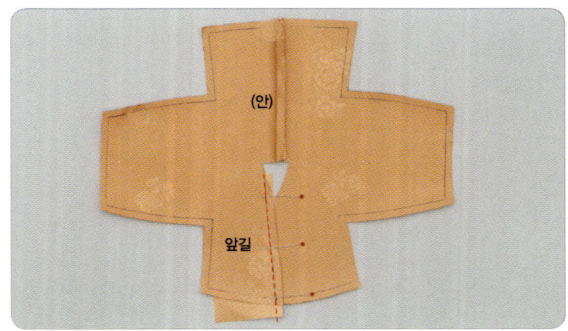

03 겉섶 안쪽에 심감을 덧대고 입었을 때 왼쪽 앞길 겉섶선에 겉끼리 맞댑니다. 겉섶이 길보다 1cm 길게 내려오도록 핀 시침하고, 겉섶 곧은올 쪽에서 홈질합니다. 길은 어슨올, 겉섶은 곧은올이 만나게 됩니다.

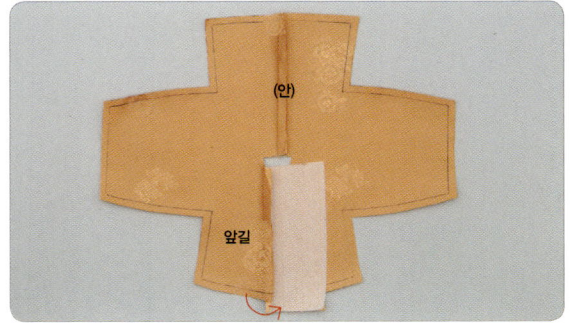

04 시접은 겉섶 쪽으로 꺾어 다림질합니다.

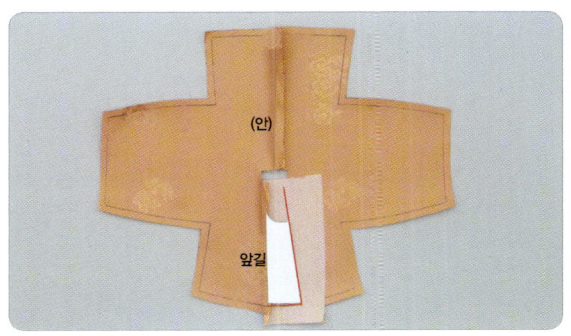

05 옷본을 이용해 앞선과 도련을 그려줍니다.

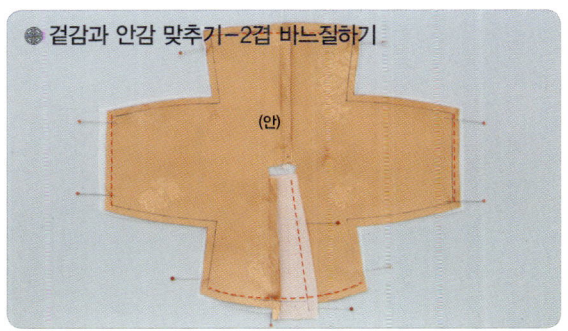

06 겉감과 안감을 겉끼리 맞댑니다. 등솔의 고대점을 맞추고 '등솔 → 어깨 중심선 → 소맷부리 → 뒷도련 → 앞도련'의 순으로 핀 시침합니다.

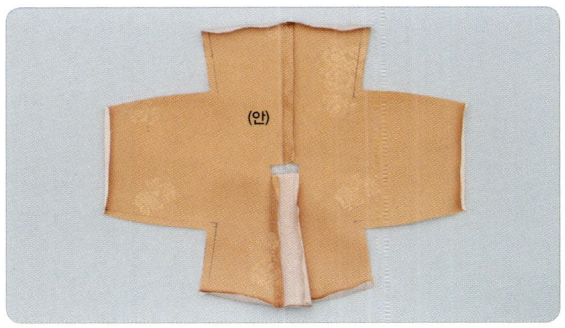

07 소맷부리, 앞, 뒤의 도련을 완성선까지만 바느질합니다. 시작점과 끝점은 튼튼하게 2~3땀 온박음질한 뒤, 시접을 겉감 쪽으로 꺾어줍니다.

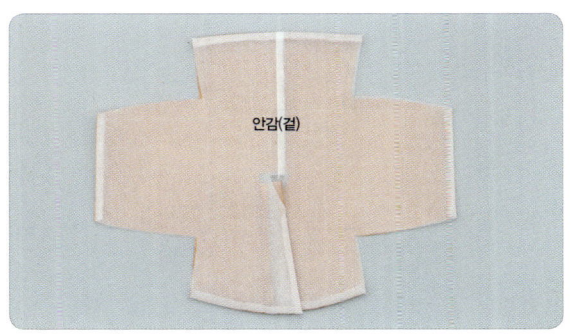

08 겉이 보이도록 뒤집어 시접을 정돈하고 안감 쪽에서 다림질합니다.

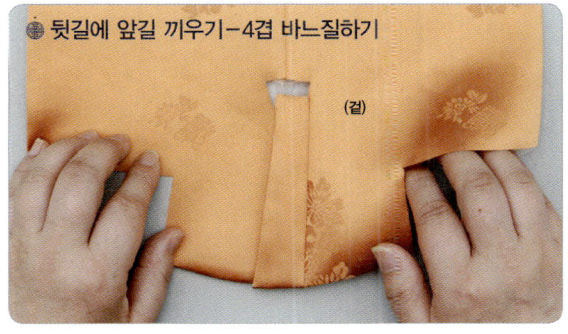

09 겉감과 안감 사이로 손을 넣어서 한쪽 소맷부리를 잡고 뒷길만 뒤집습니다.

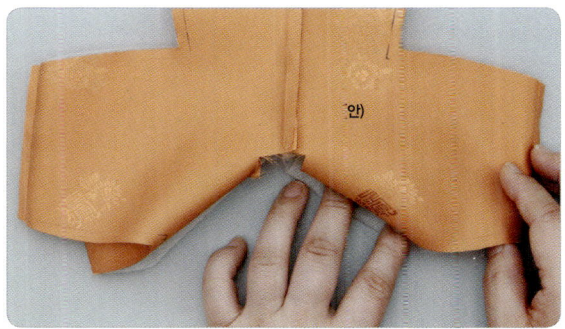

10 뒷길에 앞길을 끼워줍니다.

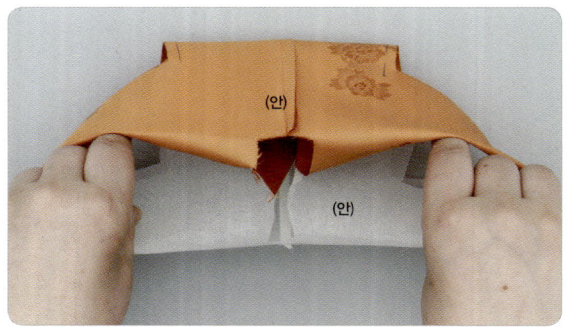

11 어깨 중심선을 기준으로 겉감과 안감이 각각 접히면서 골선이 됩니다. 겉감의 앞길과 뒷길이 겉끼리 마주 보게 되고, 안감의 앞길과 뒷길이 겉끼리 마주 보게 됩니다.

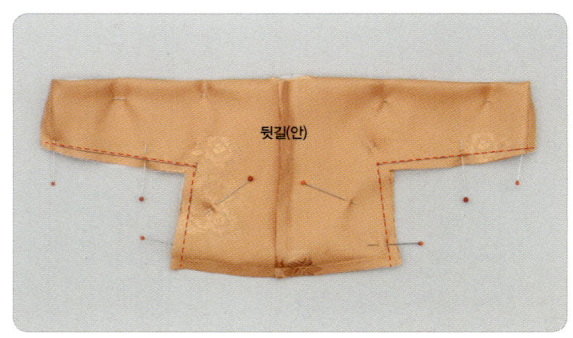

12 어깨 중심선의 안감이 겉감보다 0.1cm 작도록 핀 시침합니다. 소맷부리와 도련을 잘 맞춰 핀 시침한 뒤, 배래와 동아래(옆선)를 반박음질합니다.

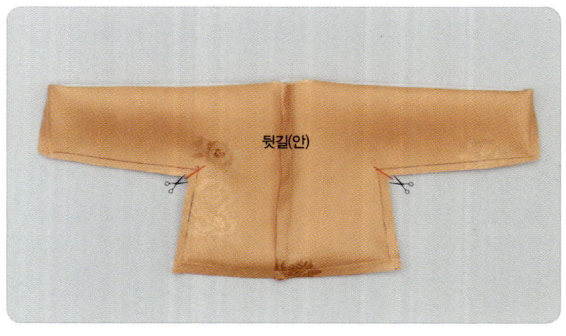

13 진동점을 향해 가위집을 줍니다. 시접은 겉감(뒷길) 쪽으로 꺾어줍니다.

14 고대 쪽으로 뒤집고 옷본을 이용해 깃선과 고대를 그려줍니다.

⊕ 깃 만들기

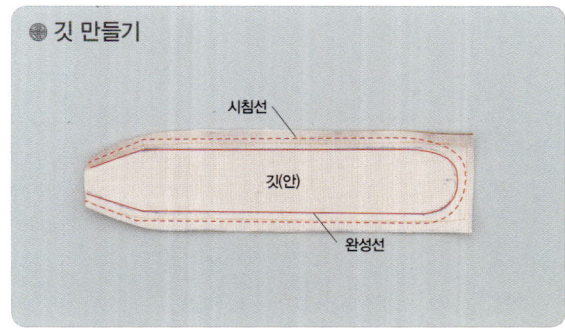

15 깃의 심감에 완성선을 그린 뒤, 완성선에서 시접 방향으로 0.2cm 나가서 겉감과 심감을 시침합니다.

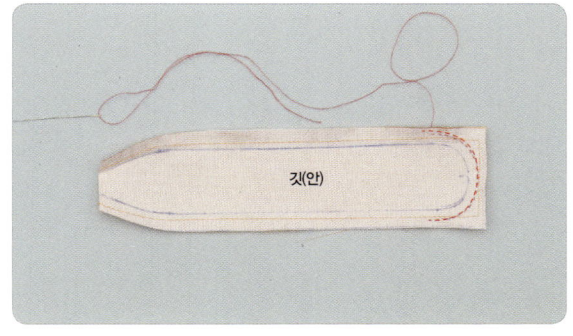

16 깃머리 곡선 부분을 홈질합니다. 깃머리 곡선 시접은 0.5cm로 정리합니다.

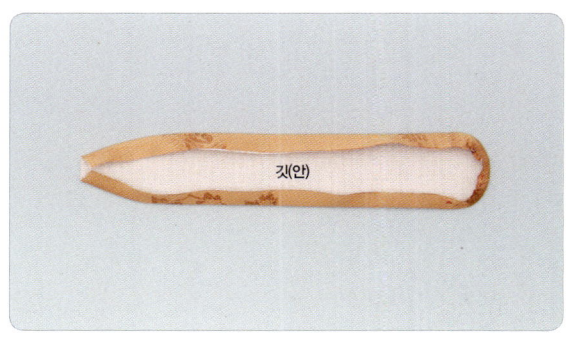

17 홈질한 실을 당겨서 오므리고 깃돈을 이용해 다림질로 깃머리 형태를 잡아줍니다.

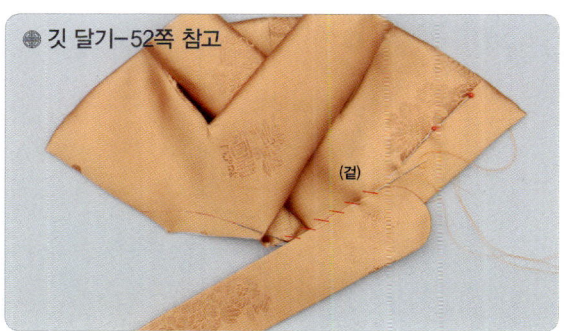

18 깃을 저고리 위에 놓고 깃선을 따라 '걸깃 → 고대 → 안깃'의 순으로 앉히며 핀 시침한 뒤, 깃을 어슷시침합니다.

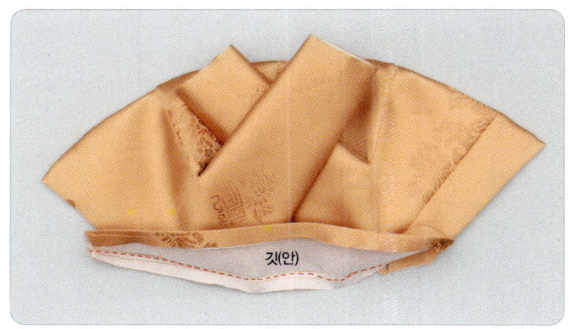

19 깃을 겉길 쪽으로 넘겨 완성선을 따라 홈질 또는 반박음질합니다.

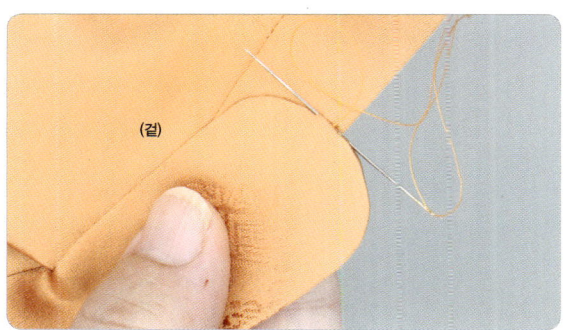

20 깃머리 부분은 공그르기하거나 1땀 상침합니다.

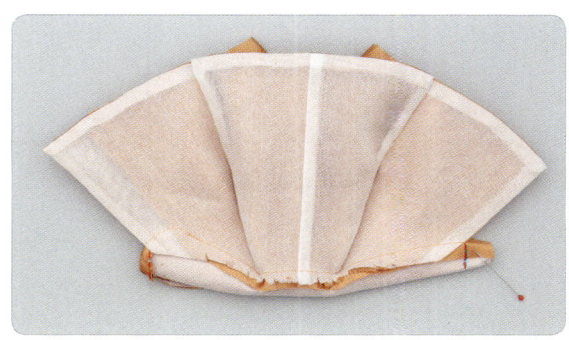

21 시침실을 뽑고 깃을 겉끼리 맞댄 다음, 골선을 접어 안깃 쪽을 홈질합니다.

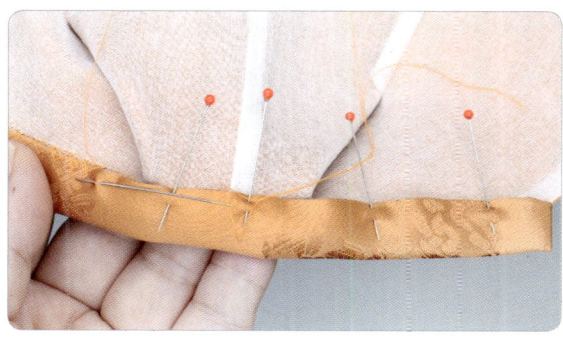

22 겉깃 바느질 완성선을 따라 안깃 시접을 안으로 접어주고 핀 시침한 뒤, 공그르기 또는 새발뜨기합니다.

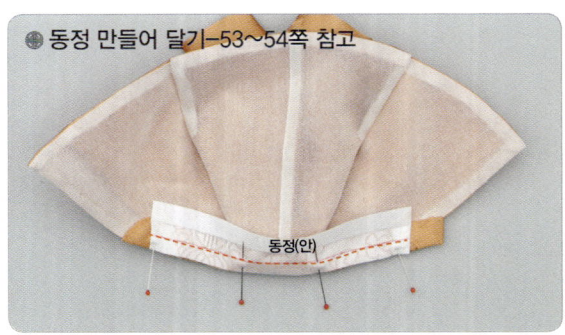

23 깃본의 동정 위치에 맞춰 안깃과 동정의 겉을 맞댑니다. 동정을 핀 시침하고 시접의 1/2 선을 홈질 또는 반박음질 합니다.

24 동정을 겉감 쪽으로 넘겨서 1땀 상침합니다. 동정 가장자리로 바늘을 뺀 다음, 같은 바늘 자리로 다시 바늘을 꽂아 안깃 쪽으로 들어가게 합니다. 반복하며 동정을 달아줍니다.

25 볼록 스냅단추를 겉깃 안쪽에 달고, 자연스럽게 저고리를 놓은 상태에서 겉길이 안길보다 0.15cm 길게 내려오도록 놓습니다. 볼록 스냅단추를 눌러 자국을 낸 뒤, 오목 스냅단추를 안깃 쪽 겉에 달아줍니다.

26 저고리가 완성된 모습입니다.

털배자

조끼와 답호를 연상해 만들어 본 털배자입니다. 깃에 포근한 밍크털을 달아
따뜻하게 하고 활동하기 편하도록 소매를 달지 않았어요.
멋진 목화도 신을 테니 춥지 않을 거예요.

실물 옷본 - 218~220쪽

형태와 명칭

옷감과 부자재

- 옷감 치수는 모두 '폭×길이'로 표기되어 있습니다.
- 실제보다 약간 더 넉넉하게 재료를 준비할 수 있도록 표기했습니다.

- **겉감** 금사단 50×45cm
- **안감** 노방 40×45cm
- **부자재** 밍크털 1.5×25cm

🦋 마름질하기

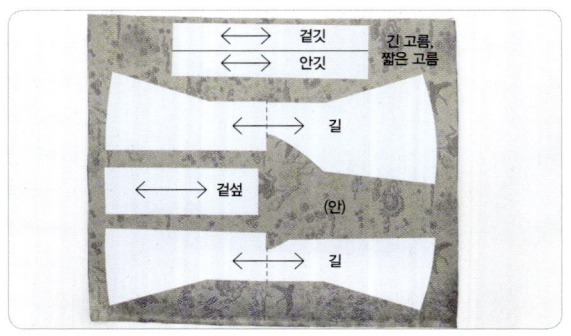
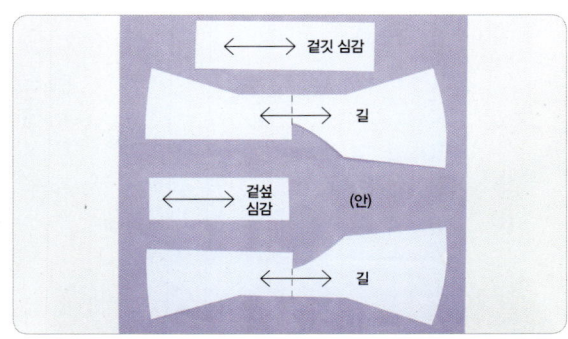

앞길과 뒷길 옷본을 연결해서 겉감으로 좌, 우 길 1장씩, 겉섶 7×20cm 1장, 겉깃과 안깃 4×24cm 1장씩, 긴 고름 3×19cm 1장, 짧은 고름 3×17cm 1장을 마름질합니다. 길의 어깨 중심선을 표시합니다.

안감으로 좌, 우 길(섶 포함) 1장씩, 겉섶 심감 7×20cm 1장, 겉깃 심감 4×24cm 1장을 마름질합니다. 길의 어깨 중심선을 표시합니다.

🦋 바느질하기

❋ 겉감·안감 만들기

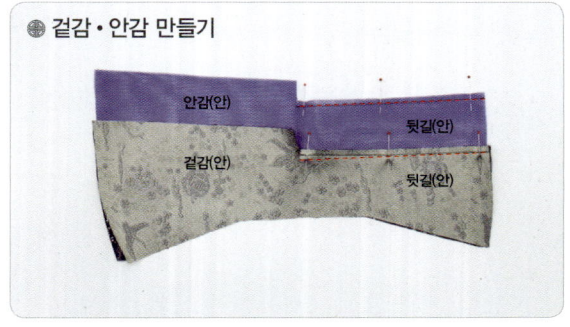
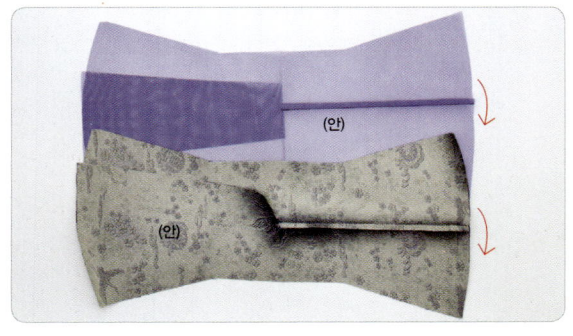

01 겉감과 안감을 각각 겉끼리 맞대고 등솔(뒤 중심선)을 홈질합니다.

02 등솔의 겉감 시접은 입었을 때 오른쪽으로, 등솔의 안감 시접은 왼쪽으로 꺾어 다림질합니다. 옷감이 두꺼우니 바느질 솔기 시접은 가름솔 합니다.

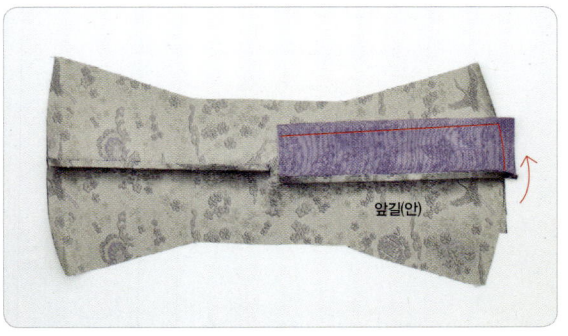

03 겉섶감 안쪽에 심감을 덧대줍니다. 입었을 때 왼쪽 앞길 섶선에 겉끼리 맞대고 겉섶이 길보다 1cm 길게 내려오도록 핀 시침한 뒤 겉섶(곧은올) 쪽에서 홈질합니다.

04 시접은 섶 쪽으로 꺾어 다림질합니다. 옷본을 이용해 앞선과 도련을 그려줍니다.

⊛ 겉감과 안감 맞추기-2겹 바느질하기

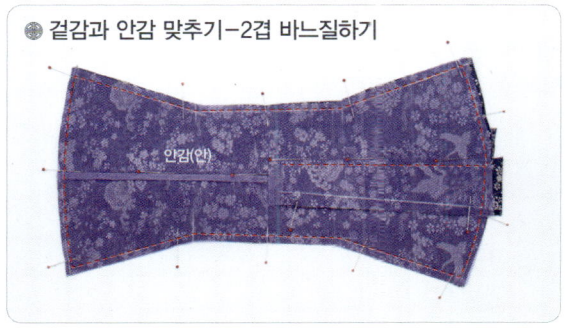

05 겉감을 아래에 두고 겉끼리 맞댑니다. 등솔의 고대점을 맞추고 '등솔→어깨 중심선→진동→뒷도련→앞도련'의 순으로 전체 핀 시침합니다.

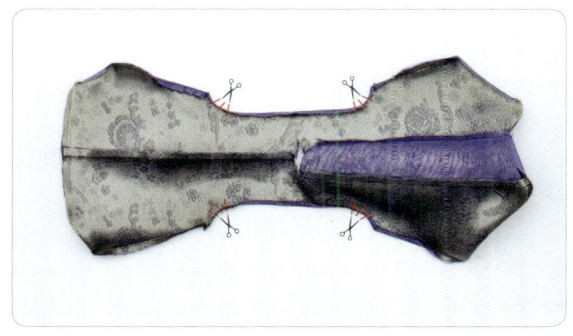

06 전체 사방을 홈질 또는 반박음질합니다. 시접을 정리하고 각 진동점과 진동 곡선에 가위집을 줍니다. 시접을 겉감 쪽으로 꺾어 다림질한 뒤, 고대로 뒤집어줍니다.

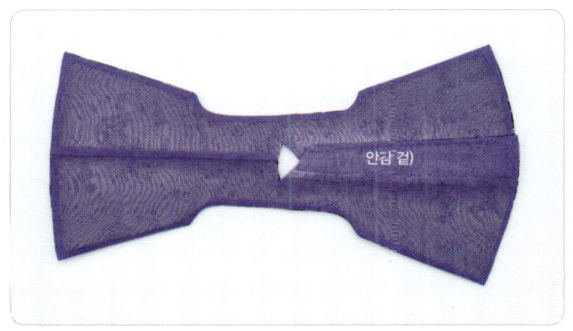

07 안감 쪽에서 시접을 정돈하여 다림질합니다.

08 양쪽 고대점에 시침핀을 꽂아 표시하고, 시침핀에서 0.2cm 떨어진 위치까지 앞길을 잘라 뒷고대로 시접을 넘겨줍니다. 옷본을 이용해 깃선과 고대선을 그립니다.

⊛ 깃 만들기

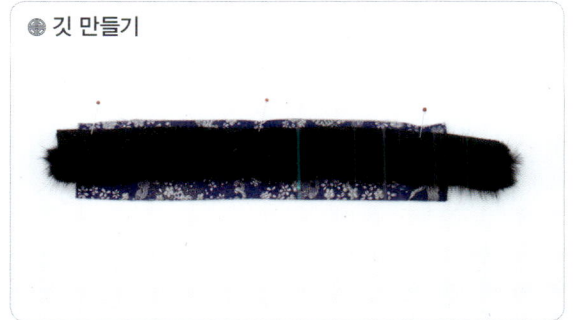

09 겉깃 안쪽에 심감을 대고 시침한 뒤, 겉에 깃을 그려줍니다. 한쪽 완성선에 밍크털을 시침합니다.
  ✢ 192~193쪽의 방법으로 깃을 만들어도 좋습니다.

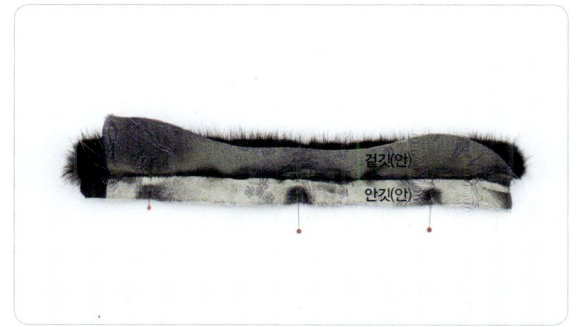

10 겉깃과 안깃을 겉끼리 맞대어 밍크털을 시침한 완성선을 따라 반박음질합니다. 깃 시접을 꺾어 다림질합니다.

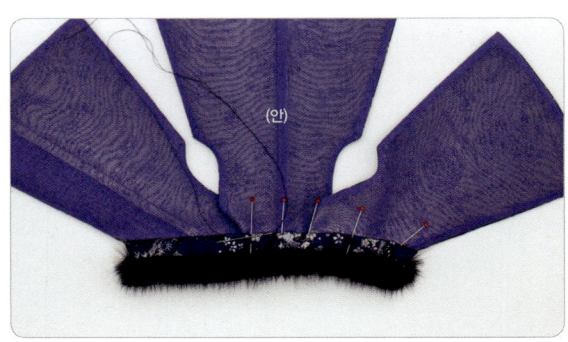

11 깃을 길 위에 놓고 깃선을 따라 '겉깃→고대→안깃'의 순으로 앉히며 핀 시침한 다음 어슷시침합니다. 깃을 길 쪽으로 넘기고 겉감 깃의 안쪽에서 완성선을 따라 반박음질합니다.

12 어슷시침한 실을 뽑고 안깃 시접을 겉깃 바느질선을 따라 안으로 꺾어 넣어줍니다. 안깃을 핀 시침하고 새발뜨기 또는 공그르기합니다.

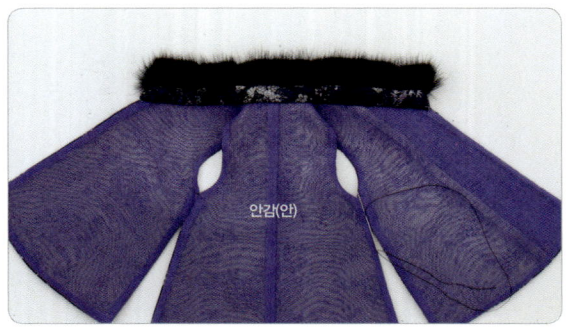

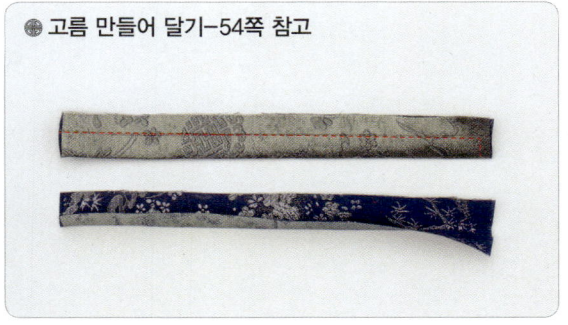

13 진동점에서 동아래 부분 2cm까지만 공그르기합니다. 먼저 안쪽에서 안감끼리 1차 공그르기하고, 겉에서 겉감을 2차로 공그르기합니다.

14 고름감을 겉끼리 맞대어 골로 접은 뒤, 완성 치수가 긴 고름 1×18cm, 짧은 고름 1×16cm가 되도록 그린 다음 홈질합니다. 한쪽은 창구멍으로 사용합니다.

15 긴 고름은 입었을 때 왼쪽 깃 바로 아래에 달고, 짧은 고름은 입었을 때 오른쪽에 고름 폭만큼 떨어져 긴 고름과 평행한 위치에 달아줍니다. 고름의 솔기 방향은 위를 향합니다.

16 털배자가 완성되었습니다.

남바위

실물 옷본 – 221쪽

남바위는 추울 때 머리에 써서 이마와 귀를 덮고
뒤쪽으로 목과 등 사이를 덮는 방한구입니다.
가장자리에 밍크털이 달려 있죠. 이제 모든 겨울 채비를 마쳤습니다.

옷감과 부자재

- 옷감 치수는 모두 '폭×길이'로 표기되어 있습니다.
- 실제보다 약간 더 넉넉하게 재료를 준비할 수 있도록 표기했습니다.

- **겉감** 금사단 30×22cm
- **안감** 명주 30×22cm
- **부자재** 밍크털 1.5×55cm
  접착심지 30×22cm

마름질하기

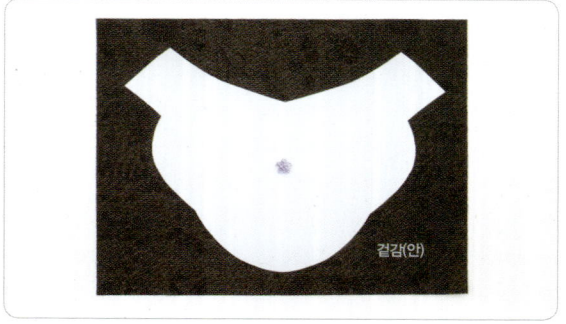 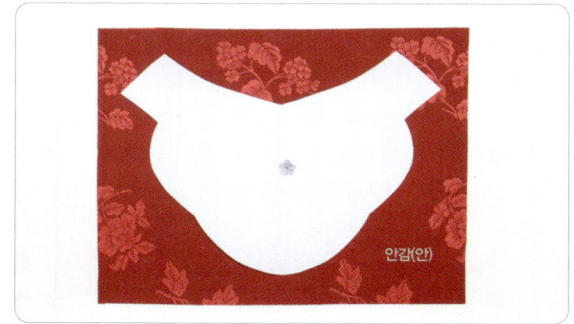

겉감 안쪽에 접착심지를 다리미로 부착하고, 남바위본을 이용해 1장을 마름질합니다.

안감 1장을 마름질합니다.

바느질하기

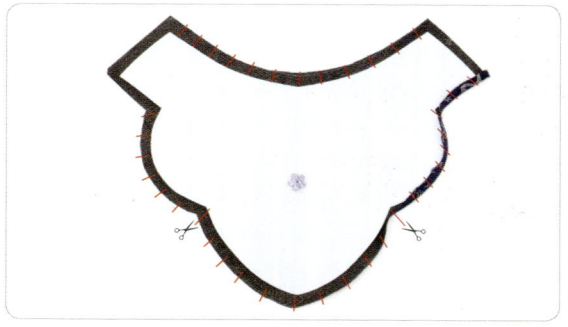 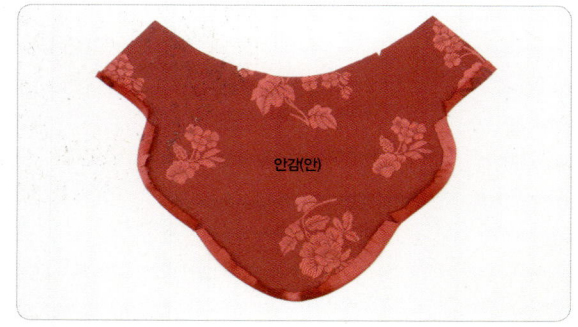

01 본을 이용해 겉감 시접을 안쪽으로 꺾어 다림질합니다. 홈이 있는 부분과 곡선 부분에 가위집을 줍니다.
✤ 이때 다리미로 형태를 살짝 잡은 다음 가위집을 넣어야 곡선에 각이 지지 않습니다.

02 안감 시접도 같은 방법으로 꺾어줍니다.

03 겉감과 안감을 각각 겉끼리 맞대고 앞 중심을 반박음질 합니다. 시접은 가름솔 합니다.

04 겉감의 겉이 보이도록 뒤집습니다. 밍크털을 뒤 중심부터 양쪽으로 맞춰가며 밍크털 시접이 가려지도록 핀 시침하고, 고운땀으로 공그르기합니다.

 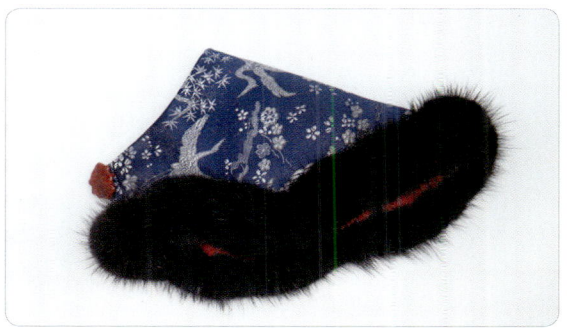

05 겉감과 안감을 겉끼리 맞대어 앞 중심을 맞추고, 정수리 부분을 핀 시침한 다음 홈질합니다. 시접은 겉감 쪽으로 꺾어 다림질합니다. 안감을 겉감 안으로 넣어주고 04의 방법으로 안감도 공그르기 또는 감춘 질합니다.

06 앞 중심에 장식을 달아 완성합니다. 남바위에는 볼끼나 끈을 달아주기도 합니다.

실물 옷본

일 러 두 기

* 이 책에 실린 한복과 소품의 실물 크기 옷본이며, 시접은 포함되어 있지 않습니다.
* 100% 그대로 복사해서 쓰거나 오려서 사용합니다.
* 옷감 치수는 모두 '폭×길이'로 표기되어 있습니다.
* 옷본을 식서 방향에 주의하며 옷감 안쪽에 그려줍니다.
* ———— 굵은 실선은 바느질선이자 완성선이며 마름질선입니다.
  ──── 얇은 실선은 기초선 또는 안내선입니다.
  ----- 점선은 골선(꺾임선)입니다.
* 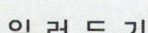 골선 표시가 있는 옷본은 중심을 기준으로 좌, 우 대칭이거나 앞뒤가 연결되어 접히는 선입니다.
* ✂ 45도 방향을 뜻하며 옷감이 가장 잘 늘어납니다.
* 별도 시접 외 옷본 시접은 1cm로 마름질하고 바느질한 뒤 0.4cm로 정리합니다. (소품 시접은 예외)
* 치마, 옷고름, 레이스(직선 부분)는 별도 옷본 없이 제시된 크기대로 직접 옷감 안쪽에 시접을 주고 그려 마름질합니다.

색동저고리_여

(만드는 법: 45쪽)

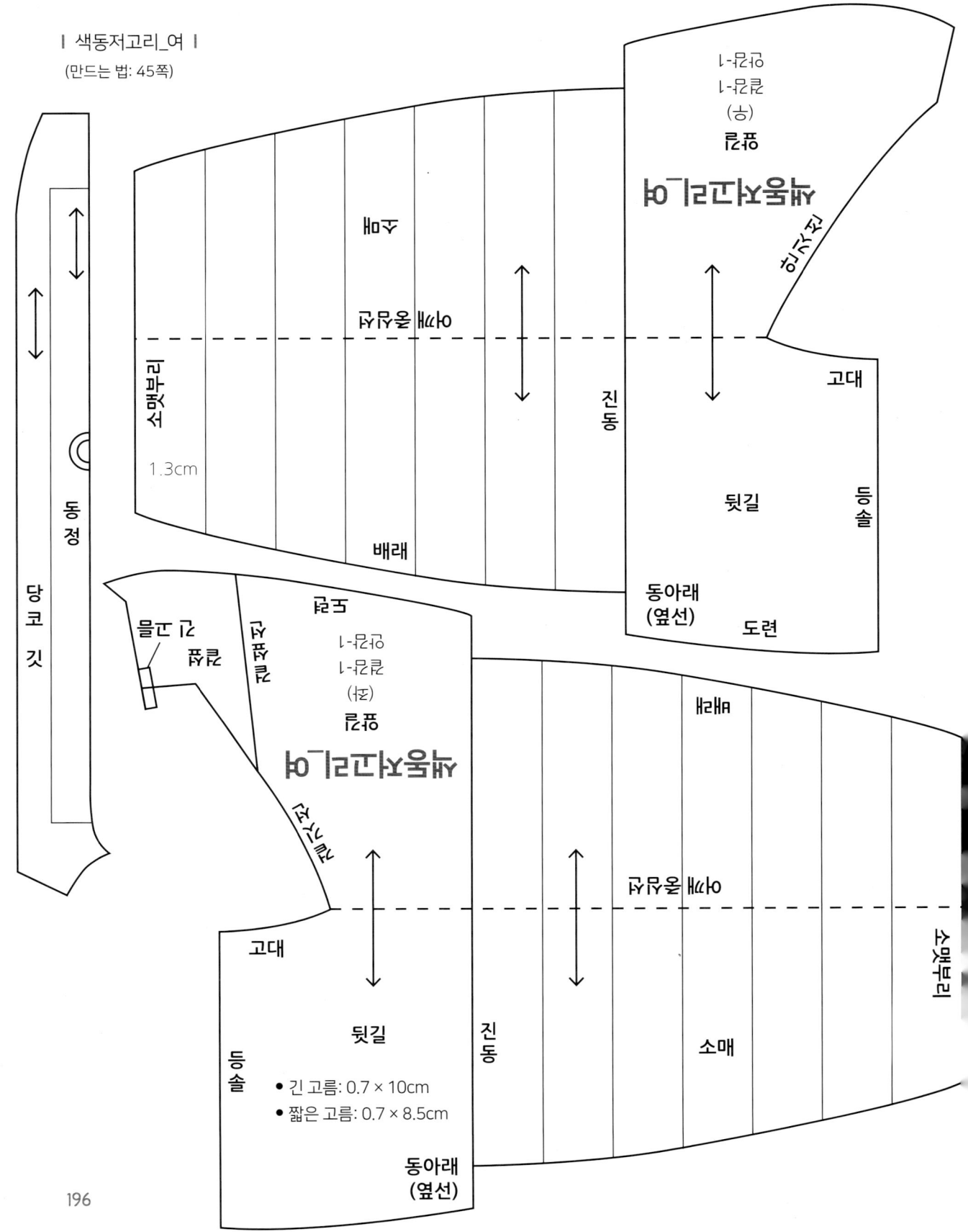

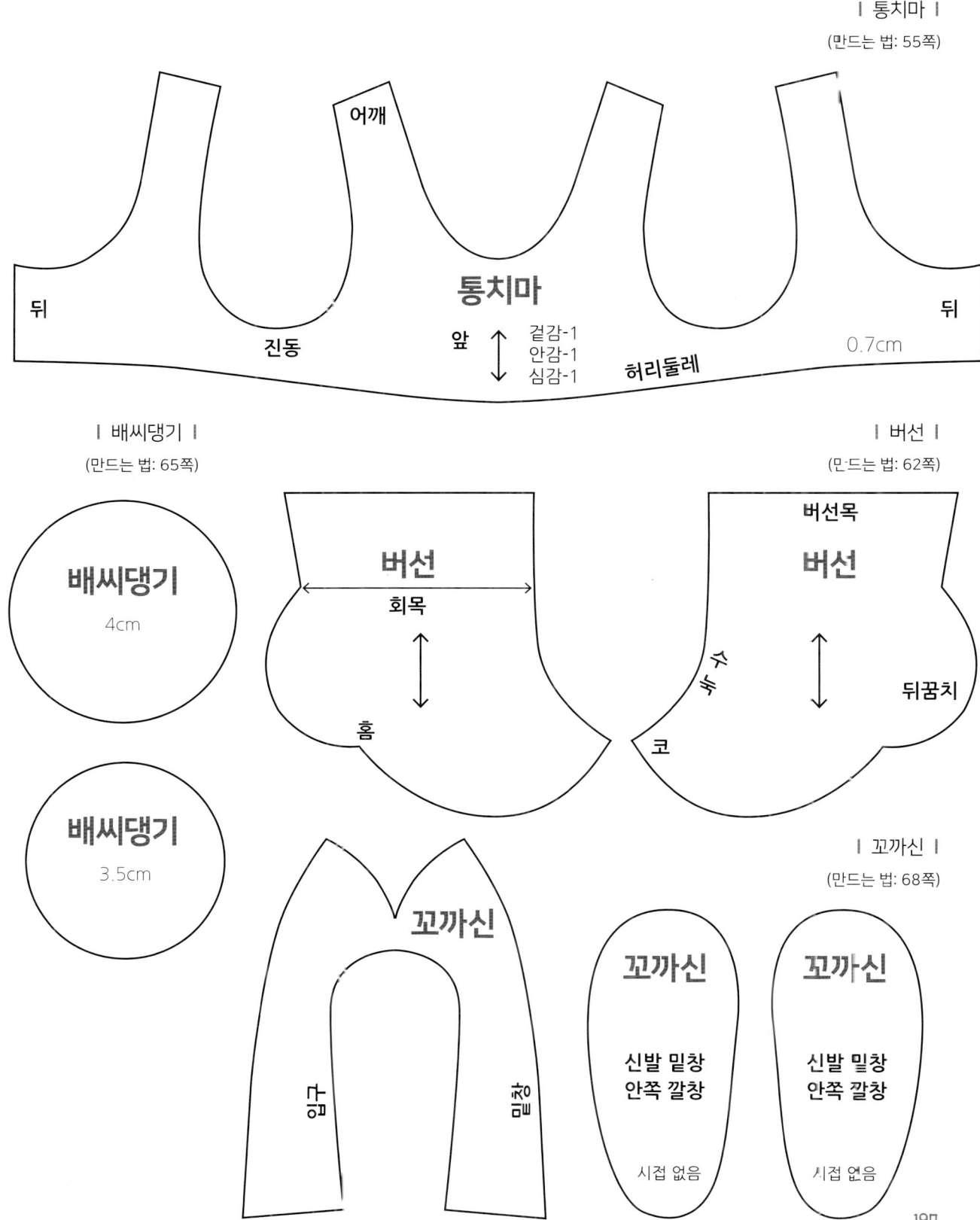

| 색동저고리_남 |
(만드는 법: 73쪽)

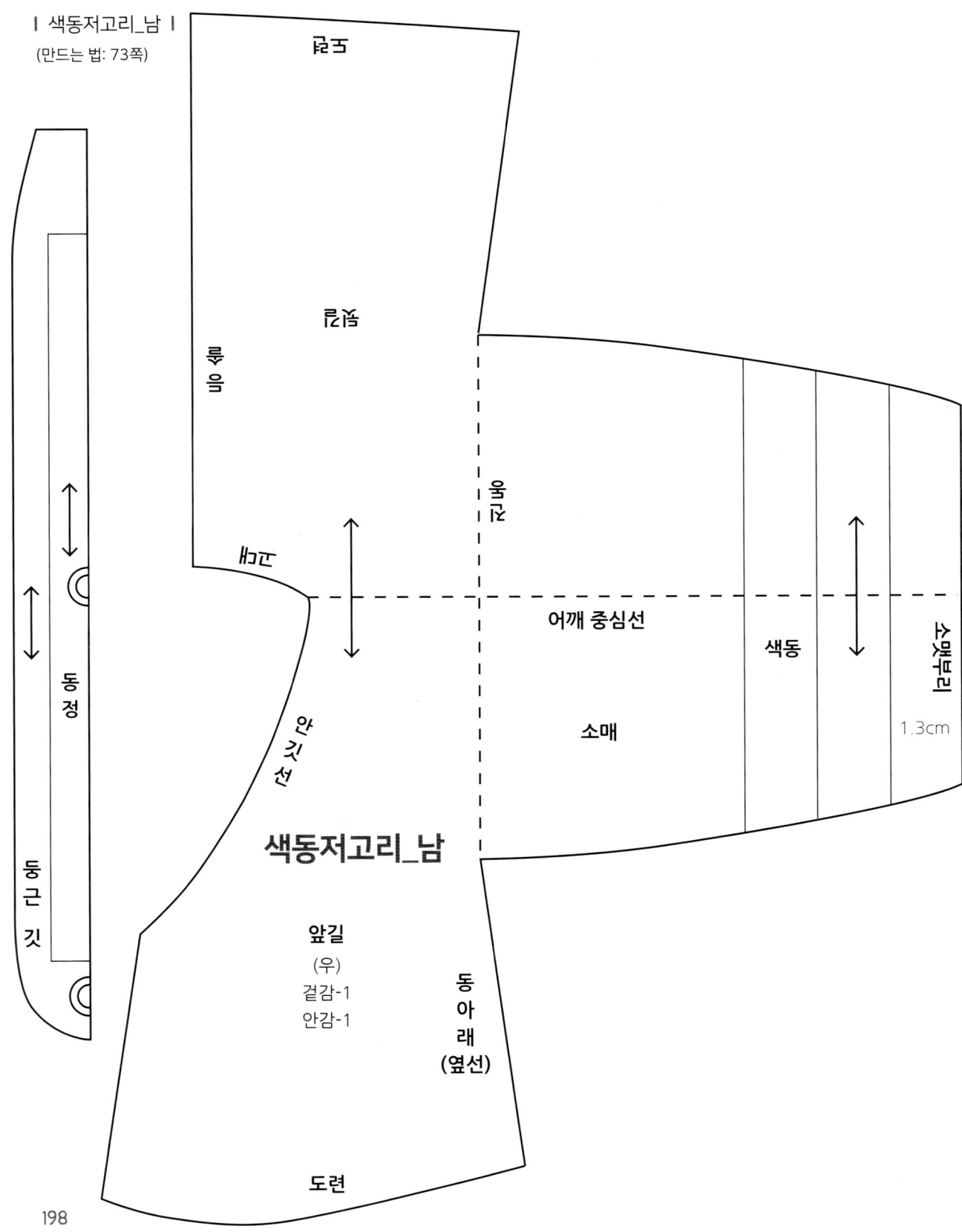

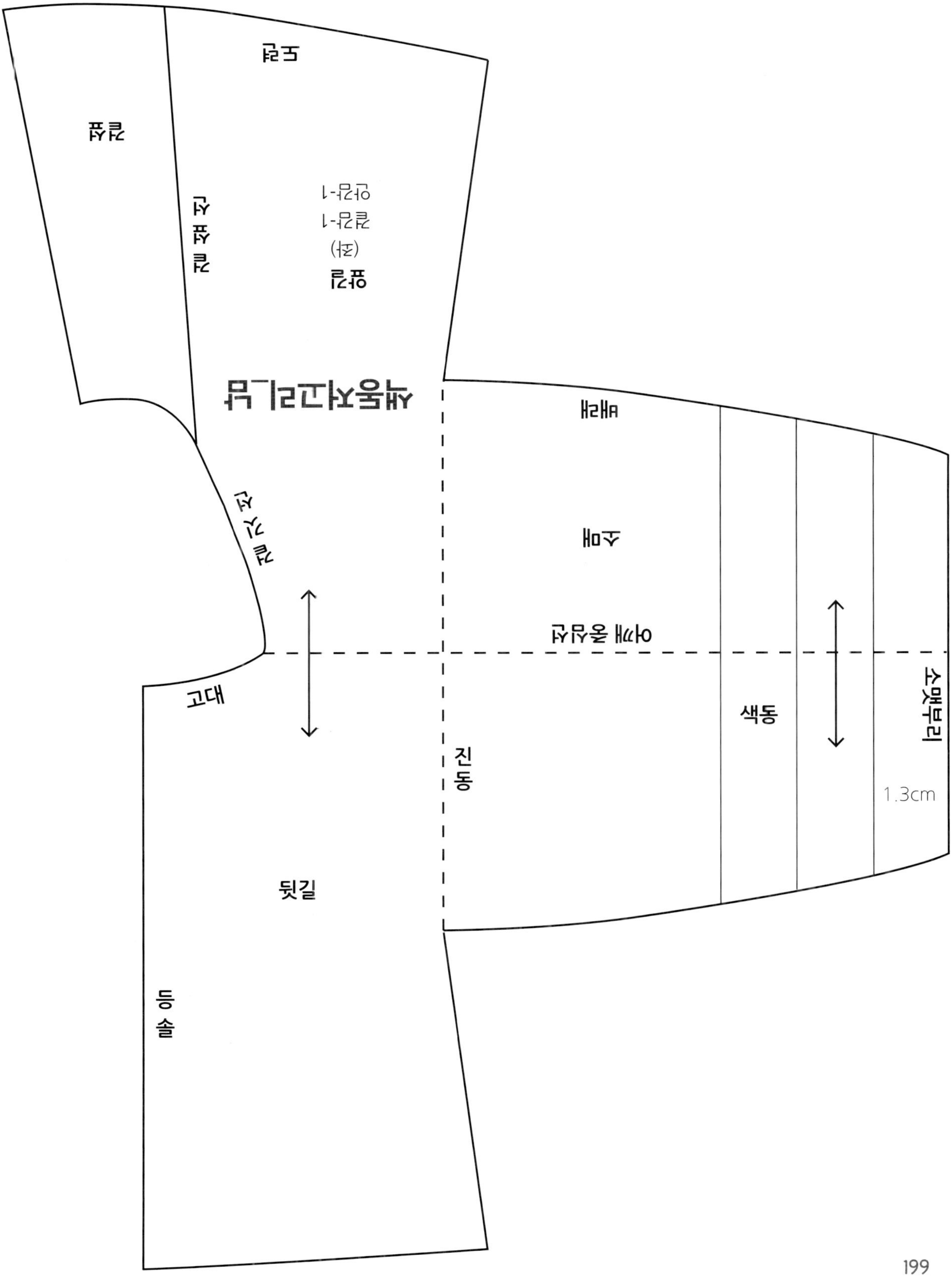

도련
겉섶
겉섶 선
안감-1
겉감-1
(좌)
앞길
색동저고리 본
겉깃 선
배래
소매
어깨 솔기선
고대
색동
소맷부리
1.3cm
진동
뒷길
등솔

| 사폭바지 |
(만드는 법: 80쪽)

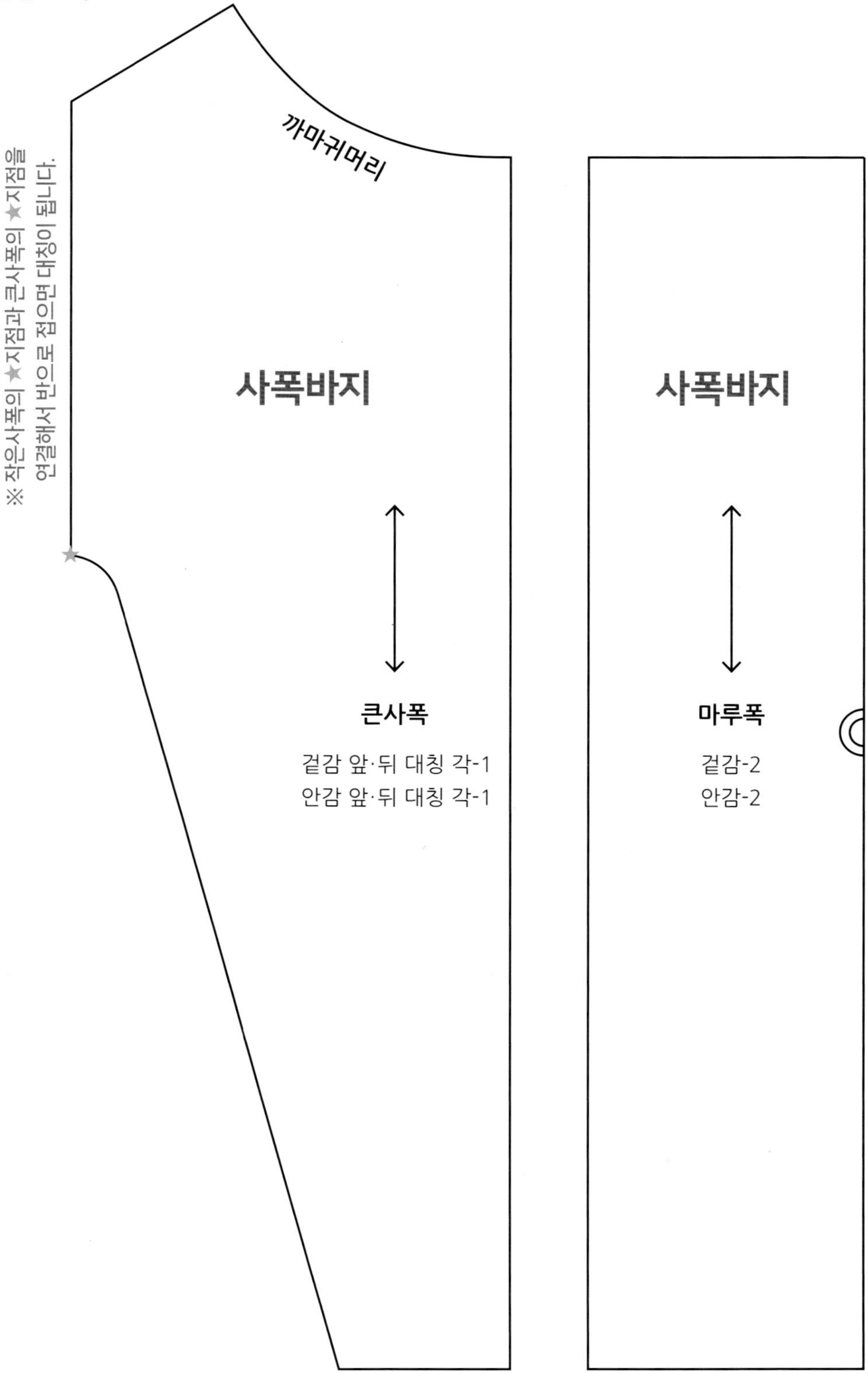

※ 작은사폭의 ★지점과 큰사폭의 ★지점을
연결해서 반으로 접으면 대칭이 됩니다.

까마귀머리

사폭바지

큰사폭

겉감 앞·뒤 대칭 각-1
안감 앞·뒤 대칭 각-1

사폭바지

마루폭

겉감-2
안감-2

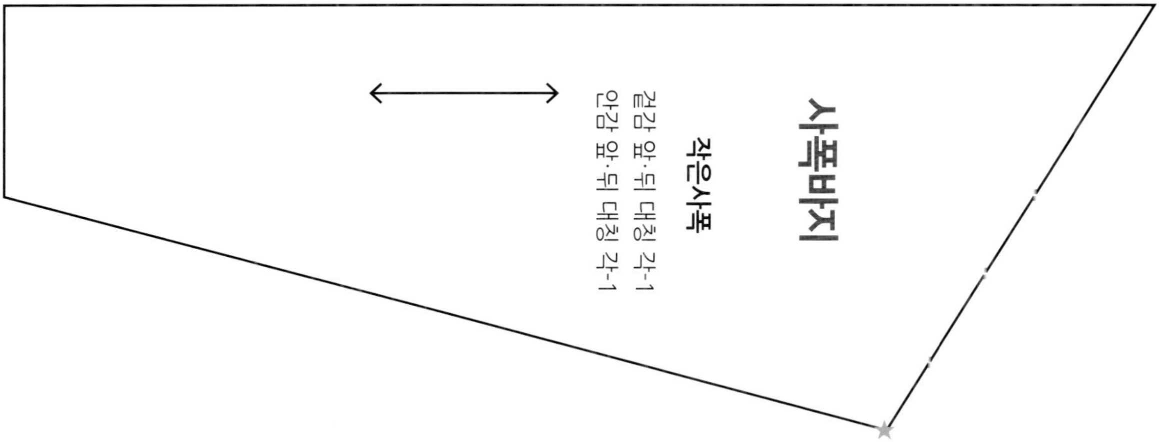

사폭바지
작은사폭
겉감 앞·뒤 대칭 각-1
안감 앞·뒤 대칭 각-1

사폭바지
허리
겉감-1
• 대님(겉감-2): 1 × 16cm

| 조끼 |

(만드는 법: 86쪽)

앞길
(좌)
겉감-1
안감-1
조끼
작은 주머니
큰 주머니
어깨
옆선

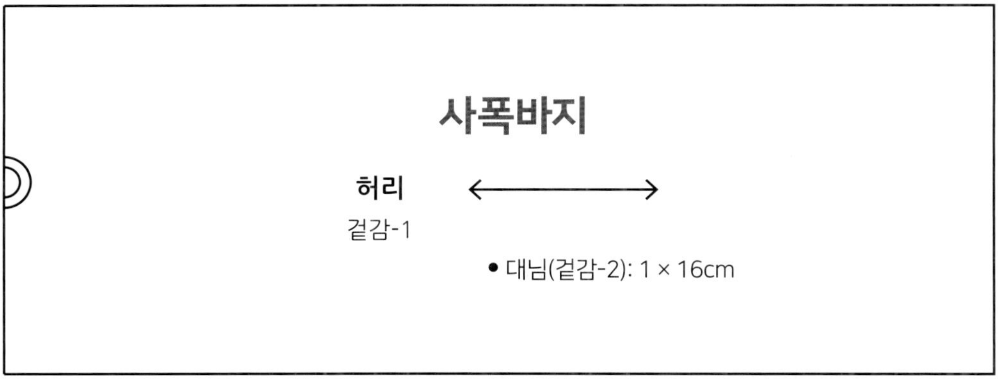

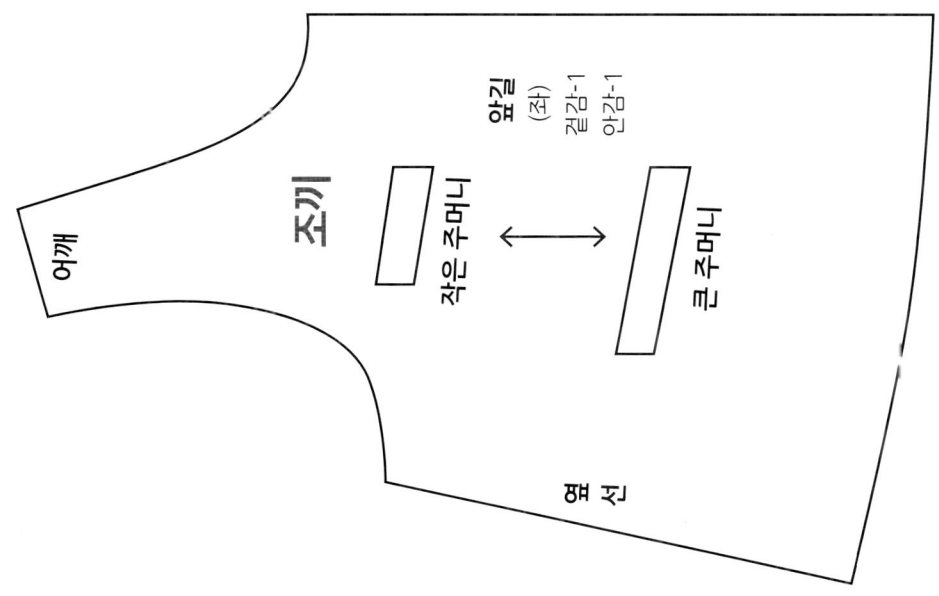

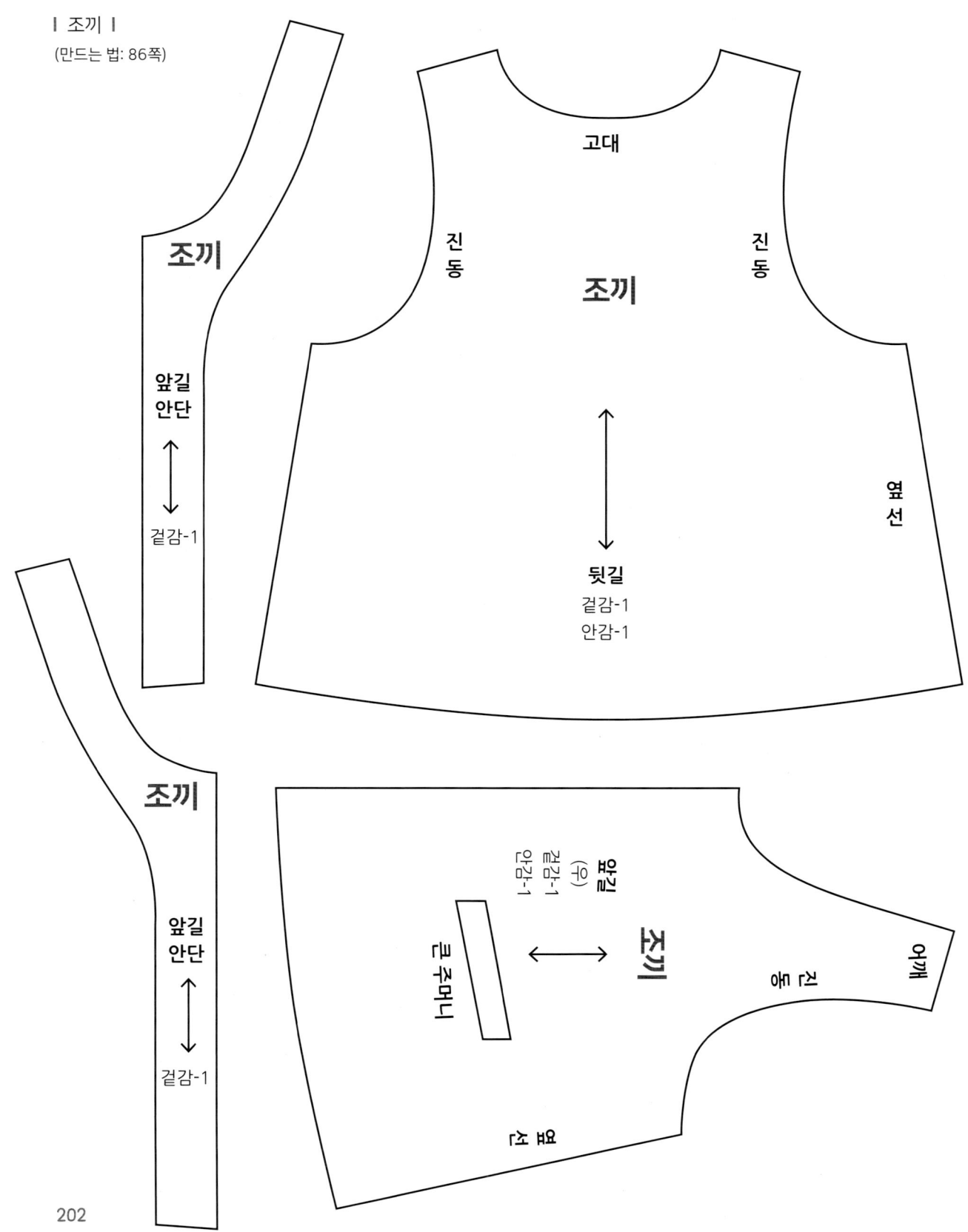

| 절릭원피스 |
(만드는 법: 97쪽)

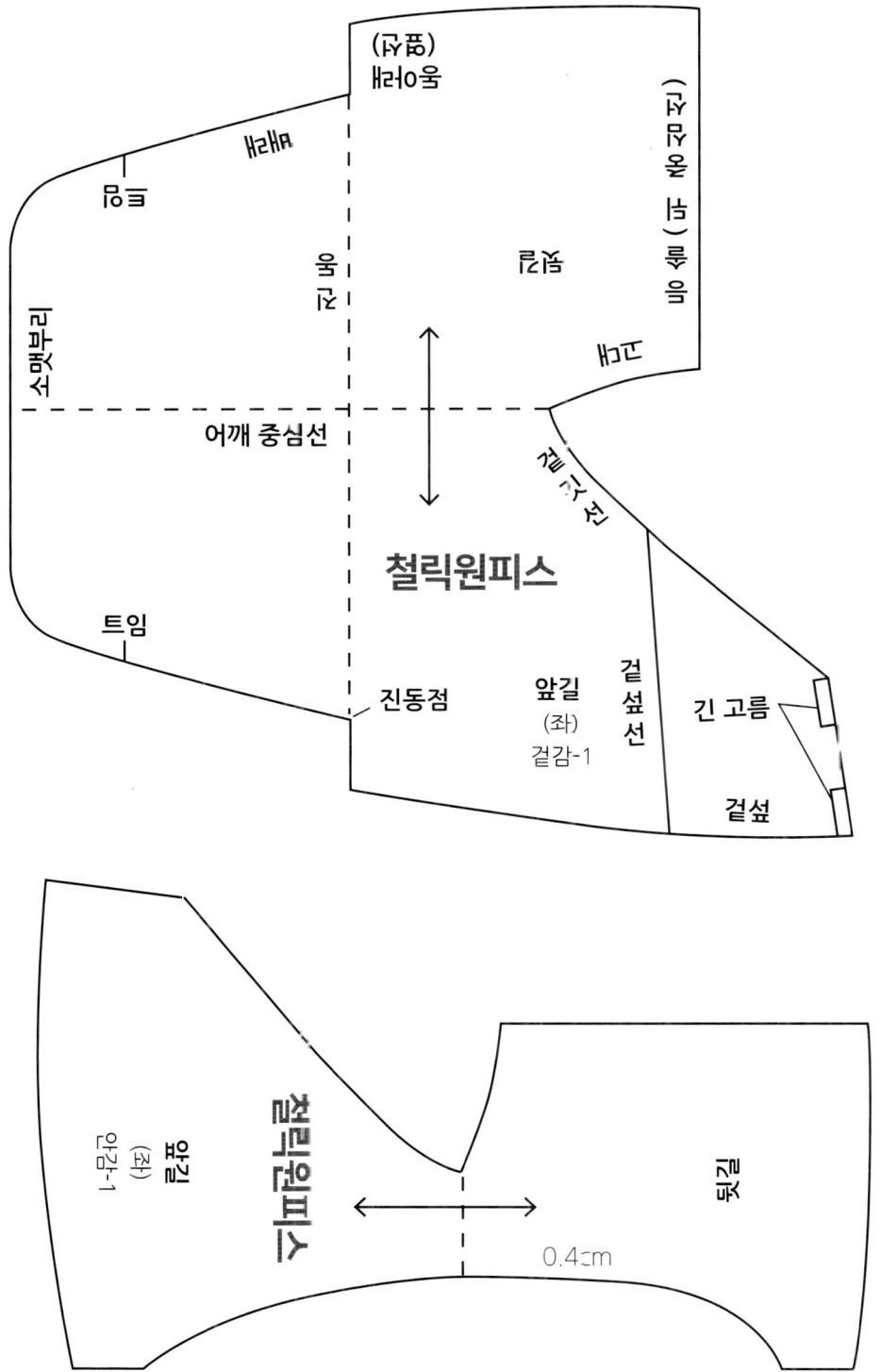

철릭원피스

(만드는 법: 97쪽)

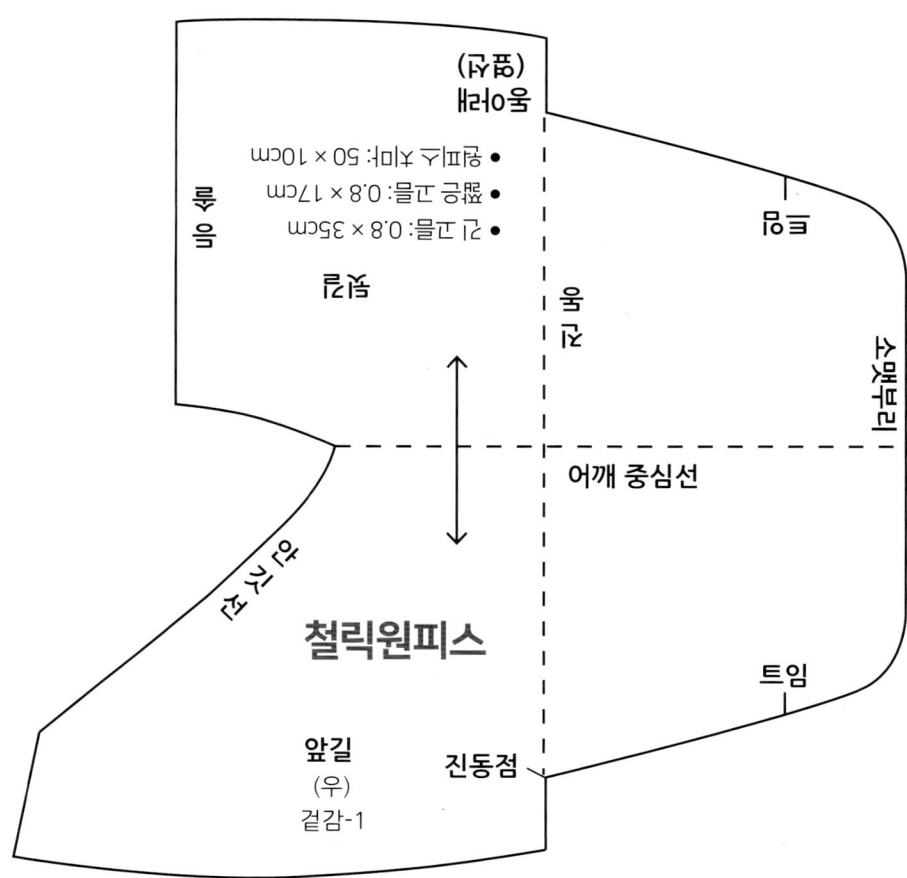

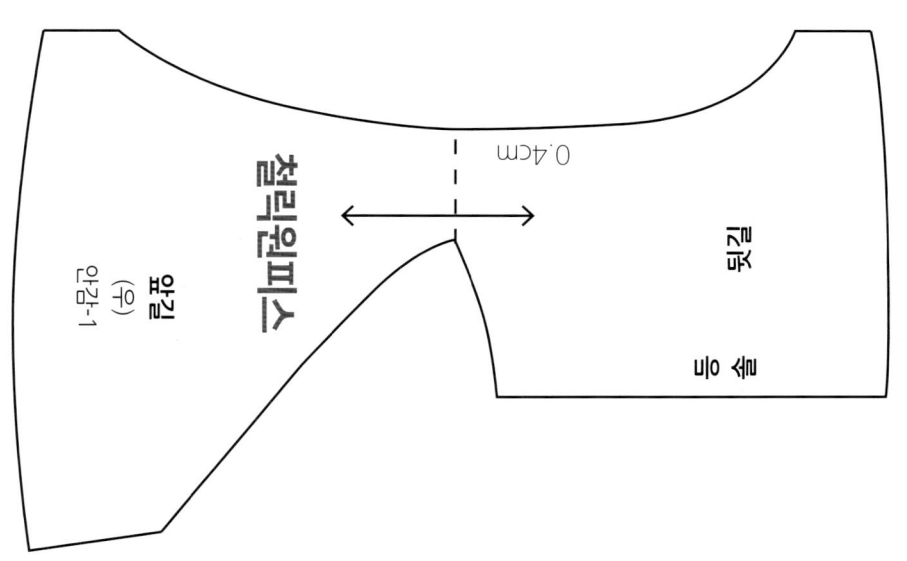

| 레이스 속바지 |
(만드는 법: 103쪽)

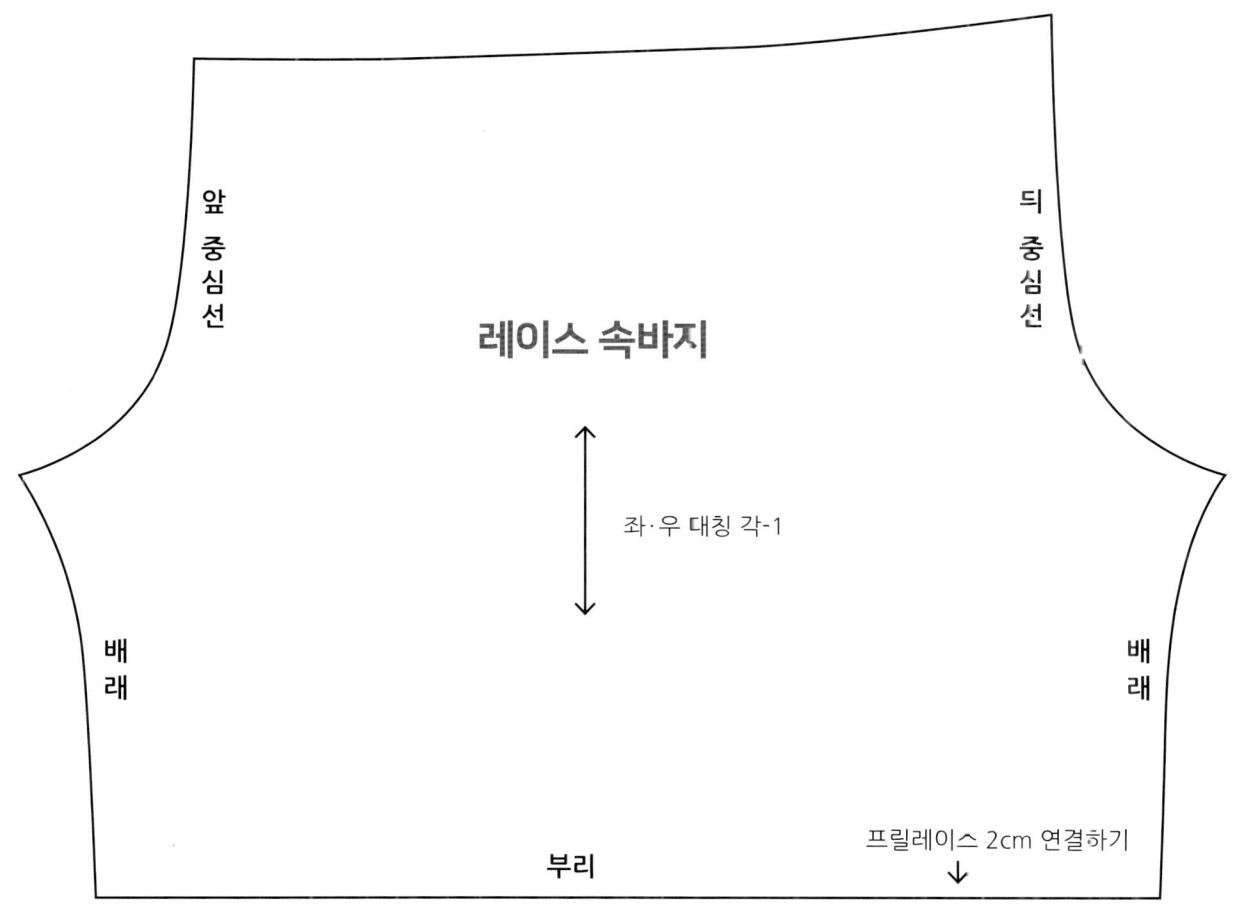

| 배기바지 |

(만드는 법: 111쪽)

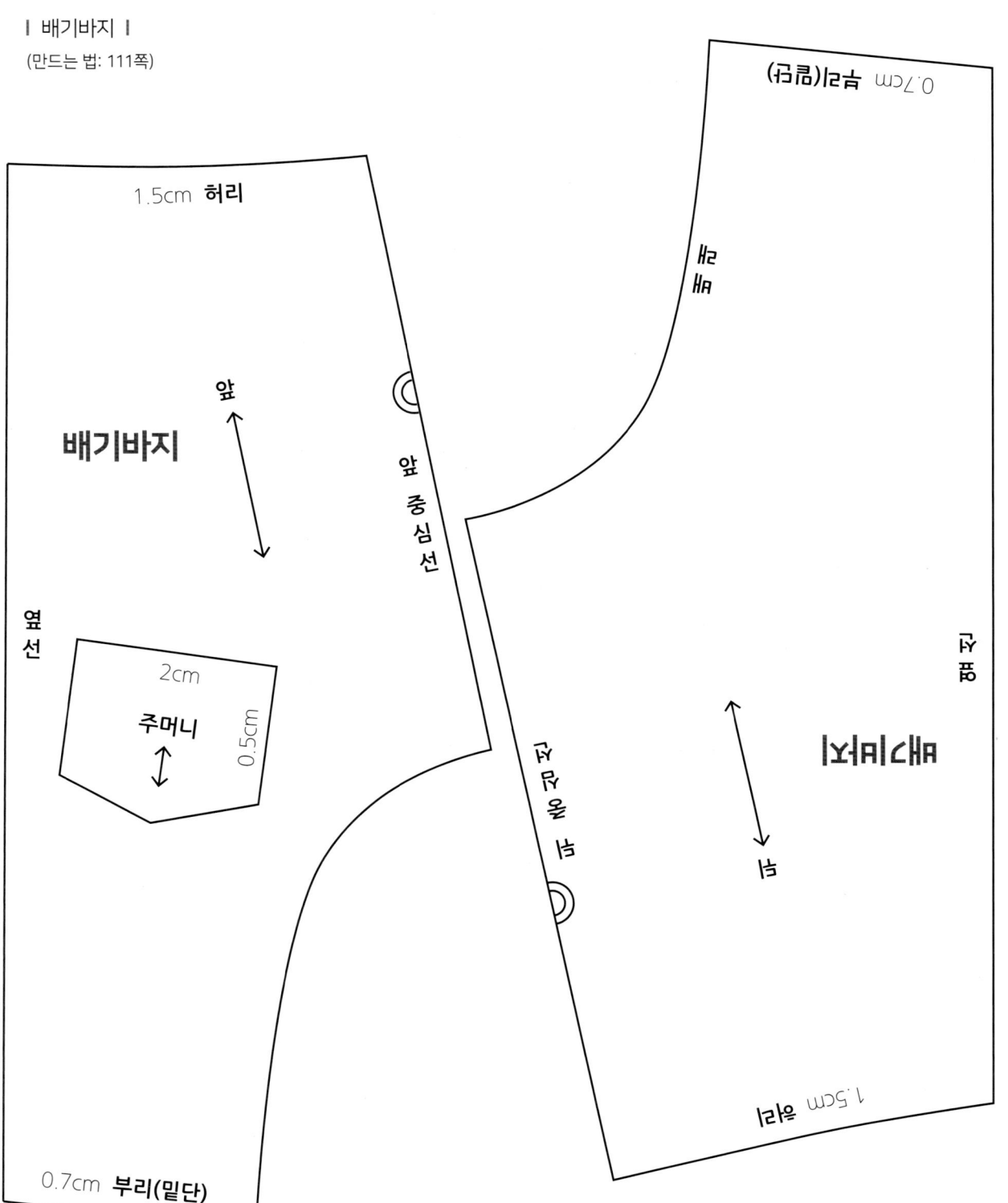

| 개량 속바지 |
(만드는 법: 134쪽)

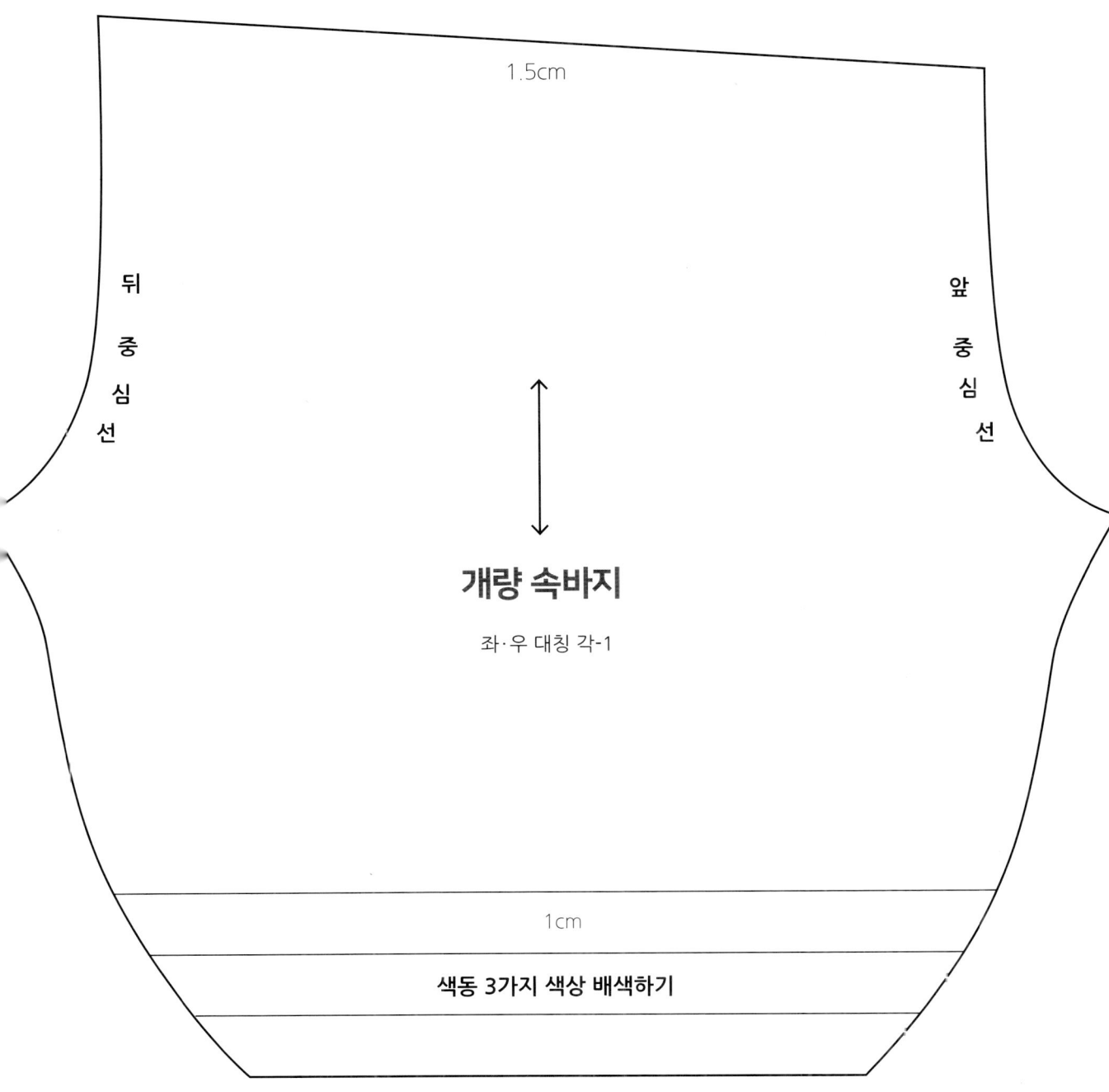

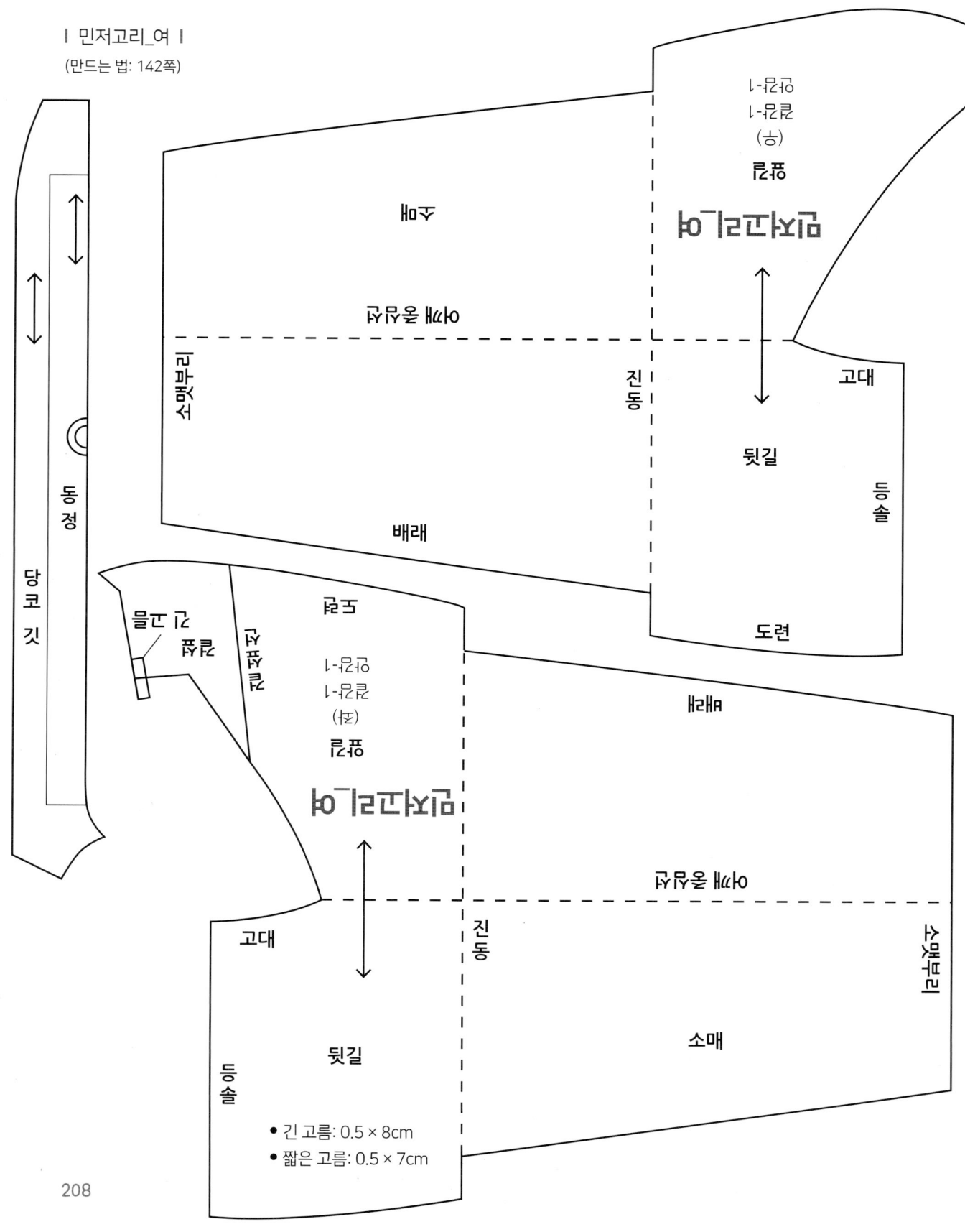

| 원삼 |

(만드는 법: 148쪽)

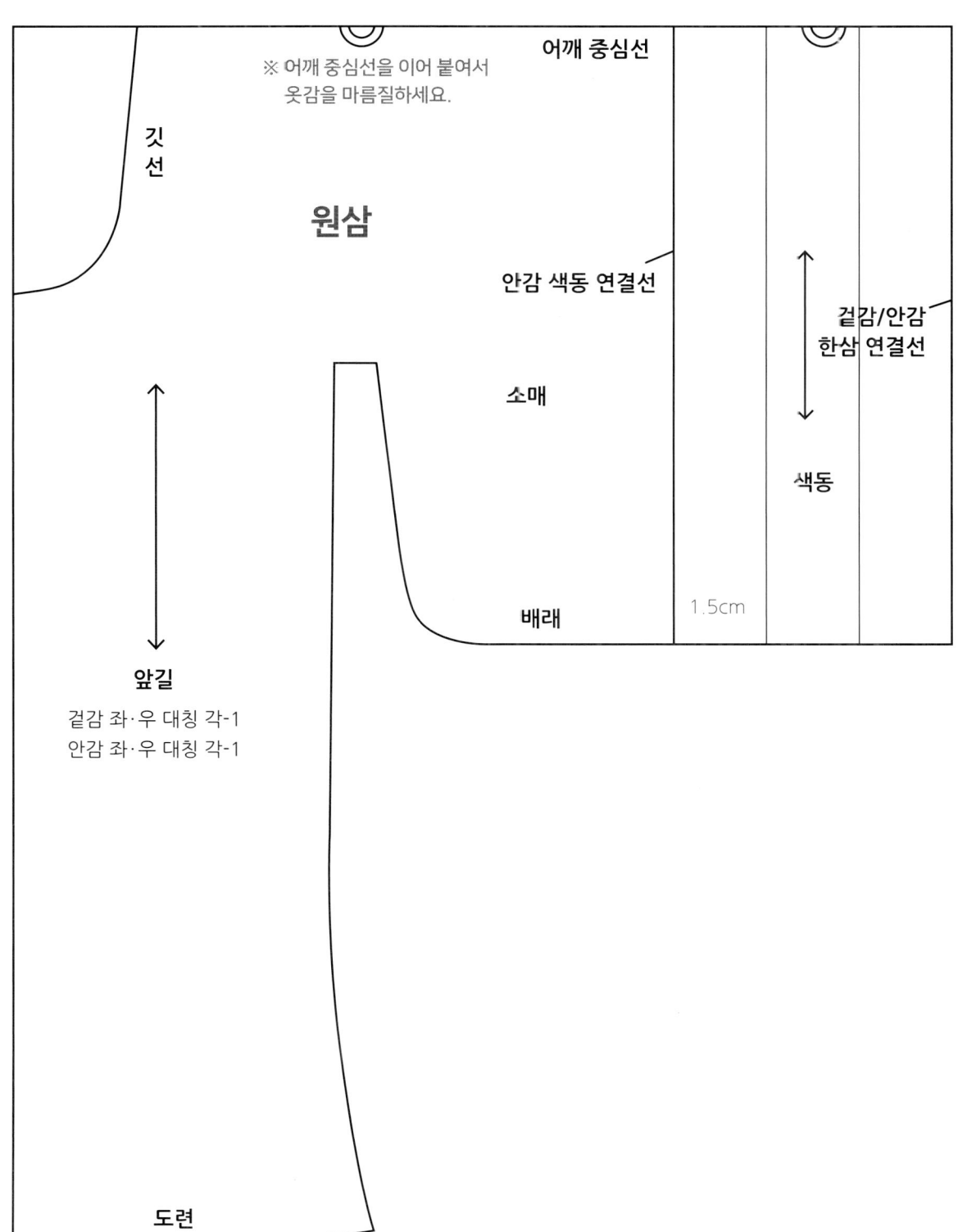

| 중치막 |

(만드는 법: 155쪽)

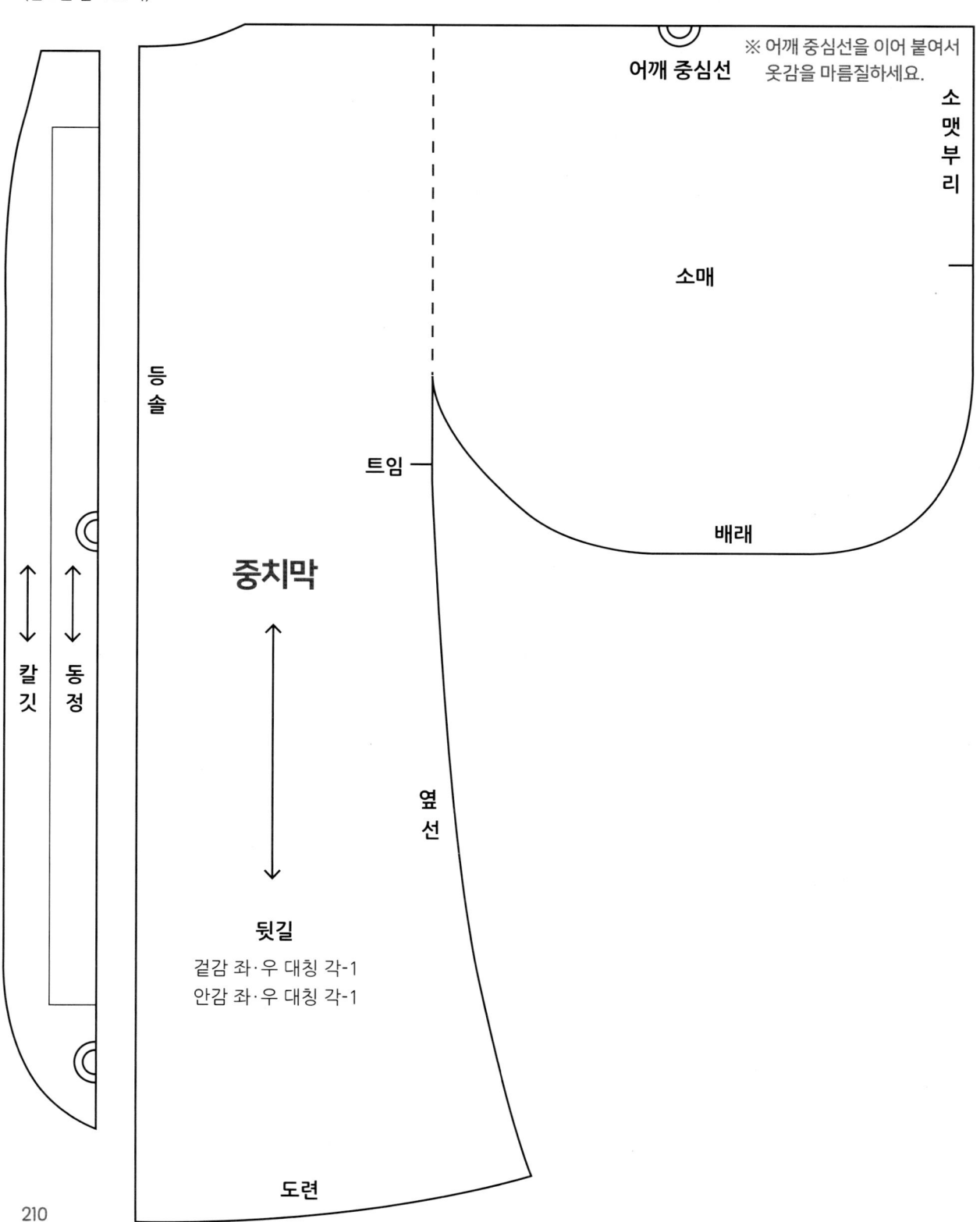

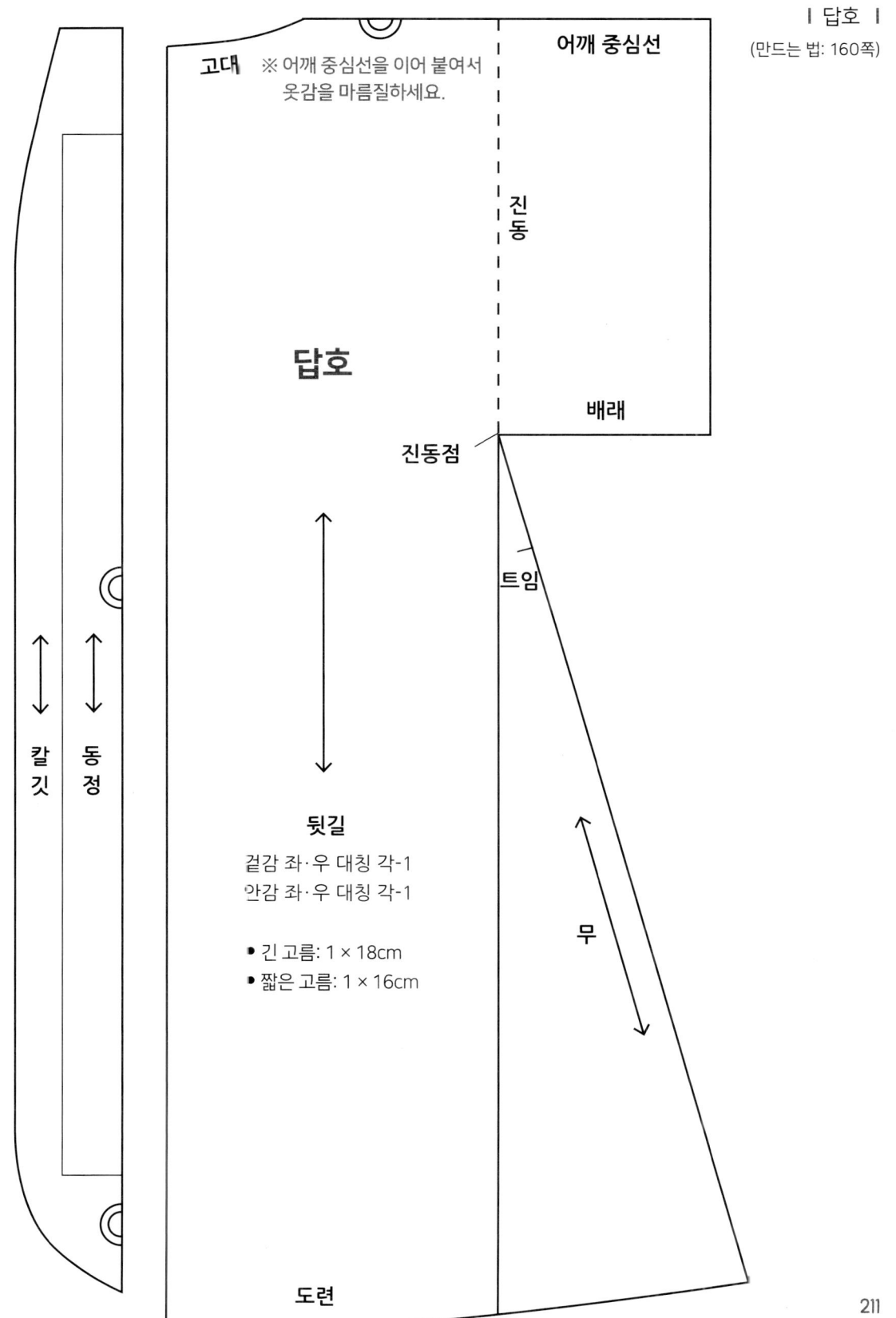

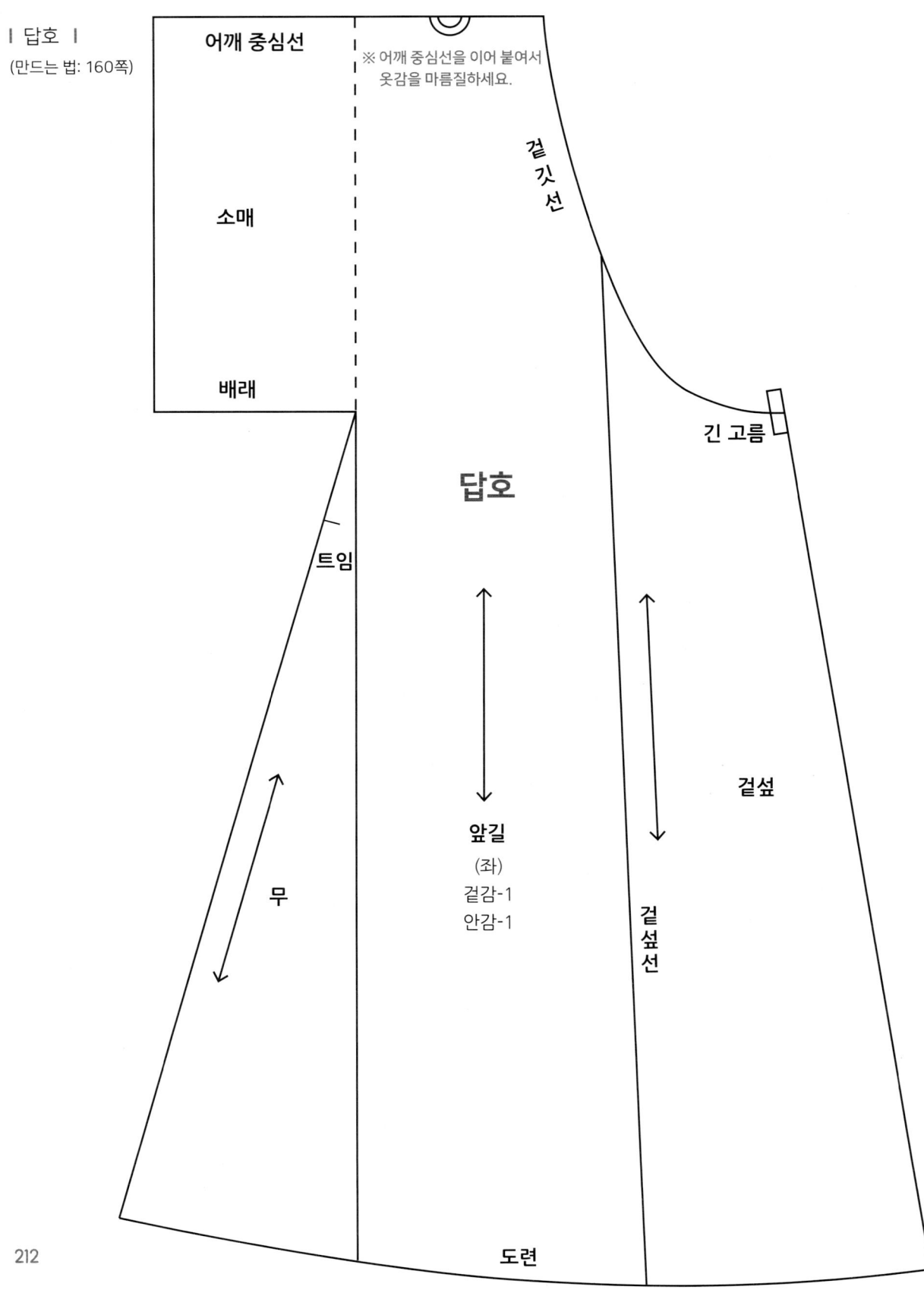

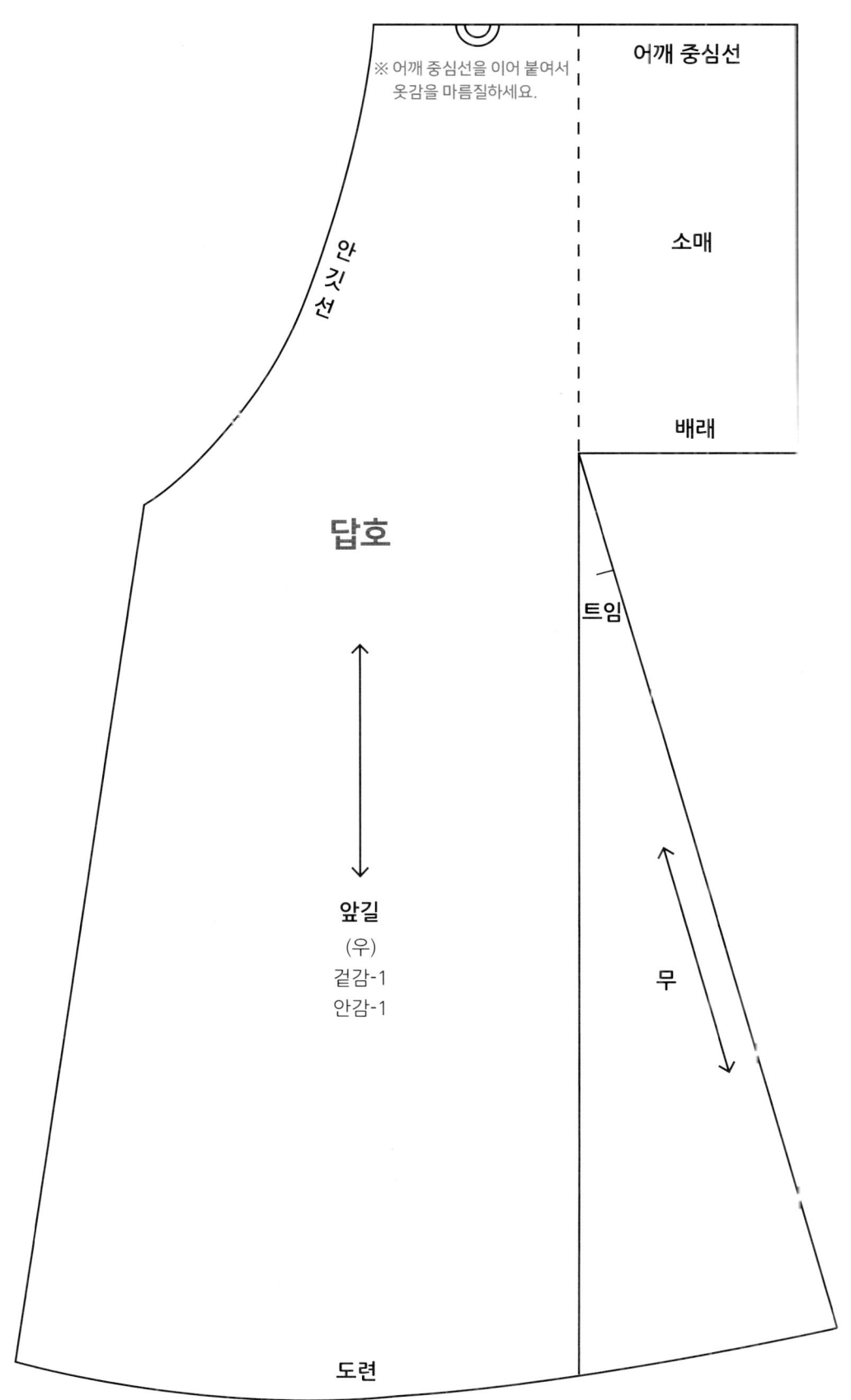

장저고리
(만드는 법: 169쪽)

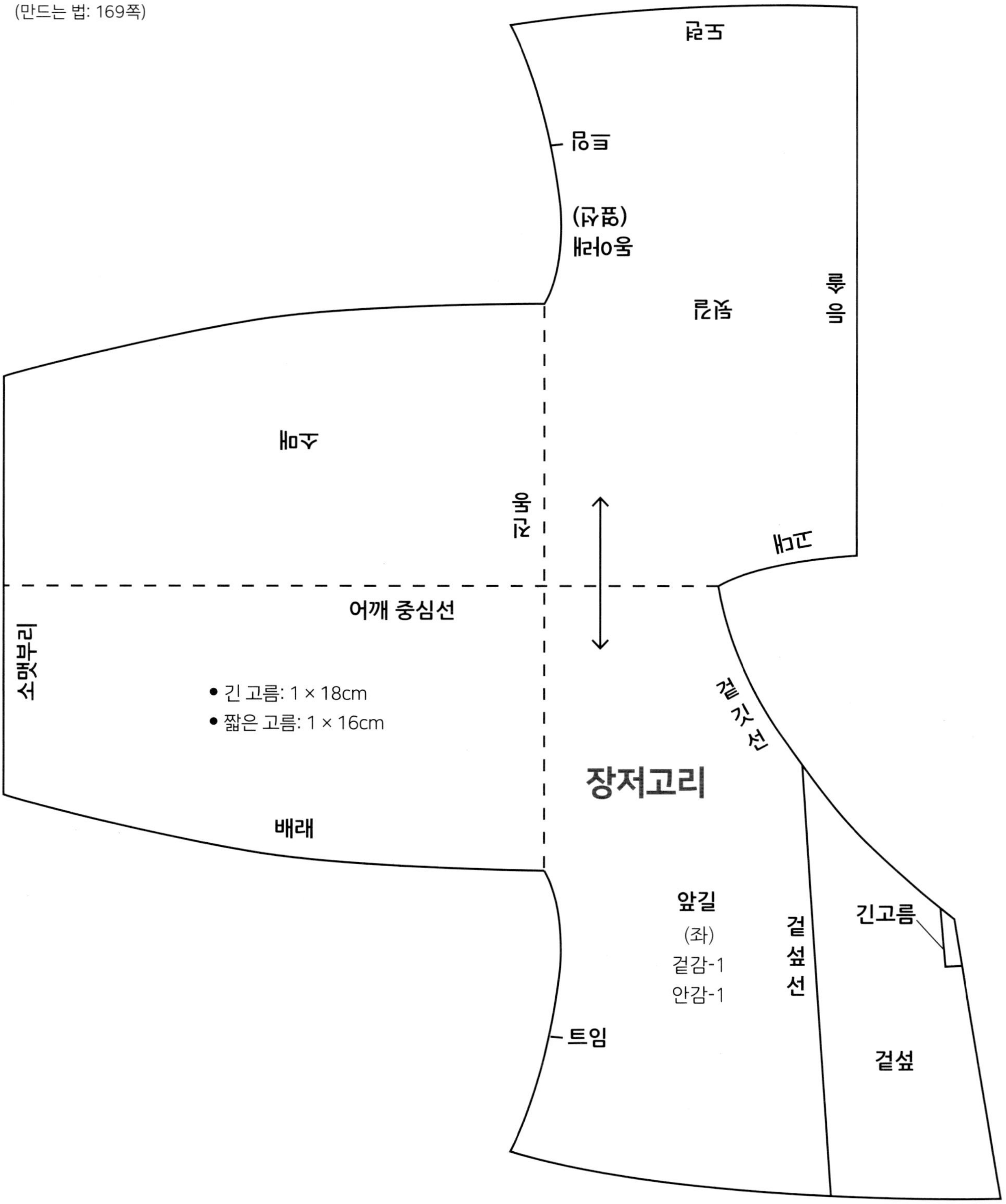

- 긴 고름: 1 × 18cm
- 짧은 고름: 1 × 16cm

장저고리

앞길
(좌)
겉감-1
안감-1

어깨 중심선

소맷부리
배래
수구
진동
품(너비)
도련
끝동
고대
등솔
깃길
깉
뒷길
고대
겉깃선
겉섶선
겉섶
긴고름
트임

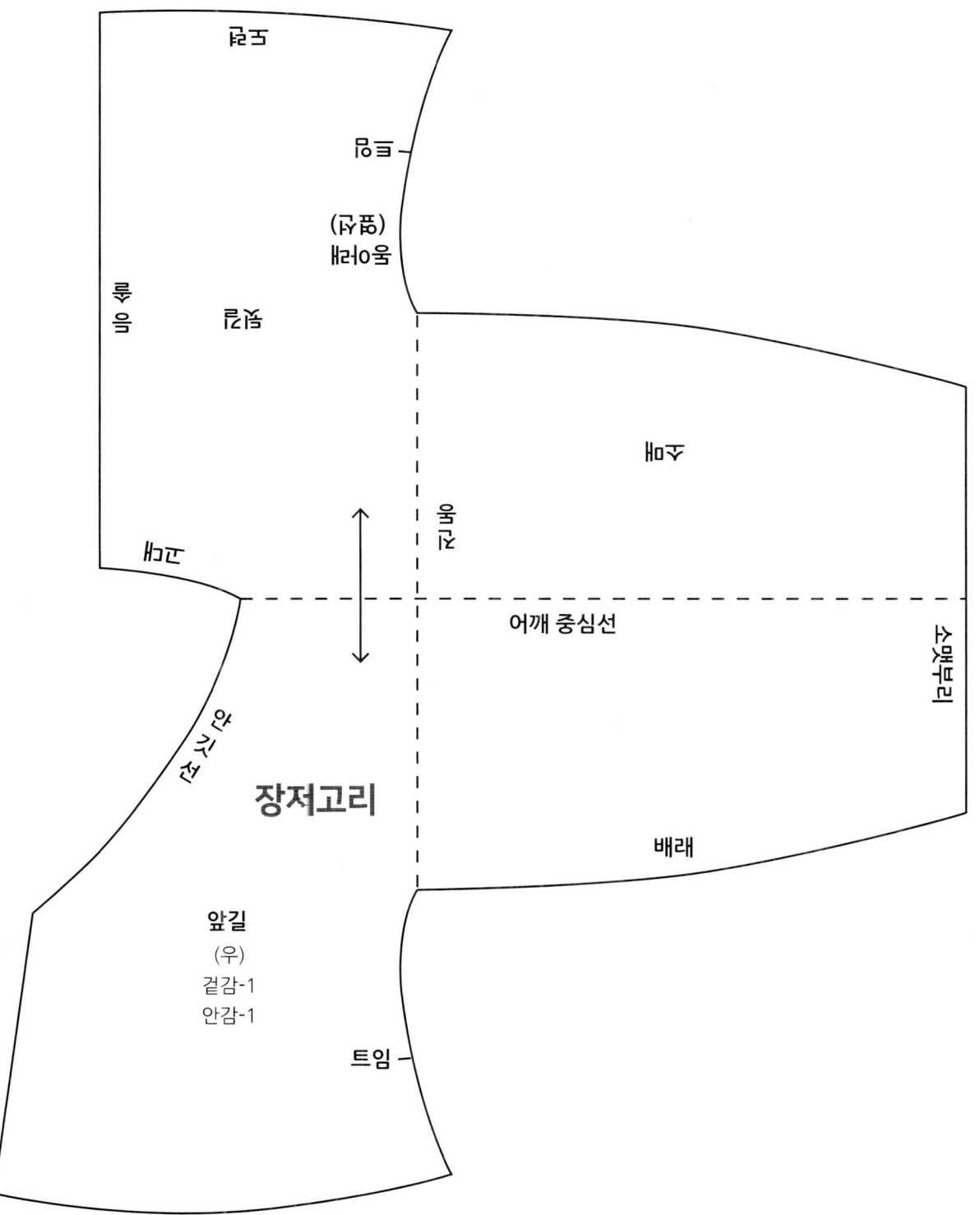

| 저고리_남 |
(만드는 법: 181쪽)

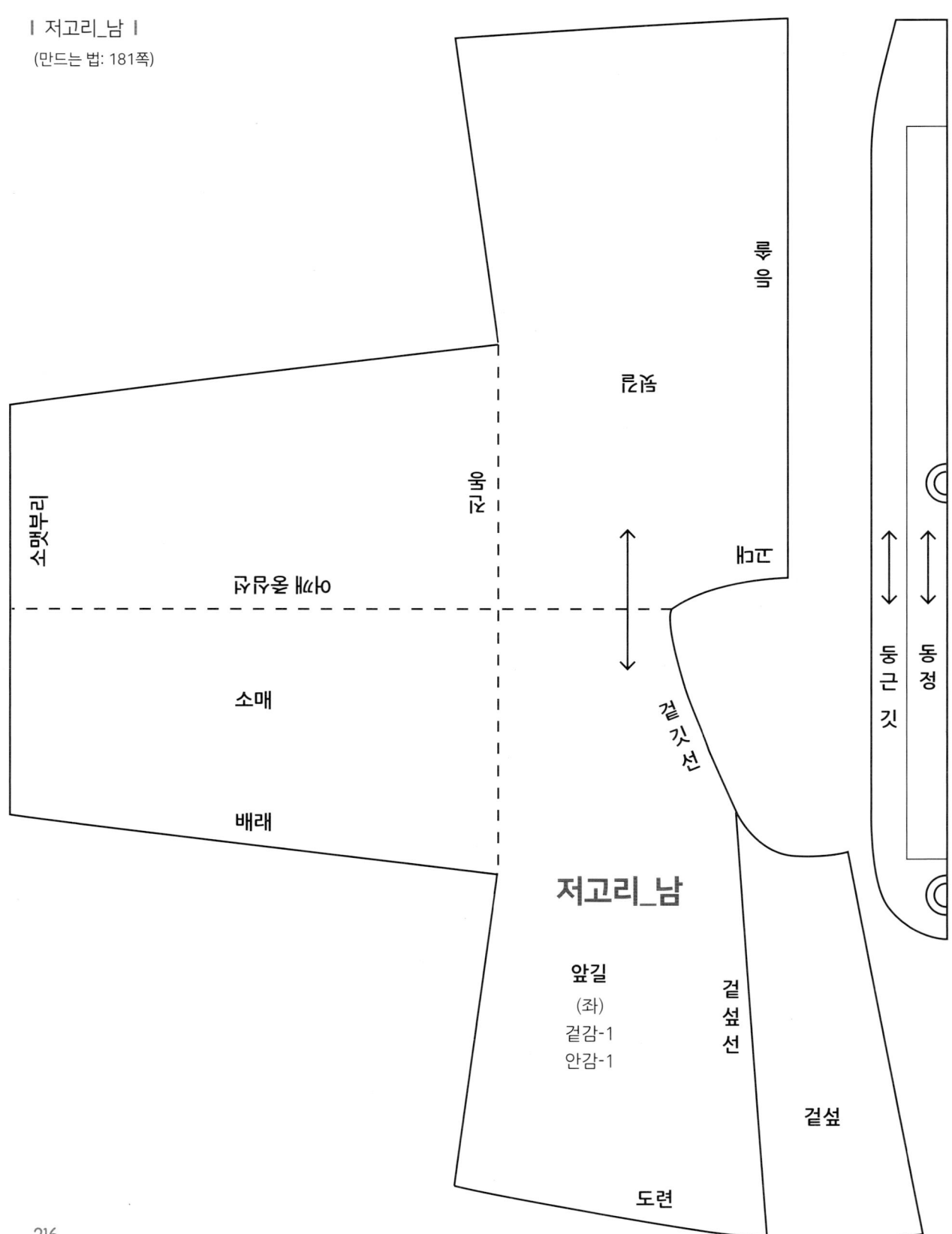

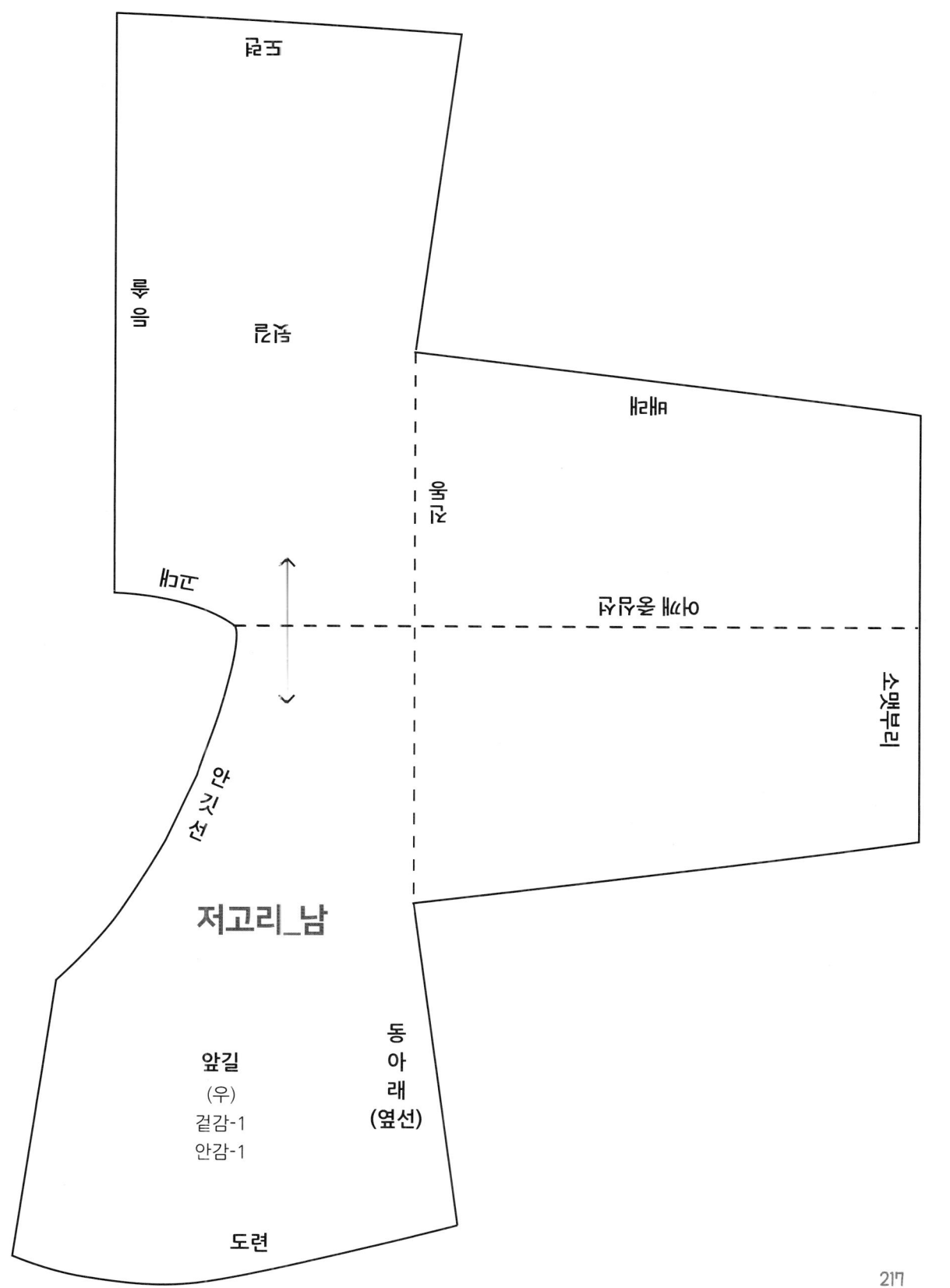

| 털배자 |
(만드는 법: 187쪽)

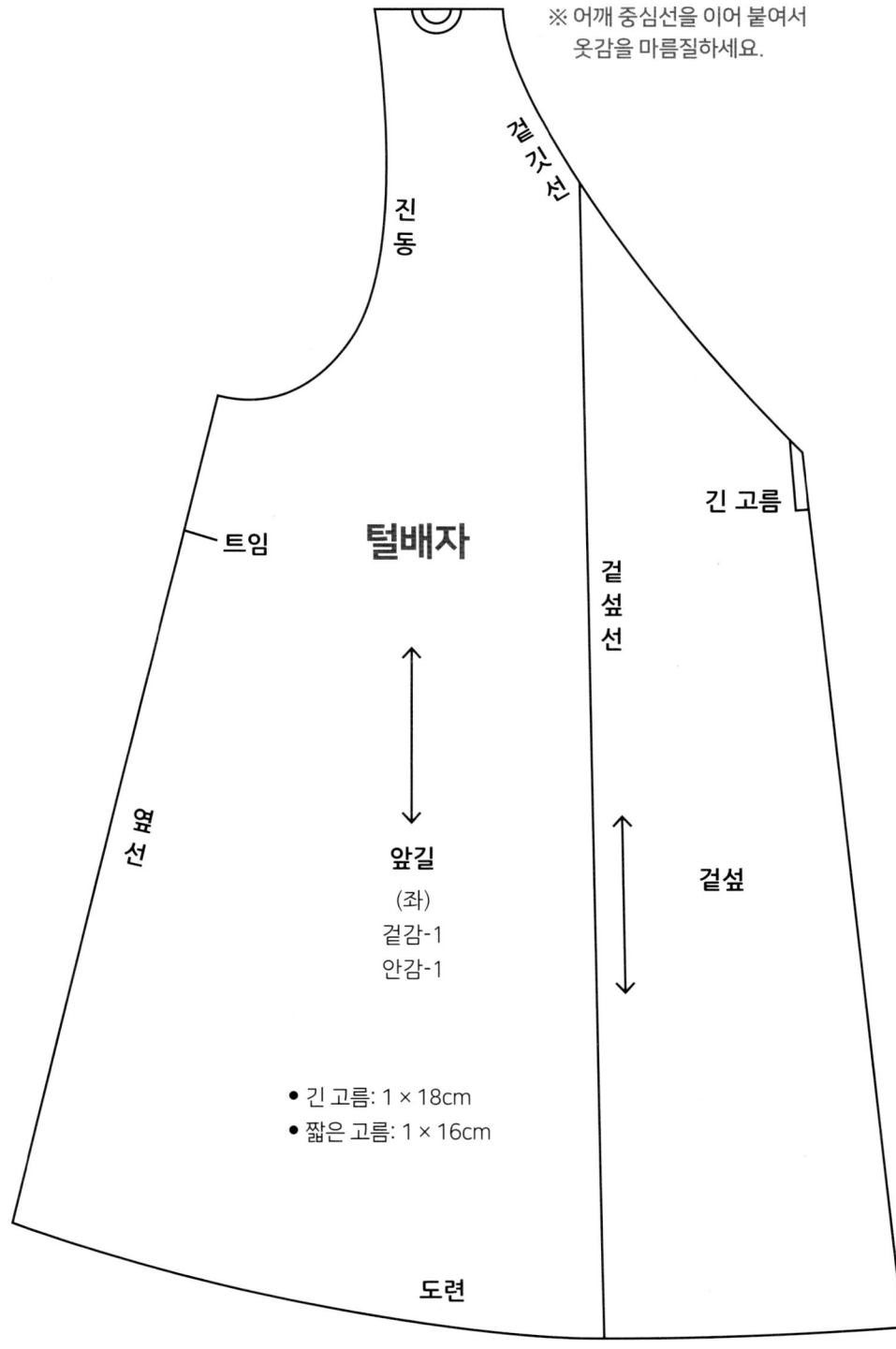

※ 어깨 중심선을 이어 붙여서 옷감을 마름질하세요.

- 긴 고름: 1 × 18cm
- 짧은 고름: 1 × 16cm

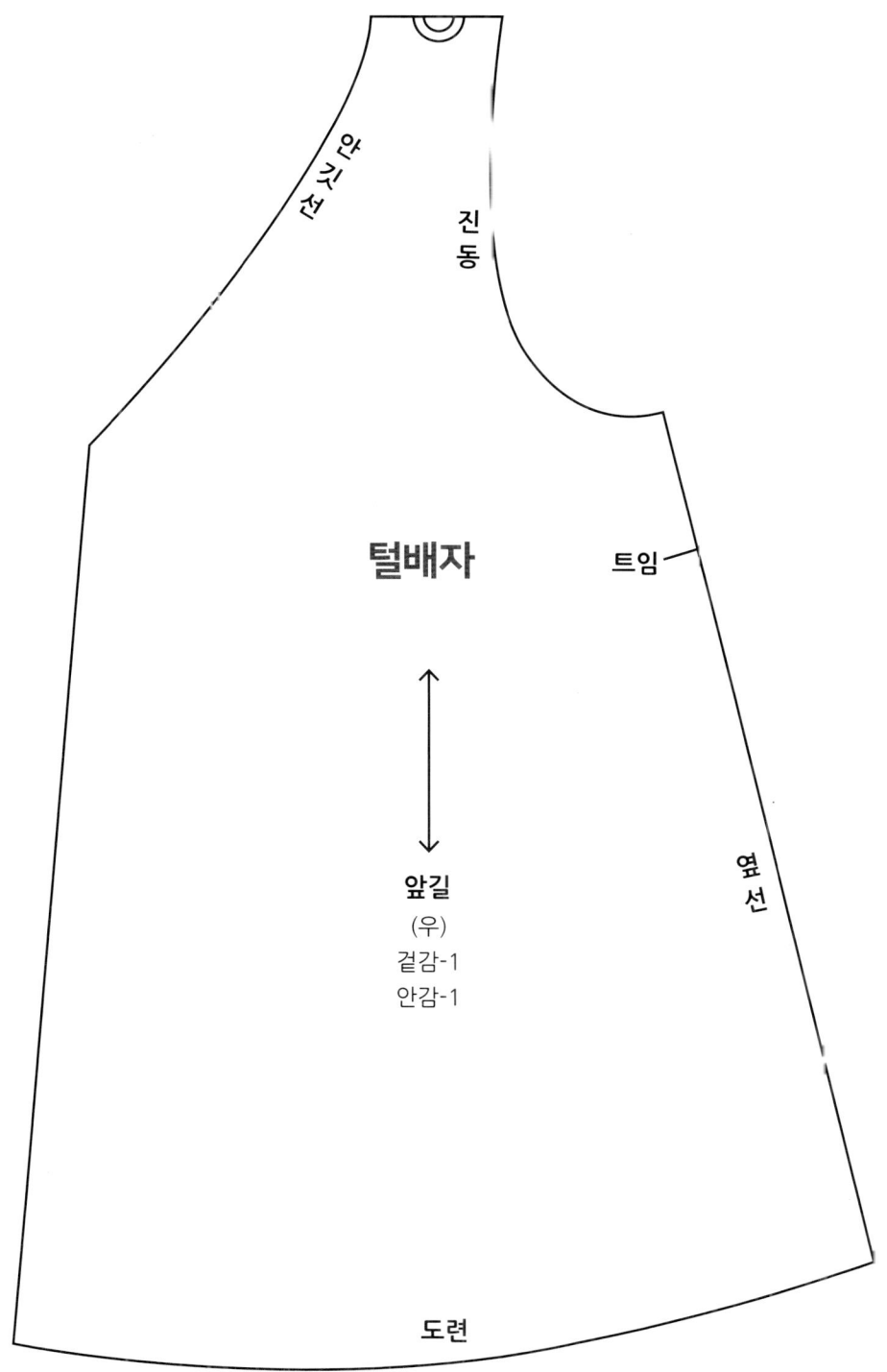

| 털배자 |
(만드는 법: 187쪽)

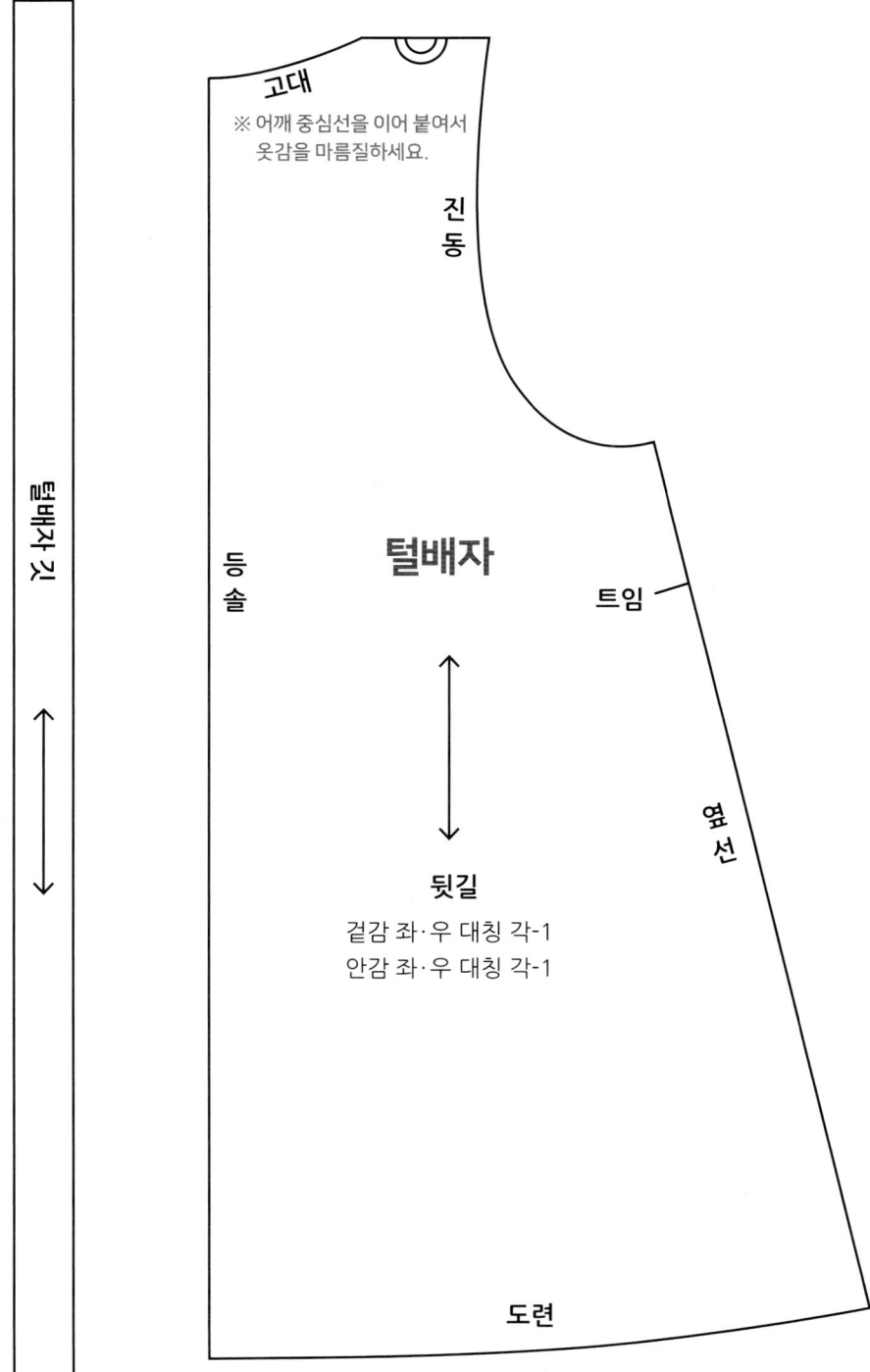

| 볼끼 |
(만드는 법: 176쪽)

| 남바위 |
(만드는 법: 191쪽)

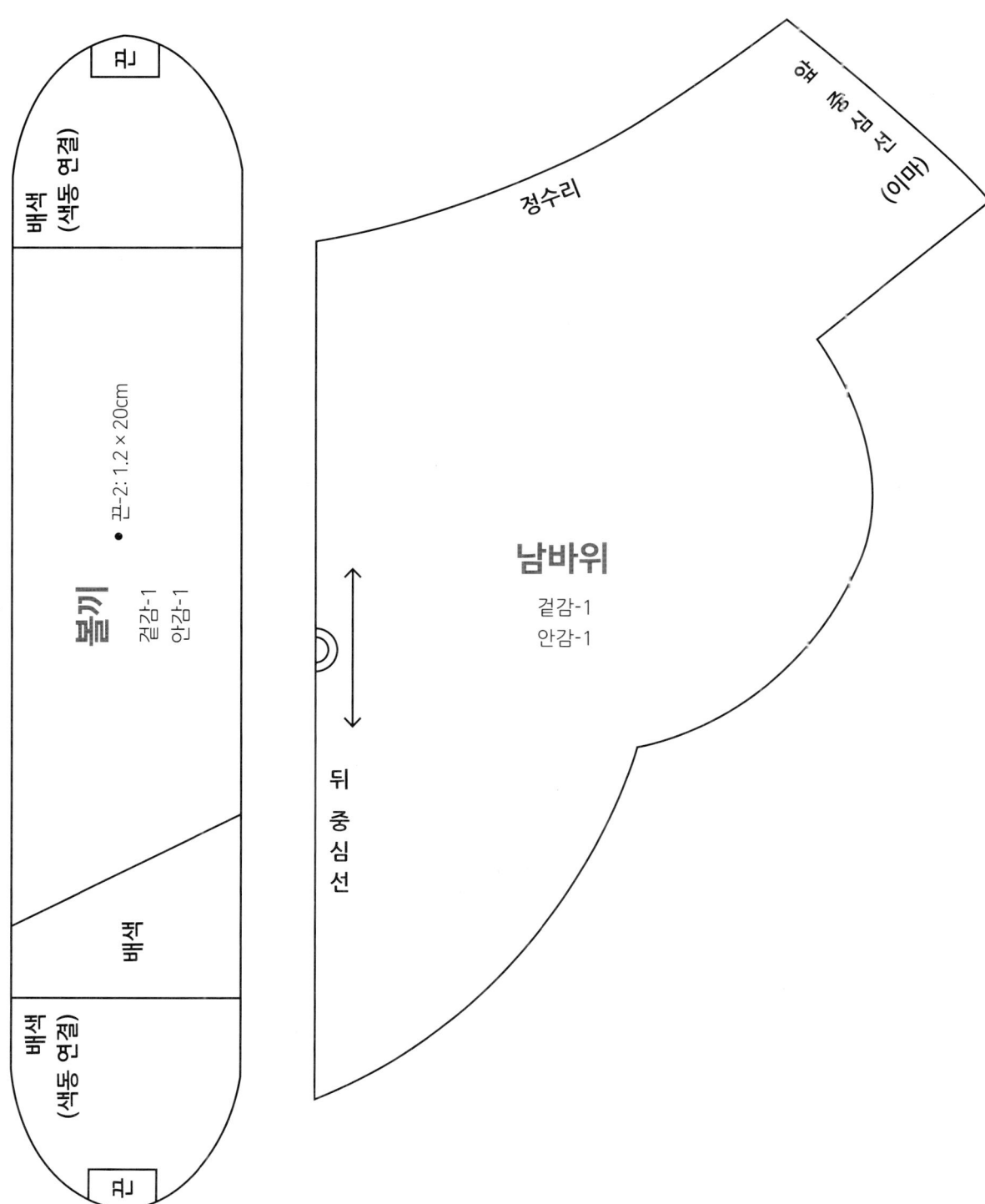

Foreign Copyright:
Joonwon Lee
Address: 3F, 127, Yanghwa-ro, Mapo-gu, Seoul, Republic of Korea
　　　　　3rd Floor
Telephone: 82-2-3142-4151, 82-10-4624-6629
E-mail: jwlee@cyber.co.kr

요술마녀의 파올라레이나 사계절 한복
한복이 좋아서 ● 인형이 예뻐서

2021. 10. 14. 1판 1쇄 발행
2022. 5. 26. 1판 2쇄 발행

저자와의
협의하에
검인생략

지은이 | 조영남
펴낸이 | 이종춘
펴낸곳 | BM (주)도서출판 성안당

주소 | 04032 서울시 마포구 양화로 127 첨단빌딩 3층(출판기획 R&D 센터)
　　　 10881 경기도 파주시 문발로 112 파주 출판 문화도시(제작 및 물류)
전화 | 02) 3142-0036
　　　 031) 950-6300
팩스 | 031) 955-0510
등록 | 1973. 2. 1. 제406-2005-000046호
출판사 홈페이지 | www.cyber.co.kr
ISBN | 978-89-315-5775-6 (13630)
정가 | 22,000원

이 책을 만든 사람들
책임 | 최옥현
기획·진행 | 정지현
진행·편집 | 상:想 company
홍보 | 김계향, 이보람, 유미나, 서세원, 이준영
국제부 | 이선민, 조혜란, 권수경
마케팅 | 구본철, 차정욱, 오영일, 나진호, 강호묵
마케팅 지원 | 장상범, 박지연
제작 | 김유석

이 책의 어느 부분도 저작권자나 BM (주)도서출판 성안당 발행인의 승인 문서 없이 일부 또는 전부를 사진 복사나 디스크 복사 및 기타 정보 재생 시스템을 비롯하여 현재 알려지거나 향후 발명될 어떤 전기적, 기계적 또는 다른 수단을 통해 복사하거나 재생하거나 이용할 수 없음.

■ 도서 A/S 안내

성안당에서 발행하는 모든 도서는 저자와 출판사, 그리고 독자가 함께 만들어 나갑니다.
좋은 책을 펴내기 위해 많은 노력을 기울이고 있습니다. 혹시라도 내용상의 오류나 오탈자 등이 발견되면 **"좋은 책은 나라의 보배"**로서 우리 모두가 함께 만들어 간다는 마음으로 연락주시기 바랍니다. 수정 보완하여 더 나은 책이 되도록 최선을 다하겠습니다.
성안당은 늘 독자 여러분들의 소중한 의견을 기다리고 있습니다. 좋은 의견을 보내주시는 분께는 성안당 쇼핑몰의 포인트(3,000포인트)를 적립해 드립니다.
잘못 만들어진 책이나 부록 등이 파손된 경우에는 교환해 드립니다.

도련 1.5cm

등솔(뒤 중심선)   0.7cm

뒤길
깃동-1
(좌)
끝동 1.5cm

고대

어깨 중심선

섶

소맷부리 1.5cm

배래 0.5cm

옆선

트임

도련 1.5cm

등솔(뒤 중심선)   0.7cm

뒤길
깃동-1
(우)
끝동 1.5cm

고대

어깨 중심선

섶

배래 0.5cm

옆선

트임

깃

동정

| 작성 |
| (민드는 법: 107쪽) |

| 당의 |
(만드는 법: 119쪽)

- 긴 고름: 0.7 × 12cm
- 짧은 고름: 0.7 × 10.5cm

| 아얌 |
(만드는 법: 137쪽)

당의

- 끝동
- 소매
- 배래
- 움어깨(품선)
- 목길
- 진동
- 고대
- 겉깃선
- 긴 고름
- 겉섶선
- 앞길 (좌) 겉감-1 안감-1
- 겉섶
- 도련
- 당코깃
- 동정
- 뒤 중심선
- 소매 중심선
- 어깨 중심선
- 소맷부리

아얌
겉감-1
안감-1
심감-1

- 옆 너 풀
- 앞 중심
- 정수리

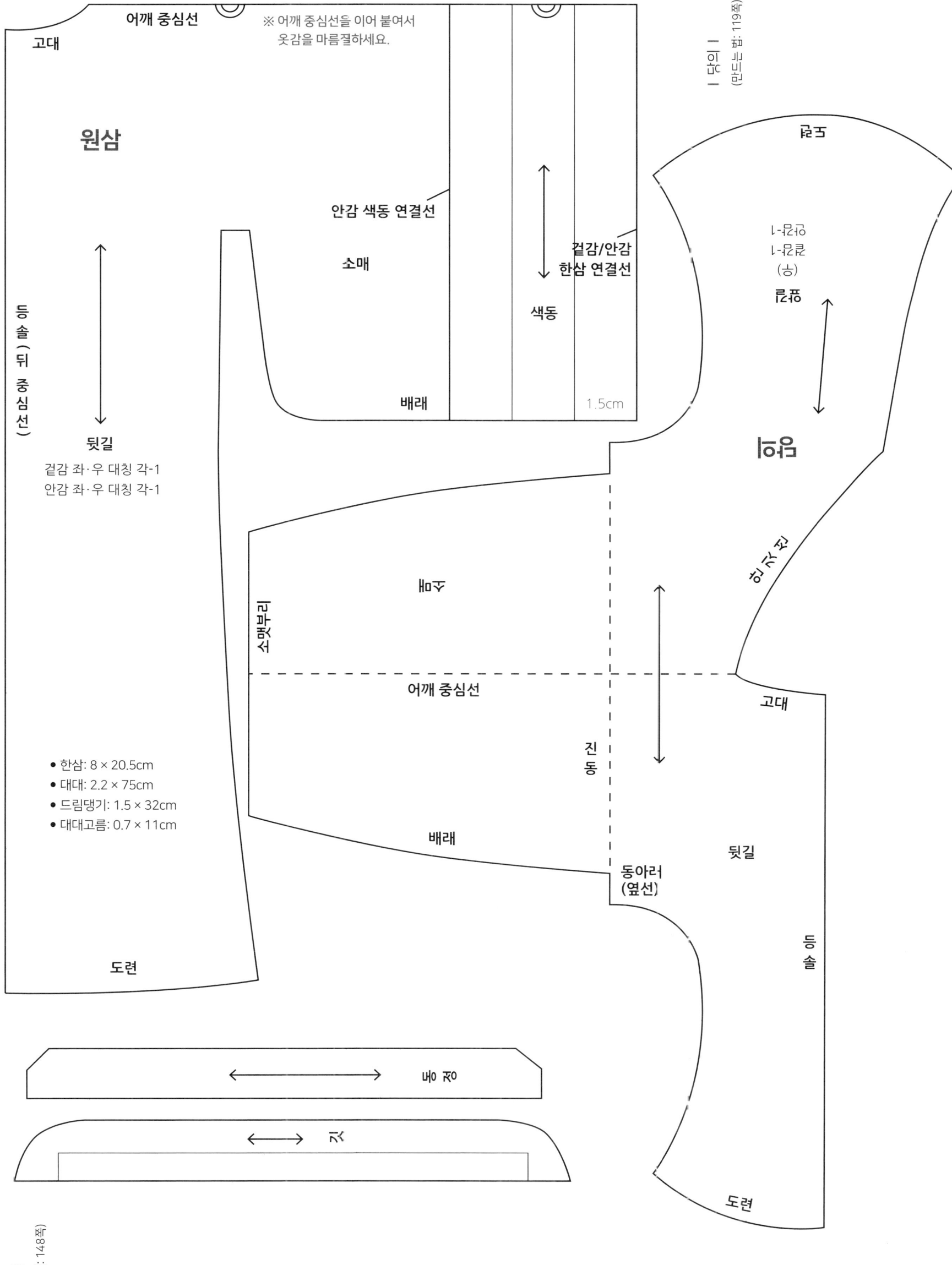

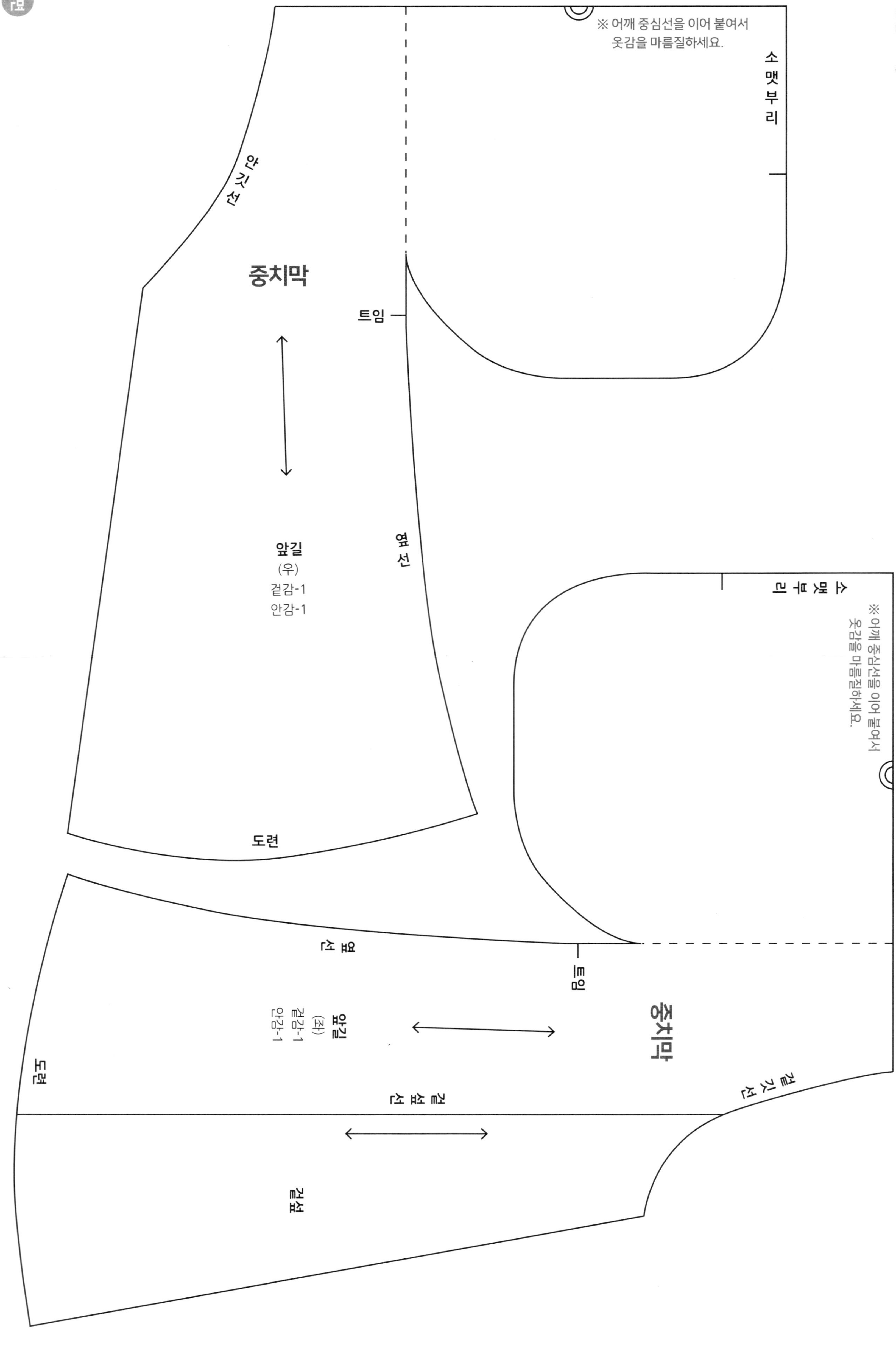

중치막 I
(만드는 법: 155쪽)

※ 어깨 중심선을 이어 붙여서 옷감을 마름질하세요.

중치막

소맷부리

안깃선

트임

옆선

앞길
(우)
겉감-1
안감-1

도련

중치막

소맷부리

※ 어깨 중심선을 이어 붙여서 옷감을 마름질하세요.

트임

옆선

앞길
(좌)
겉감-1
안감-1

겉깃선

도련

겉섶